青岛科技大学学术专著出版资助专项基金资助（项目编号：16XB17）

赵凤彩◎著

传统与创新

俄罗斯基础教育德育改革探微

中国社会科学出版社

图书在版编目（CIP）数据

传统与创新：俄罗斯基础教育德育改革探微／赵凤彩著．
—北京：中国社会科学出版社，2017.11
ISBN 978 – 7 – 5203 – 0408 – 5

I. ①传… Ⅱ. ①赵… Ⅲ. ①基础教育—德育工作—研究
—俄罗斯 Ⅳ. ①G631

中国版本图书馆 CIP 数据核字（2017）第 107083 号

出 版 人	赵剑英	
责任编辑	陈雅慧	
责任校对	王 斐	
责任印制	戴 宽	

出 版	中国社会科学出版社	
社 址	北京鼓楼西大街甲 158 号	
邮 编	100720	
网 址	http://www.csspw.cn	
发 行 部	010 – 84083685	
门 市 部	010 – 84029450	
经 销	新华书店及其他书店	

印 刷	北京明恒达印务有限公司	
装 订	廊坊市广阳区广增装订厂	
版 次	2017 年 11 月第 1 版	
印 次	2017 年 11 月第 1 次印刷	

开 本	710×1000 1/16	
印 张	13	
插 页	2	
字 数	209 千字	
定 价	58.00 元	

序　言

　　2016 年，恰逢《中俄睦邻友好合作条约》签署 15 周年。15 年来，中国和俄罗斯作为世界上最大的两个邻国和全面战略协作伙伴，积极发展政治、经贸、外交、人文以及军事技术等领域的合作。两国从国家首脑到政府各部门的定期合作机制已经形成。在该机制下，仅去年一年，习近平主席同普京总统就有 5 次会晤，政府间会谈达数十次。在人文合作框架下，两国先后相互举办了国家年、语言年、旅游年、青年友好交流年及媒体交流年等大型活动。近几年来，两国每年举办的人文类活动多达 600 余项。在国际事务中，两国不断加强彼此在重大国际问题及联合国等多边框架内的沟通，在不结盟、不针对第三方的前提下开展更加密切的合作，推动热点问题的政治解决，维护国际公平正义。中俄两国通力协作，成为世界和平与发展的忠实维护者和积极推动者。

　　俄罗斯是一个崇尚精神素养的国家，历来对道德教育极为关注。旧俄时期，东正教作为国教一直在俄罗斯国民教育的思想道德领域扮演着教化者的角色。苏联时期，俄罗斯的道德教育侧重国民共产主义理想信念基础上的爱国主义和集体主义培养，将学校、家庭和社会组织教育联系起来，形成一整套综合性的和富有成效的道德教育体系。不过，受主流意识形态的影响，苏联时期俄罗斯的道德教育是具有明显的排斥宗教伦理色彩。苏联末期，在戈尔巴乔夫消除历史空白点的过程中，俄罗斯东正教作为一种道德因素的积极作用开始得到学界和社会的肯定。1988 年 4 月，苏联领导人戈尔巴乔夫在接见以牧首皮缅为首的全俄东正教会管理局的成员时，首次承认东正教会在苏联曾经遭受到排挤和不公正待遇。同年，苏联各地举行了隆重的纪念"罗斯受洗"一千年庆典活动。这一活动还得到了联合国教科文组织的重视，该组织把罗斯接受基督教一千年的纪念日列为

"欧洲和世界历史及文化中的重大事件"。随后，苏联各地东正教教堂纷纷修缮或重建，各级教会组织迅速恢复，教徒人数急剧增加。

最新统计数据显示，截至 2016 年 2 月，全球 74 亿人口中有 24.6 亿为信奉基督教，占全球人口总数的 33%。其中，最大的基督教派别是罗马天主教，共 12.5 亿人，占全球人口的 16.89%。全球东正教徒近 2.84 亿，占全球人口总数的 3.84%。目前，全球东正教徒最多的国家是俄罗斯。俄罗斯司法部公布的数据显示，截至 2015 年 7 月 1 日，俄罗斯正式注册的宗教派别有 67 个，宗教组织数量达 27496 个。其中，最大的宗教组织是俄罗斯东正教会（Русская православная церквоь）。俄罗斯全国有东正教会组织 16035 个，占全国注册宗教组织总数的 58%。由于俄罗斯法律规定俄罗斯联邦为世俗国家，宗教信仰是公民的私事，因而俄罗斯没有确定的教徒统计数据。几个权威民调机构的抽样调查结果显示，目前俄罗斯拥有教徒数量最多的教派是俄罗斯东正教，其教徒约占全国人口数量的一半左右，即 7000 多万人。

东正教在俄罗斯的复兴，不仅仅表现在教徒数量的增多和教会规模的扩大，还体现为东正教法律地位的提高。旧俄时期，俄罗斯东正教会拥有法人地位，掌握着巨额资产。此外，东正教会还是俄国国民初等教育的"精神教父"，东正教神学课程贯穿于全国各中小学教育的全过程。苏维埃政权建立伊始，便立即于 1918 年 1 月 23 日颁布《关于教会同国家分离和学校同教会分离》的法令，宣布取消宗教组织的法人地位，并且规定"在一切讲授普通科目的国立、市立和私立学校中，禁止讲授宗教教义"。至此，俄罗斯东正教会在国家和社会中的经济和精神命脉全部被切断，东正教的社会影响在以无神论为主导的苏维埃时期被减小至最低限度。苏联末期，随着宗教组织在俄罗斯的复兴，俄罗斯东正教会多次向苏联领导层提出恢复历史地位的问题并很快得到了肯定性回复。1990 年 10 月，尚属于苏联加盟共和国的俄罗斯联邦苏维埃社会主义共和国出台了新的《信仰自由与宗教组织法》。法令承认宗教组织的法人地位，取消了对宗教团体的各种限制。此外，该法令还规定，"教义讲授和宗教培养（преподавание вероучения и религиозное воспитание）工作可在非国立教学和培养机构中、以私人方式在家庭中或者在宗教团体中进行，也可以按照公民的意愿由正式注册的宗教团体代表在各种学前机构、教学机构和组织中以选修课的方式进行"。这就客观上为宗教课进入世俗学校提供了方便。1997 年通过的俄罗斯联邦《关于信仰自由和宗教组织法》继续为宗教课走入世俗学校的课堂开绿灯，它明确规定："应父母或其他监护人请求，经儿童本人同意，允许宗教组织对国立和市立教育机构的在读儿童进行普通教育大纲以外的宗教教育。"这样，俄罗斯东正教会对国民教育的参与权通过法律形式被固定下来。经过近 20 年的发展，东正教课程已经进入俄罗斯普通教育体系，成为培养俄罗斯下一代公民世界观和思想品质的必修课。

本书从俄罗斯"东正教文化基础"课程入手，通过剖析这一课程进入国民世俗普通教育、参与学校德育改革的过程，揭示俄罗斯社会精神道德伦理的状况以及青少年道德培养所面临的迫切问题，进而挖掘东正教作为俄罗斯民族传统文化的核心，对当代俄罗斯国民道德培养的现实意义。借助于课程剖析，作者还尝试解读世俗教育体系中宗教教育的问题、政教合作的问题以及宗教价值体系中的优秀成分。

书中所使用的材料主要来自俄罗斯官方、高校、科研院所以及大众媒体的权威数据库。此外，还包括东正教会的大量第一手资料。这些信息较为全面地代表了俄罗斯国内各派人士对东正教文化进入世俗国民教育德育领域的看法。由于东正教文化课程以及与此相连的道德教育改革、国家教育标准、联邦国家教育法处于不断变化更新和修改状态，本书运用实时追踪的办法积累资料，力争对动态性的相关制度做出客观和中肯的阶段性定位。

综观全书，作者从下面几个方面做了创新性学术尝试：首先，对东正教文化课程的性质、内容、授课方式、开设效果、开设规模以及课程名称变化进行了系统梳理，对俄罗斯总统、议会、政府、教育部以及俄罗斯东正教会等部门出台的相关方针政策及法律法规进行了深入剖析。既肯定了东正教文化课程对俄罗斯下一代公民在世界观、伦理道德观以及爱国主义精神形成中所起的积极作用，又点明了该课程因与俄罗斯宪法有关国民教育世俗性的原则相悖而导致的民众抵触等后果；其次，对东正教文化课程的教科书编写、审定以及授课师资培训等情况进行了跟踪研究。另外，该书多处采用社会学的案例分析法，通过对大量社会调查数据的解读，较为客观地展现出东正教教育在俄罗斯世俗学校的发展与变化。尤其值得肯定的是，作者利用俄罗斯小学生访问中国的机会，做了田野调查。这些调查数据为作者的论述提供了扎实可靠的论据，成为不可多得的第一手资料。

在我国的世界宗教研究领域，东正教研究起步晚，科研队伍规模较小，有关俄罗斯东正教与国民教育的关系问题至今很少有人涉足。然而，这个问题在新俄罗斯尤为重要。随着苏联的解体和共产主义意识形态的主导地位丧失，东正教伦理取代马克思主义思想教育成为俄罗斯中小学德育课的主要内容之一。因此，研究俄罗斯中小学教育中的东正教教育问题成为认识俄罗斯未来一代世界观的一把钥匙。赵凤彩副教授敢于探索学术新领域并对近 25 年来俄罗斯国民基础教育中传统与创新的关系进行了系统阐述。本专著是她在自己博士论文的基础上加工而成的。攻读博士学位期间，她学习勤奋，学业优秀。利用俄、英两门外语基本功过硬的优势，她出色地完成了博士学位论文的撰写并顺利通过了答辩。该论文以翔实可靠的资料、严密的逻辑以及客观中肯的结论博得了答辩委员会和学位评审委员会专家的一致好评，论文字里行间体现出作者严谨的治学态度和脚踏实地的学风。期待这部俄罗斯东正教研究的新作问世，相信它能够为我国的俄罗斯东正教研究发挥积极的促进作用。

戴桂菊

2016 年 8 月 30 日于北京

目　　录

绪　论 ……………………………………………………………… （1）

第一章　历史的回声:东正教文化传统与俄国国民教育 ……… （20）
　第一节　东正教与罗斯国民教育的起源与建立 ………………… （20）
　第二节　莫斯科罗斯时期东正教与学校教育 …………………… （24）
　第三节　19世纪帝俄时期的东正教与国民教育 ………………… （34）
　小　结 ……………………………………………………………… （55）

第二章　传统的回归:东正教文化课程进入中小学教育体系 ……… （57）
　第一节　东正教文化课程在普通中小学的开设进程 …………… （57）
　第二节　"东正教文化基础"课程评价及开设效果 ……………… （75）
　小　结 ……………………………………………………………… （83）

第三章　来自各种声音:东正教文化课引发的社会争议 ……… （86）
　第一节　课程开设的法律依据 …………………………………… （86）
　第二节　按宗教模块进行教育的方式 …………………………… （90）
　第三节　关于教科书 ……………………………………………… （97）
　第四节　关于师资问题 …………………………………………… （105）
　小　结 ……………………………………………………………… （111）

第四章　探索中前行:作为宝贵德育资源的传统东正教文化 ……… （113）
　第一节　虚无的一代:俄罗斯儿童及青少年精神道德现状 ……… （113）

第二节 由"苏联人"变为"俄罗斯人":东正教与俄罗斯
国民的文化认同 ……………………………………（119）
第三节 民族凝聚力:东正教与爱国主义 ……………………（123）
第四节 民族之魂:东正教与俄罗斯民族价值观 ……………（125）
第五节 孰是孰非:世俗教育与宗教教育 ……………………（129）
小 结 ……………………………………………………（141）

第五章 何去何从:东正教文化课程前景 ………………………（143）
第一节 自上而下:从政教关系看 ……………………………（143）
第二节 自下而上:从民众的接受程度看 ……………………（152）
小 结 ……………………………………………………（158）

结 语 ………………………………………………………………（160）

参考文献 …………………………………………………………（166）

附录1 俄罗斯联邦法律 …………………………………………（173）
附录2 笔者对俄罗斯中小学生所作的问卷调查 ………………（180）
附录3 Примерная программа учебного курса ………………（196）

绪　　论

一

　　自 20 世纪 90 年代始，随着苏联的解体，俄罗斯国家与社会发生了翻天覆地的变化，在政治转制、经济转轨、社会转型的过程中，无神论的官方主流意识形态也宣告终结。1993 年颁布的《俄罗斯联邦宪法》的第 13 条对国家意识形态问题作出了明确的规定："在俄罗斯联邦，承认意识形态的多样性。任何思想体系不得被确立为国家的或必须遵循的意识形态。"于是乎，一时间各种思想、思潮、主义、学说、教义风起云涌，粉墨登场。国家与社会的变动、思想的混乱、全球化浪潮的冲击，将俄罗斯国民置于内外夹击的境地，人们的心理、价值观体系以及精神道德世界经历着巨大的变迁，甚至呈现出混乱与危机状态。俄罗斯科学院心理研究院的统计数据表明，近 30 年来，俄罗斯杀人、酗酒死亡率及离婚率在欧洲及独联体均居首位，自杀率仅次于立陶宛，人均寿命位列发达国家及转型经济国家的最后一位。俄罗斯自杀、杀人、心理疾病、离异、社会弃儿、神经系统疾病死亡率的综合指数，不仅低于西欧国家，甚至低于白俄罗斯和乌克兰。① 无怪乎普京总统在 2012 年发表国情咨文，提到俄罗斯社会精神道德状况时，也痛心地说，这是"人口和价值体系的双重灾难"②。用俄罗斯人自己的话来说，如今的俄罗斯社会正经历着一场"革命性的

---

　　① Вячеслав К. П. ，*Психологическое состояние российского общества-тревожное*，Политическое образование，2014 № 1，http：//www. lawinrussia. ru/node/292480.

　　② Послание президента Федеральному собранию，Москва，Кремль，12. 12. 2012. http：//www. kremlin. ru/events/president/news/17118.

道德沦陷"。

令人担忧的社会心理状况必然殃及中小学的精神道德培养。苏联解体，共产主义思想道德教育也随着社会主义国家的解体遭到瓦解。原有的学校道德培养的理论体系、教材体系、教学体系遭到摒弃，各级党组织、共青团组织、少先队组织、辅导员均被解散，马克思主义政治理论课一律被取消。各类原属辅助体系的青少年俱乐部、少年宫、军事体育俱乐部等的道德培养功能不复存在。德育不再是国家经营的事情。1991 年，俄罗斯苏维埃社会主义共和国教育部通过《关于普通教育机构德育活动的民主化》决议，提出将教育机构完全摆脱党的影响，不允许对儿童和青少年的社会化强加任何政治色彩。1992 年版的俄罗斯联邦《教育法》开篇便将"教育"诠释为"为个人、社会、国家的利益而进行的有目的的教育教学过程"[1]。可见，教育的目的转向个体本位，个人利益被置于社会与国家利益之上。国家政策导向的结果很快显现，正如我国学者夏伟东所描述的："教育部和地方教育行政部门，不再制定统一的道德教育的教学大纲，也不对各级各类学校规定道德教育的具体标准：没有统一的要求，没有统一的课程，没有统一的教材，也没有统一的课时。甚至连学校是否对学生进行道德教育，学校选择什么样的道德教育的内容，学校如何实施具体的道德教育的计划，以及学校怎样考核学生的道德品质的状况，等等，所有这些权利，几乎都已经下发给各个学校，国家教育部和地方教育行政管理部门不再干涉。"[2]

教育心理学家的研究结果显示，处在中小学教育阶段的青少年，正是个性心理及课程学习能力发展最不稳定的敏感时期，也是形成正确的精神道德价值观念的关键时期。然而，国家精神道德培养政策的不连贯、思想道德培养缺乏道德理论基础以及培养体系的无效状态导致青少年出现精神空虚、缺乏统一价值取向和认同感等状况。过去传统的美德、责任、荣誉、尊严、诚实、勤劳、奉献等被实用主义、金钱至上取而代之，青少年

---

[1]　肖甦、王义高：《俄罗斯转型时期重要教育法规文献汇编》，人民教育出版社 2009 年版，第 143 页。

[2]　夏伟东：《道德教育"真空"由谁来填补——今日俄罗斯道德教育状况一瞥》，《国外教育研究》1998 年第 12 期。

反社会行为不断增加。在 2008 年出台的《俄联邦儿童精神道德培养与道德保护国家政策构想》（Концепция государственной политики в области духовно-нравственного воспитания детей в Российской Федерации и защиты их нравственности）（以下简称《构想》）中列举了一系列当今俄罗斯社会所面临的严重的儿童及青少年精神道德问题。如：未成年人性放纵的比率非常高，45.5% 的十年级男生和 48.2% 的十年级女生认为，他们这个年龄的性接触是完全可以接受的。俄罗斯自 20 世纪 90 年代初以来一直是同时期世界唯一一个每出生 100 名婴儿就有 120 例堕胎的堕胎高比率国家。未成年人滥用毒品的状况更加令人担忧。最近十几年，俄罗斯人开始吸毒的平均年龄由 18 岁降至 14 岁，开始饮酒的平均年龄由 16 岁降至 13 岁，开始吸烟的平均年龄由 15 岁降至 11 岁，未成年人注射致命麻醉剂的人数处在世界前列。80% 以上的青少年饮酒，60% 以上的青少年吸烟。未成年人暴力犯罪的数量正逐年增长，儿童及青少年色情和卖淫活动范围之广，令人震惊。《构想》对当代及未来俄罗斯国家的发展表示出了深切担忧，认为如果任由儿童和青少年这种消极的精神道德状况发展下去，将成为未来民族安全及俄罗斯国家最严重的威胁之一。如果近期内不采取应对措施，未来几十年，国家在经济、政治诸领域的努力成果将毁于一旦，俄罗斯作为一个统一、独立、拥有独特历史文化的国家，将面临消亡的危险。《构想》的结论并不是危言耸听，2014 年 6 月全俄社会舆论研究中心针对青年人价值取向进行的调查报告在一定程度上印证了它：如今，75%—76% 受调查的青年人选择追求物质利益。一半以上的受调查者认为，如今的青年人是懒惰的（35 岁以下的青年受调查者及成年受调查者选择该项的人数的占比分别为 54% 和 58%）、挥霍的（55% 和 57%）、认为青年人是虚伪的（41% 和 38%）、冷漠的（42% 和 44%）、自私和无耻的（44% 和 46%）。57% 的青年受调查者认为，他们缺乏可效仿的榜样。①

可见，苏联解体后的十余年内由于德育体系的虽破无立状态，中小学教育在该领域既缺乏统一或主导的社会思想与道德基础，也没有形成一套

---

① ВЦИОМ：Российская молодежь：какой она представляется самой себе - и какой её видит старшее поколение，27. 06. 2014，http：//wciom. ru/index. php？ id = 236&uid = 114879.

富有成效的培养体系，导致青少年的"价值真空""精神真空"，及至"道德真空"。从 20 世纪末开始，俄罗斯政府意识到严峻的社会现实并着手致力于恢复在国民教育领域道德教育的责任。为了改善整个社会的精神道德状况，增强国民的爱国情怀、加强民族凝聚力，同时为儿童青少年一代的成长创造良好的社会氛围，俄罗斯政府已经连续出台了四个有关公民爱国主义教育的国家纲要，即《俄罗斯联邦公民爱国主义教育国家纲要（2001—2005 年）》（Государственная программа 《Патриотическое воспитание граждан Российской Федераций на 2001—2005 годы》）、《俄罗斯联邦公民爱国主义教育国家纲要（2006—2010 年）》、《俄罗斯联邦公民爱国主义教育国家纲要（2011—2015 年）》和《俄罗斯联邦公民爱国主义教育国家纲要（2016—2020 年）》。2009 年，由俄罗斯教育科学院通讯院士阿·丹尼柳克（А. Данилюк），俄前教育部部长、教育家阿·孔达科夫（А. Кондаков）和俄著名历史学家、社会学家瓦·季什科夫（В. Тишков）共同制定，出台了《俄罗斯公民个性精神道德发展与教育构想》（Концепция духовно-нравственного развития и воспитания личности гражданина России）（以下简称《公民精神道德构想》）。《公民精神道德构想》为整个俄罗斯社会，包括家庭、社会组织、宗教团体、补充教育机构、文教机构、新闻媒体等提供共同协作的价值基础和精神道德的典范。同一年，三位作者专门针对中小学生制定了一份《俄罗斯中小学生精神道德培养构想》（Концепция духовно-нравственного воспитания российских школьников），为在校的中小学生精神道德培养工作提出了具体的实施方案及内容。2010 年 12 月，俄联邦又出台了一部《关于儿童健康发展信息保护法》（О защите детей от информации, причиняюще вред их здоровью и развитию），此法旨在为青少年一代身心健康和精神道德发展创造积极正面的社会信息环境。2012 年的最后一天，俄联邦新《教育法》正式颁布。该法在首章便对"德育"进行了明确的界定，即"为了个人、家庭、社会及国家的利益，以社会文化、精神道德价值体系和广为接受的社会行为规则和规范为基础，旨在发展学习者个性、为其自我确立和社会化创造条件的活动"。这无疑为整个国家教育体系的德育开宗明义，指明了方向和目标。就在同一年，普京总统还签署了另一个有关儿童青少年精神道德培养的重要文件，即《2012—2017 年为了儿童的国家行动战略》（Национальная стратегия действий в интересах детей на 2012 – 2017 годы）。

除此之外，俄联邦教科部也针对学校教育中的青少年德育培养出台了一系列文件，在《1999—2001 年教育体系德育发展纲要》（Программа развития воспитания в системе образования России на 1999 – 2001 годы）中首次对中小学的德育工作做了原则性的规定。紧接着，在 2009 年制定了《学生德育与社会化示范大纲》（Примерная программа воспитания и социализации учащихся），确定了德育的具体内容及实施方法。在 2010 年至 2012 年先后通过的《俄联邦初等普通教育国家标准》（Федеральный государственный образовательный стандарт начального общего образования）、《俄联邦基础普通教育国家标准》（ФГОС основного общего образования）及《俄联邦中等普通教育国家标准》（ФГОС среднего общего образования）中，均对德育的预期目标、具体内容、课程设置等作出了详尽的阐述和规定。

与此同时，社会各界，尤其是学界和理论界也积极参与到改善儿童及青少年整体精神道德状况的探讨中来，从俄罗斯文明渊源、俄罗斯民族精神以及俄罗斯文化传统出发提出了不同的路径和主张。这其中，以东正教文化为代表的传统文化逐渐走进人们的视野。这首先是由于，在俄罗斯民族发展史上，东正教为俄罗斯学校的发端及俄国国民教育的确立与发展都曾做出过不可磨灭的贡献。东正教在帝俄时期更是形成了广泛参与国民教育的传统。东正教的堂区学校在 19 世纪下半叶甚至曾占据初等国民教育的半壁江山。在国民教育大臣谢·乌瓦洛夫（С. Уваров）于 1833 年提出的“东正教、专制制度和人民性”三位一体官方理论中，东正教居于首位。该理论成为十月革命前国民教育思想的核心。从民族文化角度看，东正教不仅锻造了俄罗斯的民族灵魂和思想，而且为俄罗斯人民保留了统一的民族认同和价值观念，因而成为儿童及青少年思想和价值观再调整和再塑造的一种最佳可选途径。人们看到了“温和的宗教扩张”带来的德育潜力，东正教对儿童及青少年精神道德培养的促进意义不言而喻，这正契合了俄罗斯德育改革的现实需要。

二

苏联解体以来，东正教的复兴是当代俄罗斯文化领域的一个突出现象。经过 20 多年的发展，东正教已经成为俄罗斯规模最大、影响最广的宗教派别。东正教的复兴不仅表现在教堂的修复与扩建、信众数量的增多、教会组织的壮大以及神学教育体系的发展上，还体现在东正教及教会对国家世俗事务的参与上：国家杜马于 2009 年同莫斯科牧首区商定，对引起争议的问题均向教会进行咨询；在俄罗斯武装力量中出现了新的军事职务——军事神甫；在许多国家部委和机关中均设有教堂；俄联邦《劳动法》第 112 条将东正教的圣诞节（即每年的 1 月 7 日）设为国家法定节日；2005 年起，原东正教的节日"喀山圣母日"更名为俄罗斯"民族统一日"，成为国家法定节日。

东正教对世俗普通教育体系的参与程度同样日渐加强。东正教首先完成的是进入世俗高等职业教育体系，这一进程开展得较为顺利，也没有引起大的社会争议。1993 年，俄罗斯东正教会牧首联合以莫斯科大学校长为首的知名学府领导人致函教育部，请求将神学课纳入俄罗斯各高校课程体系中。该倡议很快便得到官方的首肯。1993 年 12 月，俄罗斯首次颁布了国家高等职业教育神学学士学位标准，允许国立和非国立大学开设五年制的神学学士专业。2001 年和 2011 年，俄罗斯教育部及教科部先后两次颁布了高等职业教育神学硕士联邦国家教育标准。2002 年 1 月，确定了神学教师标准。在随后于 2003 年出台的全俄高校人文专业目录中，宗教学、哲学人类学和文化学学科之下均可以找到神学专业，神学学士、神学家、神学教师和神学硕士的学术称谓均被列入其中。2014 年 9 月，教科部最终批准通过了高等职业教育神学副博士及博士学位国家标准。截至2015 年，在俄罗斯有 37 所国立大学、10 所非国立大学开设了神学本科与硕士专业。①

与此同时，普通中小学教育也一直是当代俄罗斯东正教会关注的重要

---

① Солодовник Светлана, *Теология в светских вузах*, Информационно-аналитический центр《Сова》, 28. 10. 2015, http：//www. sova‑center. ru/religion/publications/2015/10/d33126/.

领域之一。1991年，斯摩棱斯克州的几所学校最早开设东正教文化基础课程；至2006年12月，"东正教文化基础"课程及同类选修课在全俄的11184所普通中小学开设；至2008—2009学年结束时，"东正教文化基础"的学习人数已达到60万—70万人。自2010年4月1日起，"东正教文化基础"课程被列入"宗教文化与世俗伦理基础"综合课程框架中，由教学大纲的地区级升至联邦级，开始作为必修课在全国19个地区世俗普通中小学的4—5年级中试行。2012年9月，该课程正式成为中小学必修课，开设范围涵盖联邦境内的中小学校近4万所（约为全国中小学的90%以上），学习人数达到80多万。至2013—2014学年，按照教科部的部署，课程开设范围遍及俄全部85个联邦主体内的普通中小学校，至2014—2015学年，课程学习人数达到1445298人。①

　　东正教课程得以进入俄罗斯世俗普通中小学教育体系，除了基于它的历史文化传统，更得益于俄罗斯决策层的支持及政教双方的通力合作。自叶利钦、普京至梅德韦杰夫，俄联邦历任总统对东正教及其教会都怀有偏爱，他们不仅同牧首保持着良好的私人关系，还将这种个人友谊推至国家事务领域。政教关系的和谐发展显然为东正教实现参与国民基础教育德育改革的愿望提供了绝佳的保障。在此基础上，东正教会与以联邦教科部为主的国家行政部门进行了多级别、多层面的合作。经过20多年的不懈努力，东正教课程在普通中小学开设的范围不断扩大，参与的人数不断增多，在联邦法律法规的建设上也取得了一系列的突破。在2010年通过的《俄联邦初等普通教育国家标准》、2011年通过的《俄联邦基础普通教育国家标准》中，东正教会提出的"精神道德培养"课程板块均被列入必修课。2012年的俄罗斯联邦新《教育法》里有关精神道德培养的部分，尤其是第87章，对宗教组织参与精神道德培养、开展神学及宗教教育等的具体规定，无不透出东正教会所持主张的影子。

　　然而，相对于世俗高等职业教育而言，东正教文化课程作为传统精神

---

① Ермакова С. Д. Информация по вопросу изучения комплексного учебного курса 《Основы религиозных культур и светской этики》 в системе общего образования, Материалы научно-практической конференции: Внедрение комплексного учебного курса 《Основы религиозных культур и светской этики》 в образовательных учреждениях в 2014 ~ 2015 году. 6—8 июня 2015г. Москва, ФГАОУ АПК и ППРО.

道德文化资源之一参与基础教育德育改革的进程要缓慢得多，遇到的阻力以及引起的社会反响和争议也大得多。自 20 世纪 90 年代初以来，围绕此问题，包括政界、宗教界、科学界、社会舆论以及广大民众在内的人士均展开了讨论，使这些问题不仅成为社会热门话题，更成为学界的研究热点。

<h1 style="text-align:center">三</h1>

早在 20 世纪 90 年代中期，俄罗斯教育科学院院长尼·尼康德罗夫（Н. Никандров）院士就提出了两点主张，即东正教思想是各级教育的基础以及家庭、学校、国家、教会必须紧密合作构成统一的教育空间。在其两部专著①中，尼康德罗夫提出了用俄罗斯的传统价值观念协调家庭、社会与国家的关系，恢复东正教在教育中的作用，发扬其在精神道德文化方面的教化与教益功能。在世纪之交，他提出了新的三位一体民族思想，即"东正教、爱国主义、人民性"。② 他认为，俄罗斯的历史证明了东正教曾经在团结人民、巩固统一和捍卫祖国方面发挥了积极作用，"在思考什么是道德的基础时，不能不得出一个结论，对价值的寻找不应该在别的什么地方，而应该在我们祖国的历史里，其中包括千年来东正教和俄罗斯多宗教的历史中"。③ 其中的东正教思想在十月革命前的整个学校和家庭教育系统中是已经确定了的，东正教价值观在除了 20 世纪之外的整个俄罗斯历史上都是教育发展过程的无可争辩的道德基础。因此，在俄罗斯发展的现阶段必须复兴东正教精神。对新俄罗斯来说，宗教传统的回归必然使宗教教育在包括家庭、学校在内的社会中的地位问题具有了现实意义。宗教教育的复兴，对于俄罗斯而言是情理之中的事，这是一条社会教育的道路，其使命是培育热爱祖国、追求高尚的道德价值和理想的新一代公民。在 2010 年第十八届国际圣诞节教育系列报告会上，尼康德罗夫还就国家

---

① 这两部专著为："Воспитание ценностей: российский вариант"（М.: Магистр，1996）и "Россия: ценности общества на рубеже ХХI века"（М.: мирос，1997）.

② Никандров Н. Д.，*Россия: социализация и воспитание на рубеже тысячелетий*. М.，2000，С. 5.

③ Никандров Н. Д.，*Духовные ценности и воспитание в современной России*. Педагогика，2008 №9，С. 3.

与教会、教会与世俗学校的合作机制问题作了专题发言。发言中再次强调：“家庭、学校、教会是德育机制的共同组成部分。在公民的精神道德培养问题上，国家与教会、教会与学校以及不同宗教之间只能选择合作。”①

其后，俄罗斯学界从不同角度对此问题进行了阐释，得出了不同的结论并提出了不同的观点。历史学家、教育家、教科院通讯院士鲍·乌尔夫松（Б. Вульфсон）从教育史学观点出发提出了自己的见解。他认为，宗教在社会生活中的作用可以是建设性的，也可能是非建设性的。宗教、教会与学校的关系因不同国家民族文化传统、国家制度及社会生活的不同具有不同的特点，但宗教信仰自由已被公认为民主社会的基本价值观之一。宗教之所以“列席”于学校，是由于现代国家及政治都具有不稳定性，其学说呈现出暂时性，甚至矛盾性。那么，人的个性形成就应取决于一些永恒不变的原则，这些原则符合基督信仰的基本信条，因此这个任务只能由教会——这一不变的机制来保障。应该强调的是，作为学校最为重要的活动内容之一的道德培养无疑应建立在宗教伦理基础上，只有依靠宗教，才能帮助孩子们形成好的品质：诚实、慷慨、忍耐、宽容、自我牺牲。西方几十万所教会学校就是基于这些原则进行教育的。至于教会，基督教教会原则上不参与政治斗争，但是所有有影响力的教会都以一定的方式形成社会学说，都在一定程度上影响信众们的思想倾向和行为。在俄罗斯，“宗教与教育”、“教会与学校”的问题具有特殊的现实意义。东正教会在历史上的作用不容忽视。1917 年之前东正教一直是俄罗斯的国教，19 世纪的“神学课”（Закон Божий）成为各类中小学校的必修课。乌尔夫松认为：“苏联时期，社会发展模式以及整个科学概念体系都因忽视了宗教因素而深受其害。”② 针对世俗学校的宗教教育问题，乌伊夫松则认为：“首先，每一位文化人，不管其世界观立场如何，都应了解作为社会认知主要形式的宗教的知识；其次，不可忽视宪法中教育的世俗性质；第三，要考虑到俄居民信奉多种宗教的现实；第四，课程中不可避免地要谈论上

---

① Никандров Н. Д. *Светское образование и духовное просвещение*：*проблемы взаимодействия*（*выступление на XVIII Международных Рождественских чтениях*），Педагогика，2010，№3，С. 9 – 14.

② Вульфсон Б. Л. *Религия，церковьи образование*，Педагогика，2007，№4，С. 3 – 8.

帝及其学说，但不是在神学框架内，而是在西方及俄罗斯精神文化史的语境下讲授；第五，对这个复杂问题的解决还要同解决道德培养的原理及实践有机交织。"①

俄罗斯教科院家庭与德育研究所世界观、精神道德基础教育研究室主任，教育学博士伊·梅特利克（И. Метлик）及俄罗斯基督教人文学院（Русская христианская гуманитарная академия）弗·科济列夫（Ф. Козырев）教授对世俗教育中的宗教教育进行了理论探讨。梅特利克的专著《世俗学校的宗教与教育》（Религия и образование в светской школе）引起的社会反响较大，该书于2000年出版并于2004年再版。科济列夫于2005年出版了其理论专著《世俗学校的宗教教育：俄罗斯视角下的理论及国际经验》（《Религиозное образование в светской школе. Теория и международный опыт в отечественной перспективе》）。

梅特利克最早探讨了涉及世俗教育中宗教教育的一系列概念界定及其相互关系问题。其中包括，世俗性所包含的国家世俗性、教育世俗性、文化世俗性等，同时分析了教育过程中学习宗教、掌握有关宗教知识的不同形式和种类的一系列概念，包括宗教教育、宗教教学、宗教学教育（религиозное образование，обучение религии，религиоведческое образование）等。梅特利克认为，将这些概念进行清晰的界定是宗教教育在世俗教育中实施的前提和基础。梅特利克还特别强调宗教组织的作用，按照他的说法，宗教组织是实施宗教教育的必要因素，任何形式的宗教教育，包括在世俗教育体系中进行的宗教教育，都离不开宗教组织的参与。在国立、市立教育机构，只要充分考虑自愿原则，同时划分国家教育管理部门同宗教组织在国家普通教育体系内进行宗教知识学习的权限和功能并以法律法规加以保障，宗教教育完全可以进入世俗教育体系。为此，应该保障在世俗中小学不同宗教价值观的学生学习传统宗教与接受精神道德教育的平等机会。同时，对宗教教育问题还应从中小学教育实践和教育内容整体上、从更广泛和更理论的视野研究。人文教育内容的主要选择标准就是它的文化性。对俄罗斯而言，文化性就是：属于俄罗斯社会的、俄罗斯及其他民族的价值观、传统和文化。为此人文教育要解决两个任务：第一，通

---

① Вульфсон Б. Л. Религия, церковьи образование, Педагогика, 2007, №4, С. 3 - 8.

过学习俄罗斯历史文化，帮助中小学生形成统一的，不分宗教信仰、宗教属性和民族属性的精神道德价值观、俄罗斯民族归属感、爱国主义、历史意识、法律意识和政治文化意识，最终形成俄罗斯公民意识及俄罗斯文化认同感。第二，在统一的世界观、伦理传统、社会现实，包括宗教现实的基础上，通过学生家庭的选择，帮助学生形成精神道德价值观。这属于世界观层面。以上两点实质上是一个模式的两个方面，二者缺一不可，两个任务应在同一个"阵地"，即统一的俄罗斯世俗中小学完成。

科济列夫的理论建立在对欧美等国家宗教教育实践经验的借鉴之上。他将世界各国世俗学校中宗教教育的教学组织和传授方式大致归纳为两种模式，即依宗教信仰进行的宗教教育和不分宗教信仰进行的宗教教育。他认为，与西方大多数国家很早就将学生按不同信仰分开教育的实践不同，俄罗斯的几代中小学生都是不分宗教信仰而共同接受教育的。这种不分民族、不分宗教信仰的团结式教育是俄罗斯学校教育史的宝贵传统，应予以珍视。但是，俄罗斯世俗教育中的宗教教育采用了以国家管理为主的模式，同时东正教会一直积极运作，试图重返十月革命前对世俗国民教育的影响，这使得本应是基于学术性的宗教教育问题过分强调了其政治因素。事实上，宗教同伦理、意识形态、人的世界观自我评价经验、艺术文化等共同构成了精神道德文化，它们是一个不可分割的整体。俄罗斯的实践表明，国家政权及教会将宗教仅仅局限于道德培养领域，这种为道德培养目的而使用宗教的做法只能是一种功利主义。许多国家的教育实践都证明了德育可以完全脱离宗教，宗教的作用也绝不仅仅限于对人的精神道德的影响。20世纪下半叶英国、加拿大、德国等国家教育哲学家与理论家们对宗教教育思想的发展无疑是教育学领域最重要的成就之一。宗教教育不再只局限于对知识与教义的传授，而是将学习者带入宗教世界，为他们展示一种对世界的独特思考方式及诠释体验，这对学习者认知能力的发展是必要的，对宗教象征语言的熟知在这方面起到尤其重要的作用。作为表达及认知手段的象征，其多功能性及语义的多元性在宗教实践及宗教艺术中比任何其他形式都丰富。因此，世俗教育中的宗教教育如果选择了富有成效的方式，就会让宗教成为世俗教育的一种资源和财富。

四

我国学界对俄罗斯东正教参与国民教育体系改革问题的关注和研究起步相对较晚。2002 年，北京师范大学的吴泽霖教授以"东正教走入俄罗斯教育的尝试"为题，较早关注东正教文化课程走进俄罗斯中小学校课堂这一现象。作者以对一所俄罗斯东正教寄宿学校的考察为例，非常直观地介绍了学校学生的学习及生活环境、教学内容等情况，该文发表于"海外见闻"栏目，可见，文风以介绍和描述为主，但是作者在文末提出了"这种试图以东正教精神重新灌输教育来造就'新人'、匡正世风的努力毕竟是俄国当今教育方面一个值得注意的现象"①。吉林大学的张立岩及姜军则开始关注东正教与当代俄罗斯青少年道德教育的问题。在其发表的文章中，两位作者着重分析了当代俄罗斯青少年精神道德的严重问题以及东正教价值体系中对德育改革有益的部分，作者认为，对于"处在社会转型、经济转轨的特殊时期的俄罗斯，强调利用东正教对青少年进行道德教育是有一定理论根据的"②。此后，李雅君、张振国、任晓辉就"东正教文化基础课程"能否走进俄罗斯教育进行了分析，他们的文章简要梳理了至 2007 年俄罗斯社会各界对该课程的正反意见后，探讨了如何处理世俗教育与宗教教育的关系，认为东正教作为俄罗斯的传统文化应该在世俗教育体系中得到继承和发扬，但是应以选修课的形式，或者作为"宗教史""文化史"等课程的一部分讲授，教学内容中还应注意剔除一些负面的东西。③

2011 年，北京外国语大学戴桂菊教授在《俄罗斯中亚东欧研究》杂志上发表了一篇题为"从俄罗斯世俗学校恢复宗教课的过程看东正教会的作用"的文章。该文梳理了东正教课程作为必修课重新进入俄罗斯世

---

① 吴泽霖：《东正教走入俄罗斯教育的尝试——一所俄罗斯东正教寄宿学校透视》，《比较教育研究》2002 年第 18 期。

② 张立岩、姜军：《东正教与当代俄罗斯青少年的道德教育》，《吉林师范大学学报》（人文社会科学版）2006 年第 12 期。

③ 李雅君、张振国、任晓辉：《"东正教文化基础"能否走进俄罗斯教育》，《继续教育研究》2008 年第 10 期。

俗普通学校课堂的过程，在此基础上，分析了东正教会在这一过程中所起的作用。作者以时间为界点，将东正教会在该领域的活动分为三个阶段。第一阶段自 20 世纪 90 年代至世纪之交。在该阶段，东正教会主要加强舆论宣传，将宗教课作为校级选修课输送到世俗学校。第二阶段为普京执政时期，即自 2000 年 1 月至 2008 年 3 月。在该阶段，教会积极与官方合作，为宗教课在世俗学校争取更大的生存空间。第三阶段则为梅德韦杰夫上任后，时间大约为 2008 年 3 月至 2010 年 4 月。在该阶段，东正教会敦促国家立法，实现了宗教课作为必修课在全国世俗中小学的试点。作者在结语部分指出："宗教课在世俗中小学的恢复是当代俄罗斯社会生活中的一件大事，它标志着俄罗斯的国民教育在指导思想上发生了本质性的变化：传统宗教道德与世俗伦理课取代共产主义世界观教育课成为中小学思想品质培养的重要组成部分。在实现这一转变的过程中，俄罗斯东正教会发挥了举足轻重的作用。"① 作者将这种作用概括为，东正教会不仅是当代俄罗斯世俗学校恢复宗教课的倡导者，也是这一过程的推动者，更是宗教课在当代俄罗斯世俗学校发展的领航者。该文引证翔实，分析客观，从宗教课在俄罗斯世俗学校的恢复这一值得关注的社会现象出发，从一个新的侧面考察了当代俄罗斯的政教关系，也为研究当代俄罗斯宗教与世俗教育的关系、借助宗教传统文化进行德育改革问题提供了一定参照。

　　2012 年，首都师范大学博士后刘超在《世界宗教文化》撰文②，对当代俄罗斯东正教文化教育的整体发展状况进行了梳理和论证。文章以东正教教育中的世俗教育为主要关注点，以俄罗斯社会面临的精神道德危机以及国家人才培养战略的现实迫切性为切入点，从东正教文化教育体系及其特点、教学效果、困境和问题几个方面介绍和分析了东正教文化教育的现状、取得的成效及存在的问题。针对东正教文化教育体系，文中较详细地介绍了教育内容、教材建设、师资、活动形式等方面。从国家世俗性、东正教价值体系的两面性及具体实施中存在的问题三个方面指出了东正教文化教育在世俗教育中面临的困境和问题。同一年，黑龙江大学韩莉在其

---

　　① 戴桂菊：《从俄罗斯世俗学校恢复宗教课的过程看东正教会的作用》，《俄罗斯中亚东欧研究》2011 年第 4 期。

　　② 刘超：《当代俄罗斯东正教文化教育发展状况论析》，《世界宗教文化》2012 年第 6 期。

博士论文《当代俄罗斯德育问题研究》中将东正教文化置于俄罗斯德育体系中考察，在探讨当代俄罗斯道德教育的路向部分，作者从东正教的劳动及家庭价值观、爱国主义及主张和平的价值观、东正教所倡导的生活方式等几个方面探讨了东正教价值体系对俄罗斯学校道德教育的建设意义。同时也对东正教文化课程在俄罗斯学校开设的局限性作了些有益的思考。①

2014 年，包桂川大致梳理了东正教在当代俄罗斯基础教育中的发展状况，并从俄罗斯政府的态度、东正教会的意见及俄罗斯民众的看法三个方面考察了它们不同的立场观点。作者认为，对于当今的俄罗斯社会，"东正教不仅填补了俄罗斯国民意识形态的真空，而且与政府和平相处，发挥着它特有的社会教育、社会教化功能的传统"，"作为俄罗斯传统文化的东正教文化也应该在俄罗斯教育中得到继承和发扬"。② 2015 年，黑龙江大学王春英博士在其专著《转型中的俄罗斯道德教育》中，也关注到俄罗斯宗教对世俗道德教育的积极介入，并以专章进行了介绍和分析。作者简要追溯了包括东正教、伊斯兰教、佛教及犹太教在内的俄罗斯传统宗教在俄罗斯的历史发展进程，重点分析了东正教对当前俄罗斯社会道德重建的巨大影响以及对学校道德教育的积极参与，指出了新时期宗教参与道德教育的新特征：即宗教教育由过去的强制性介入方式变为可选择性的精神资源，以及由过去东正教独领风骚变为几种宗教多元共生。作者认为："宗教作为俄罗斯传统文化中的重要之维，是俄罗斯民族思想建构和发展过程中几乎不曾脱离的进路指南，也是世俗道德教育借以开展的重要思想理论来源，为解决俄罗斯民众精神道德的迷茫和困惑提供了重要依托。"③

五

东正教与当代俄罗斯世俗普通教育体系的关系问题，包括东正教文化

---

① 韩莉：《当代俄罗斯德育问题研究》，黑龙江大学博士学位论文，2012 年。
② 包桂川：《浅析东正教与俄罗斯基础教育的发展》，《科教文汇》2014 年第 7 期。
③ 王春英：《转型中的俄罗斯道德教育》，人民出版社 2015 年版，第 176 页。

课程进入世俗普通中小学课堂、参与儿童青少年精神道德培养的问题，在俄罗斯近年来一直是社会各界争议的热点。俄罗斯国内提供了相当丰富的相关资源，包括诸多期刊杂志上的评论文章及大众媒体的相关报道，国家及教会关于在世俗普通中小学开设东正教课程方面的法规、协议、指令等文件，国家领导人及东正教牧首的讲话，《教育》出版社出版发行的"东正教文化基础"试行课本，等等。这些资源为本书的研究提供了丰厚的材料基础。同时，我国学界对此问题的介绍、关注及评析在一定程度上也提供了有益的信息与参照。在占有材料和参考国内外学界前期成果的基础上，本书试图在该领域的深入与拓展方面作一个有益的尝试。

在第一章中，笔者主要回顾十月革命前东正教在俄罗斯国民教育发展史上的作用和地位。包括基辅罗斯时期（9—13世纪）东正教为罗斯学校教育的确立所起的重要作用、莫斯科罗斯时期（13—17世纪）东正教在学校教育中的主导地位及其影响、18世纪由于俄国国民教育体系的建立而导致东正教在国民教育中地位的变化、19世纪沙皇政府对东正教政策的演变及东正教在初等国民教育中的地位和作用。追溯历史，我们会发现，自公元988年拜占庭基督教被定为罗斯国教起至十月革命前，东正教在俄罗斯教育中一直具有举足轻重的作用。18世纪以前，俄国的学校教育带有浓厚的宗教色彩。在基辅罗斯时期，基督（东正）教对基辅罗斯国家学校公共教育的出现和发展均产生了直接和实质性的影响，东正教会是学校教育的主要参与者。14—17世纪，教会成为俄国文化的主导者并基本实现了对教育的垄断。在这一时期，俄国社会还逐渐形成了两个传统：一是东正教会与君主政权的紧密交织、教会参与国家事务的政治传统；二是国家利用东正教教规教义及道德伦理来规约俄国大众的精神道德生活，培养人民忠于君主、忍耐顺从、民族自豪感和爱国主义等思想和价值观念。这些传统对俄国未来几个世纪国民教育的形式和内容，乃至当今俄罗斯社会东正教参与普通教育均产生了深远的影响。18世纪，伴随着国民教育体系的确立、教育的世俗化发展、启蒙思想的引入、教会经济地位的削弱等，东正教会失去了其在教育领域的主导地位。19世纪，虽然历任沙皇对东正教在国民教育领域的策略不同，但总的趋势是，东正教的地位和作用不断加强。在19世纪30年代，自国民教育大臣乌瓦洛夫提出"三位一体"官方国民理论后，东正教成为国民教育思想的核心；自19

世纪 70 年代至帝俄晚期，堂区学校迅猛发展，一度占据了初等国民教育的半壁江山。可以说，东正教成为早期俄罗斯国民教育的先锋，并贯穿于俄国教育的发生和发展达 9 个世纪之久。

在第二章，笔者着重追踪和梳理了东正教文化课程在当代俄罗斯世俗中小学教育体系中开设的问题。包括：第一，东正教文化课程在世俗普通国立、市立中小学开设的进程。该进程分为三个阶段：20 世纪 90 年代为第一阶段，是东正教文化课程在世俗普通中小学开设的初步尝试阶段；第二阶段为 21 世纪第一个 10 年，这一阶段是东正教文化课程在俄联邦境内的世俗普通中小学不断扩大开设范围的时期，也是东正教会为使课程具备法律法规基础而同包括教科部在内的国家行政机关不断互动的阶段；第三阶段为 2010 年迄今，这是"东正教文化基础"作为"宗教文化与世俗伦理基础"综合课程的一个模块先在俄联邦的 21 个州试行，随后于 2012—2013 年的新学年正式成为联邦级的必修课全面开设的阶段。第二，对"东正教文化基础"课程的介绍，包括课程的地位、性质、目的、任务、学时安排、选课方式、课程内容及教科书内容。第三，"东正教文化基础"的开设效果。主要针对课程在联邦层面正式试行及至上升为联邦必修课后，对其开设成效作出初步的分析和总结。

自 20 世纪 80 年代中后期，由于东正教在俄罗斯社会逐渐复兴，东正教会开始致力于恢复其在帝俄时期广泛参与国民初等和中等教育的传统，力争进入世俗普通教育领域。1990—1999 年，东正教会主要以小范围、地区级选修方式试探性地将东正教文化课程搬进世俗普通中小学的课堂，但其强烈的复古色彩和宗教宣传意图立即引起了国民的抵触。进入千禧年，东正教会利用普京总统对东正教的偏好及时抓住时代契机，加紧了向世俗普通教育领域渗透的步伐。表面上看，"东正教文化基础"从人们的视野中消失了，然而从"东正教文化基础"到"宗教文化与世俗伦理基础"，再到"精神道德培养"，教会通过这三部曲既达到使东正教文化课程进入世俗普通教育的目的，又避免了社会针对东正教的直接批评和抵触。2012 年底，新的联邦《教育法》颁布，这部联邦教育法以一个专章对国民教育体系中的宗教课程进行了专门的法律规定，从而确立了宗教教育在世俗国民教育体系中的地位，东正教文化课程也因此获得了国家立法保障。而在实践层面，东正教文化课程由地区级的选修课到必修课，再到联邦级的试行课，最后上升至联邦级的必修课，范围扩及联邦所有主体的中小学校，东正教文化课程得以在实践层面全面展开。

从国家层面看，由于苏联解体造成国家意识形态的真空状态，以及由于学校德育培养机制的缺失所造成的儿童及青少年道德伦理水平的下降，在面临整个社会的转型过程中，需要主流意识形态的重塑，需要学校德育责任的重拾，需要有效学校德育机制的重建，更需要整个社会精神道德及价值观念的重构，德育改革与德育创新从来没有像现在这样具有现实性和紧迫性。在寻找德育资源时，上至国家领导人，下到社会各阶层，都不约而同地将目光转向与俄罗斯民族历史文化及学校精神道德培养有着深厚渊源的东正教。传统与创新在这里找到了一个契合点。然而，在世俗国家，宗教是一个敏感话题。从东正教课程进入世俗普通教育的过程可以看出，教会在其中起了积极和重要的作用，使得这一问题披上了更多的政治色彩，或者说政教合作的色彩，这不能不在一定程度上引起民众的反感，并对宗教参与世俗教育提出质疑。

在第三章中，笔者试图厘清围绕"东正教文化基础"所引发的各种社会争议。可以将其归纳为四个主要的方面：第一，有关课程开设的法律依据的争论；第二，按宗教模块进行分别教育引起的社会反响；第三，教科书引起的社会反响；第四，师资问题引起的社会反响。俄罗斯联邦宪法明定了国家的世俗性质，因此，围绕东正教文化课程争论的焦点首先是课程实践及教会行为的法律前提，即合法性问题。其次，将4—5年级的儿童按照宗教模块分别授课，由于涉及儿童本人的宗教认同、儿童行为心理等问题，也引发了社会各界的争议。而由东正教会推出的库拉耶夫的教科书无论从编写者还是编写内容上看都带有浓厚的宗教色彩，尤其是教权化色彩；同时出版的周期过于仓促而产生诸多排版错误等粗糙问题，教科书因此受到专家及教师们的普遍批评。与此同时，教师队伍的短缺及其素质等问题尤其尖锐和突出，也引起了社会各界的担忧。

第四章主要分析东正教与国民教育的关系。笔者尝试从课程开设的实践过程及国民对此进行争议的表象剥离出它所反映的实质，同时试图找寻正确处理宗教与世俗普通教育体系关系的钥匙，使作为传统文化宝贵资源的宗教文化真正发挥应有的作用，共同参与构建适应新时代、新要求的国民道德培养体系。为此，本章从当代俄罗斯国民教育面临的儿童青少年精神道德状况的严峻形势入手，从东正教与当代俄罗斯国民的民族文化认同、东正教与爱国主义、东正教与俄罗斯民族价值观几个方面分析，试图揭示东正教所承载的传统民族文化内涵中的有益部分。在本章最后，笔者还进一步探讨世俗教育与宗教教育的关系以及科学与宗教的关系。

由于东正教文化课程在世俗普通教育领域的推行过程中掺杂了过多的东正教会和国家政权的因素，从而赋予了该问题过多的政治色彩，在操作上也具有自上而下的性质。然而，东正教文化课程对国民基础教育体系，乃至整个俄罗斯社会精神道德水平的提升还是具有建设性意义的。这首先是由于，东正教同俄罗斯国民的民族认同密切相连，这为东正教文化课程提供了文化前提和民众基础。与此同时，东正教构成了俄罗斯民族心智与价值体系的核心，它在俄罗斯国家千年的历史进程中逐渐成为俄罗斯民族爱国主义的最好诠释；东正教中保存了俄罗斯人民最古老、最美好、最传统及最富俄罗斯特色的价值观念，这些无疑会对解决儿童及青少年的精神道德培养、改善整个国民道德伦理状况起到极大的促进作用。但同时也应看到，由于与东正教文化课程密切相关的一系列概念的模糊和不确定性不仅增加了问题的复杂性，也在诸多层面上给课程开设带来了不少争议和问题。如何从学理角度加以研究和探索并正确处理实践过程中出现的问题，成为解决世俗教育中宗教教育的关键。

在第五章中，笔者尝试从政教关系及民众的接受程度预测东正教文化课程在当代俄罗斯世俗普通中小学发展的前景。当代俄罗斯社会政教关系和谐发展，为宗教文化课程进一步进入世俗普通德育体系提供了有利前提。与此同时，东正教会利用其创办的两个舆论宣传机制：国际圣诞节教育系列报告会及世界俄罗斯人民大会，20 多年来做了大量舆论导向方面的宣传工作，而且成效显著。目前，初等及基础阶段的联邦普通教育国家标准中，东正教会提出的"精神道德培养"课程板块被列入必修课。2013 年开始实施的新的联邦《教育法》对公民接受宗教教育和神学教育进行了专门规定，从国家立法上保障了宗教教育在国民教育体系中的存在及实施：承认了宗教文化课程在普通教育阶段的开设，允许大学开设神学教育，允许将私立宗教学校纳入整个国民教育体系，允许宗教神职人员参与学校的宗教教育，允许宗教组织制定宗教教育大纲，承认了宗教文化对教育体系中精神道德文化方面的建设作用。从东正教会的努力、国家政权机制的配合及所达到的成效看，将东正教文化课程贯穿中小学教育始终，使之完全进入国家世俗普通德育领域的预期目标是极有可能实现的。

　　然而，当代俄罗斯是一个致力于建设民主公民社会的国家，无论从文明要素还是政治要素看，任何一种宗教都不能，也不应该追求在国家事务任何领域的统治或优先地位，包括在国家最重要的普通教育的德育领域。社会调查的结果显示，尽管东正教会近十多年来一直保持较高的社会信任度，但民众对其介入国家世俗事务持一定的否定态度。与此同时，民众的苏维埃情结、苏维埃认同以及与此密切相连的无神论思想意识都不是短时间内能彻底消除的。近 20 年来的民意调查结果也表明，社会对该问题还远未达成广泛的一致。尤其从课程正式成为联邦级的必修课以来看，中小学学生及其家长对此问题更是慎之又慎。要使课程进入世俗普通教育领域并被国民普遍认可和接受尚待时日。如何将宗教文化作为宝贵的传统道德中的优秀成分，结合积极的时代精神，使其成为真正的教育财富和资源参与德育改革与创新，这种路径的探讨将是更加有益的。

第 一 章

历史的回声：东正教文化
传统与俄国国民教育

第一节　东正教与罗斯国民教育的起源与建立

古罗斯国家早期（9 世纪中期至 10 世纪末）基本没有公共教育机构，社会各阶层接受教育的主要场所是家庭。① 家庭教育一直是东斯拉夫各个部族的传统教育方式和教育方法。家中的长者向子女们传授生活之道及社会交往规则，通过身体力行传承手工知识与技能。基辅罗斯时期学校公共教育的产生同基督（东正）教②密不可分。其中基督（东正）教成为基辅罗斯的国教以及基里尔字母文字的引入成为两个最重要的社会动因，而后者又直接产生于基督（东正）教在罗斯的传播。

据历史记载，在 9 世纪上半期罗斯各地就已有几种字母符号系统，但一直没有发展成为统一的文字。9 世纪中期，希腊人基里尔（Кирилл，826/827—869）与梅福季（Мефодий，820—885）两兄弟奉拜占庭皇帝和君士坦丁堡牧首之命，来到大摩拉维亚等地区③从事传教活动。为使基督教易于被这里的斯拉夫人民接受，他们在希腊字母的基础上，创造出格

---

① Джуринский А. Н. *История педагогиги*，М.：ВЛАДОС，2000. с. 149.

② 1054 年东西罗马分裂后罗斯接受的来自拜占庭的基督教被称为东正教，本文为叙述方便，将 1054 年前的基督教称为基督（东正）教。

③ 大摩拉维亚国（830—906 年）是西斯拉夫人的一个分支捷克人于 9 世纪初在多瑙河中游和易北河上游建立的国家。其版图大体包括摩拉维亚、波西米亚（捷克地区）、斯洛伐克以及鲁日人、奥波德利人的土地。该国处于东西欧之间，是东正教和天主教争夺的焦点。参见吴于廑、齐世荣主编《世界史·古代史编》（下卷），高等教育出版社 1994 年版，第 313—314 页。

拉戈尔字母系统（Глаголица）并运用这套字母系统将一部分希腊文的祈祷用书翻译过来。9世纪末10世纪初，第一保加利亚王国①的人们综合吸纳希腊字母与格拉戈尔字母成分，较完善地表现出斯拉夫语言的独特性，于是出现了另一套字母系统，即后来的基里尔字母（Кириллица）系统。这套字母系统由于其简单、方便的字母形式而逐渐取代了格拉戈尔字母系统，成为东部斯拉夫和南部斯拉夫人民使用的唯一字母系统。② 有了基里尔字母系统，古斯拉夫文字也逐渐形成了。由于保加利亚人于9世纪中后期就接受了基督教，因此，10世纪末期，已经有大量的基督教祈祷用书与文献被翻译成古斯拉夫文字。

公元988年，弗拉基米尔大公（978—1015年在位）将拜占庭的基督（东正）教定为基辅罗斯的国教，基督教开始在罗斯大地上传播与推广。由于罗斯引入的是拜占庭的希腊正教，与天主教不同，允许使用本民族语言传教和举行祈祷仪式，因此，用古斯拉夫文字翻译和编纂的祈祷用书与宗教文献等由于易被罗斯人理解和接受而引入罗斯。伴随着祈祷、诵读、宣传教义、培训神职人员等礼拜仪式与传教活动的推广，社会对宗教书籍的需求变得迫切，基辅和其他城市的教堂及修道院里集中了大量翻译过来的宗教书籍，包括福音书、赞美诗集、教堂逐日祈祷经文汇录、颂歌、日课经、布道演说、箴言、规诫文集，等等。同时，拜占庭编年史以及希腊历史小说等非宗教书籍也被翻译过来。逐渐地，古斯拉夫文字在罗斯被普遍采用并成为基辅罗斯统一的语言，即古俄语的主要来源之一。③ 统一的罗斯语言依然沿用基里尔字母符号系统记录文字，这套字母系统在俄国一

---

① 保加利亚王国（Первое Болгарское Царство），存在于681—1018年，领土包括现保加利亚的东北地区，在鼎盛时期国土包括巴尔干半岛的大部分地区，东临黑海，南靠巴尔干山脉，西至今保加利亚境内的伊斯克尔河，北部边境则至多瑙河。参见 Иллюстрированный исторический словарь，http：//www. hrono. info/index. php。

② *Кошман Л. В.* История русской культуры IX—XX вв. М.：ООО《Дрофа》，2003，С. 25 - 26.

③ 古罗斯时期统一的俄语主要有两个来源。第一个通常被称作古斯拉夫语或教会斯拉夫语（старославянский или церковнославянский язык），主要用于礼拜与宗教文献。它吸收了很多古保加利亚文的因素，由于保加利亚比基辅罗斯早120年接受了基督教，最初有关基督教的文献与书籍都经由保加利亚进入罗斯。另外一种语言被称作古罗斯语（древнерусский язык），它是在东斯拉夫方言的基础上产生的，是国家、社会及文化生活中使用的语言，比如，《罗斯法典》、弗拉基米尔·莫诺马赫的《训蒙篇》以及一些文学作品都使用的是这种语言文字。参见 Кошман Л. В. *История русской культуры IX—XX вв.* М.：ООО《Дрофа》，2003，С. 26。

直沿用至 1708 年，即依据彼得大帝的要求以简化的民用字母（或称"民用铅字"）取代了基里尔字母为止。①

文字的统一与书籍的翻译、抄写与传阅促进了知识与思想的传播，也使得公共教育成为可能。为扩大基督（东正）教在罗斯国内的传播，摆脱对君士坦丁堡牧首区的依赖，争取更多的独立发展空间，需要培养更多的罗斯本土神职人员；同时，接受基督（东正）教使年轻的罗斯国家跻身于欧洲基督教文明世界，拓宽了罗斯与外界的政治、经济、文化等领域的联系，客观上也需要更多有文化的人士。事实上，弗拉基米尔及智者雅罗斯拉夫（1019—1054 年在位）两位大公从有益于基督（东正）教的传播、建立独立于拜占庭的本国教会、加强国家统一及扩大对外交往等目的出发，均意识到创办学校教育的必要性。

学校教育的产生与罗斯受洗几乎是同步的。公元 988 年，在引入基督（东正）教后不久，弗拉基米尔大公即下令在基辅成立读书学校（Школа учения книжного），让来自拜占庭的神职人员教本地的贵族（主要是侍从卫队）子女学习经书。这一事件被视为罗斯国家学校教育的肇端。② 智者雅罗斯拉夫大公传承父业，于 1028 年在诺夫哥罗德为酋长和神职人员的子女开办了一所学校，开设阅读、书写、基督教基本教义和算术课程，在读的学生达 300 人。他还下令在城市与乡村修建教堂，教堂的神职人员则负责"教人们读书"（учите людей）。③ 经过这两位大公的倡导和组织，学校教育在基辅罗斯获得了发展。10—13 世纪，在基辅、诺夫哥罗德、苏兹达里、弗拉基米尔城、切尔尼戈夫（Чернигов）、波洛茨克（Полоцк）、佩列亚斯拉夫里（Переяславль）、穆罗姆（Муром）等城市中陆续出现了一些学校，有些学校还在罗斯境内获得了很高的知名度。比如，11 世纪 80 年代的库尔斯克学校，因基辅罗斯著名的修道士和作家、基辅洞窟修道院第三任院长费奥多西·佩切尔斯基（Феодосий

---

① 刘祖熙主编：《斯拉夫文化》，浙江人民出版社 1993 年版，第 303 页。

② 参见 Джуринский А. Н. *История педагогиги*，М.：ВЛАДОС，2000，C. 150，姚海《俄罗斯文化》，上海社会科学院出版社 2005 年版，第 40 页。

③ Джуринский А. Н. *История педагогиги*，М.：ВЛАДОС，2000，C. 150.

Печерский,? —1074）曾在此就学而闻名。① 12 世纪时，由罗曼·罗斯季斯拉沃维奇（Роман Ростиславович）② 在斯摩棱斯克建立的一批学校也很有名。至 13 世纪初，在克里亚齐马河岸的弗拉基米尔城（Владимир на Клязьме）的学校因受到博学的康斯坦丁·弗谢沃洛多维奇（Константин Всеволодович，1186—1218）王公的资助和庇护也在罗斯境内获得了很高的知名度。③ 与此同时，女子公共教育也获得了发展。1089 年，以博学多才而闻名的基辅罗斯弗拉基米尔·莫诺马赫大公的妹妹，安娜·弗谢沃洛多夫娜（Анна Всеволодовна，? —1112/1113）④ 在基辅开设了女子学校，为大约 300 名贵族女子开设写字、手工、唱歌、缝纫等课程。⑤ 13 世纪，在苏兹达尔也设置了一所女学堂。⑥ 基辅罗斯的公共教育事业逐渐创立和发展起来。

　　来自拜占庭的基督（东正）教不仅直接促进了基辅罗斯时期学校教育的产生和发展，也成为学校教育活动最主要的参与者。学校教育虽然是在大公及王公们的倡导和参与下开展起来的，然而，自 11 世纪中期起，东正教修道院及教堂却发展成为进行公共教育和培养知识人士的摇篮。自 11 世纪中期起，东正教信仰在罗斯已日渐深入和普及，修道士人数不断增加，罗斯各地普遍建立起修道院和教堂。在这些修道院和教堂里通常设有专门的书籍作坊，有一批长年工作的抄写人进行着书籍的传抄；这里还有人从事编年史的编纂、本民族语言文学作品的创作和外国书籍的翻译等工作；罗斯时期的大部分手抄本书籍也都收藏在修道院和教堂里。可以

---

　　① Днепров Э. Д. （Отв. ред. ），*Очерки истории школы и педагогической мысли народов СССР с древнейших времен до конца XVIIв*，М. : Педагогика，1989，C. 33.

　　② Роман Ростиславович（? — 1180），是弗拉基米尔·莫诺马赫的孙子，斯摩棱斯克王公，1174—1176 年曾登上基辅大公宝座。据编年史记载，他为人仁慈，热爱子民，死后斯摩棱斯克的人民自发组织为他建墓地以示尊敬。参见 Иллюстрированный исторический словарь，http: //www. hrono. info/index. php.

　　③ Днепров Э. Д. （Отв. ред. ），*Очерки истории школы и педагогической мысли народов СССР с древнейших времен до конца XVIIв* М. : Педагогика，1989，C. 34.

　　④ 该学校隶属于 1086 年建成的安德烈耶夫女子修道院（Андреевский монастырь），这所学校也成为欧洲第一所由修道院开办的女子学校。

　　⑤ Джуринский А. Н. *История педагогиги*，М. : ВЛАДОС，2000，C. 150.

　　⑥ ［苏］Н. А. 康斯坦丁诺夫等编：《苏联教育史》，吴式颖等译，商务印书馆 1996 年版，第 181 页。

说，修道院和教堂是基辅罗斯时期的书籍和文化中心。因此，这里也成为传授知识、培养知识分子的基地。比如，基辅的洞窟修道院和索菲亚大教堂不仅是基辅罗斯最重要的文化中心，也是最重要的教育阵地。在这里设有一所为教会活动培养人才的高级学校，从这里走出去的许多修道士日后成为诺夫哥罗德、罗斯托夫、苏兹达里和弗拉基米尔主教区讲坛的主持者。随后这些地区也成为文化与教育的中心。① 事实上，基辅罗斯时期开设的学校均隶属于修道院和教堂，有些学校尽管由王公们资助并受到他们的庇护，但办学场所依然选在修道院和教堂里。② 正如刘祖熙先生所言，"罗斯的第一所学校……是在拜占庭基督教的直接影响下产生的"，"借助于希腊教士的帮助，在罗斯王公开设的教会学校里、在罗斯修道院里培养出罗斯的第一批知识人士"。③

第二节　莫斯科罗斯时期东正教与学校教育

蒙古鞑靼人的入侵中断了罗斯学校教育的发展进程。基辅城毁于一旦，最重要的公共教育阵地——修道院和教堂经历了剑与火的洗礼，珍贵的书籍文献被焚烧殆尽。由于封建割据、王公内讧和蒙古鞑靼桎梏等内忧外患，13 世纪中后期，罗斯的公共教育活动基本停滞了。至 14 世纪初，北方的诺夫哥罗德和普斯科夫由于没有直接遭受蒙古骑兵的蹂躏，为东北罗斯经济与社会的发展保存了实力，带动了周边城市与地区的发展，历经磨难的罗斯社会④渐渐恢复了元气，"自 14 世纪初开始，俄罗斯文化又一

---

① Днепров Э. Д. （Отв. ред.）, *Очерки истории школы и педагогической мысли народов СССР с древнейших времен до конца XVIIв.* М. ：Педагогика，1989，C. 34 – 35.

② Джуринский А. Н. *История педагогиги*，М. ：ВЛАДОС，2000，C. 151.

③ 刘祖熙：《改革与革命——俄国现代化研究（1861—1971）》，北京大学出版社 2001 年版，第 294 页。

④ 由于在封建割据、内讧及蒙古—鞑靼统治时期，罗斯国家也被分割成不同的几大部分，在原有的古罗斯民族的基础上后来又逐渐形成了俄罗斯、乌克兰及白俄罗斯民族，其命运也各不相同。按照格奥尔吉耶娃的说法，"从 14 世纪初开始，每当我们谈到罗斯国家的时候，我们所指的只是罗斯国家的东北部以及在这一地区的基础上诞生的其他国家"。（见〔俄〕Т. С. 格奥尔吉耶娃《俄罗斯文化史——历史与现代》，焦东建、董茉莉译，商务印书馆 2006 年版，第 62 页。）笔者在本文也遵从这样的界定。

次得到了蓬勃发展，这次高潮一直持续了近两个世纪"。①

14—16 世纪也是对俄罗斯历史具有深远意义的时代，正是在这一时期，俄罗斯民族开始形成，莫斯科公国兴起、发展并最终摆脱了蒙古桎梏，完成了统一大业。伴随着摆脱外族统治争取生存和独立的斗争过程，莫斯科罗斯的君主制统治以及在此基础上的政治制度得以确立并发展，且作为其社会经济基础的农奴制度也渐趋形成。

在这一时期，东正教教会与国家政权之间也逐渐形成特定的关系。鞑靼统治者赋予了东正教会以极大的政治特权，允许教会免纳各种贡赋；与此同时，各封邑王公、名门贵族和富有的商人为获取家族墓地、扩大声望和影响，不仅将大量的土地捐赠给修道院，还热衷于修建修道院；各封邑王公又通过制定地方性宗教法规将社会对教会的土地捐赠活动进一步合法化，因此，修道院在蒙古鞑靼桎梏时期反倒繁荣起来。"14 世纪和 15 世纪成为修道院创建历史的黄金时代：仅 14 世纪就建起了 80 所修道院，即几乎相当于 3 个世纪的总和（87 所修道院），而在 15 世纪上半期就建了 70 所修道院。"② 教会同时成为拥有大量地产的庞大的经济组织。16 世纪下半叶，俄国有 1/3 的土地控制在修士阶层手中。要保住已霸占的大面积土地和所奴役的农民，巩固教会的各种权利，一个统一而强大的国家政权的支持是必需的。而莫斯科公国地位和势力的提高也需要来自教会的支持和帮助。首先，教会可运用自己的宗教权力和宗教影响迫使相邻的王公们臣服于莫斯科公国；其次，莫斯科公国的经济发展需要利用教会的雄厚经济实力；再次，教会可以在思想上为大公掌权制造社会舆论，宣传大公权力神授、神圣不可侵犯等。彼此利益的一致使教权与王权紧密维系在一起。罗斯引入的是来自东方拜占庭帝国的基督教，因此它的鲜明特点之一就是教权与政权彼此配合、相互交织，并且这种实践很早就在罗斯开始了。至 16 世纪，罗斯社会已经形成了东正教教会与君主政权的紧密交织、教会参与国家事务的政治传统。

---

① ［俄］T. C. 格奥尔吉耶娃：《俄罗斯文化史——历史与现代》，焦东建、董茉莉译，商务印书馆 2006 年版，第 75 页。

② ［苏］H. M. 尼科利斯基：《俄国教会史》，贾泽林等译，浙江人民出版社 1999 年版，第 72 页。

不仅如此，另一个传统也在这一时期渐趋成熟，这便是国家利用东正教教规教义及道德伦理来规约俄国大众的精神道德生活，培养人民忠于君主、忍耐顺从、民族自豪感和爱国主义等思想和价值观念。这一传统应该说同样始于罗斯最初接受基督（东正）教之时。弗拉基米尔大公通过的第一个宗教法令《圣弗拉基米尔法规》，不仅赋予教会以很高的宗教司法权，还将诸如子女或兄弟间的遗产纠纷案件归入教会司法的管辖范畴，①可见，这位大公有意利用东正教会在国民精神道德领域发挥作用。在11—13世纪编成的《智者雅罗斯拉夫法规》中也将诸如"抢婚、通过言行侮辱妇女的名声、在妻子没有过错的情况下丈夫擅自与妻子离婚及夫妻不忠"等类案件归由教会司法部门与世俗法官共同审理，在惩戒措施中还包括了"关入教会官邸反省"及"宗教惩罚"。②该法规进一步体现了世俗政权试图使罗斯人逐渐适应基督教的道德规范并借此来约束罗斯人的行为、健全罗斯社会的意图。1551年百章公会通过的《百章决议》，从诸多方面规定了东正教徒的宗教生活，其中很多直接涉及日常普通生活，如：关于订婚与结婚、少女嫁给鳏夫或鳏夫再婚、禁止重婚的问题，关于对第二次婚姻和第三次婚姻者的规定，关于如何对自己孩子训诫，关于同酗酒、放纵、受贿现象作斗争，等等。③正如戴桂菊教授所言，百章公会"是俄罗斯君主制国家宗教生活走向规范化的开端"，也使东正教会"从精神生活方面辅佐君主加强集权"。④自此，历经几个世纪，东正教已经深入到人们生活的各个领域，伊凡四世通过立法形式使东正教伦理规范最终成为俄罗斯人民精神道德领域的主导。

东正教教会参与国家政治生活以及利用东正教约束人民精神道德生活的传统对俄国学校教育的发展产生了深远的影响，决定了这一时期俄国学校教育的形式和内容，使学校教育抹上了浓厚的宗教色彩。由于修道院的兴盛，这里成为罗斯文化得以保存、生息和发展的庇护地，教育在这里继

① 参见戴桂菊《俄国东正教会改革（1861—1917）》，社会科学文献出版社2002年版，第44页。

② 戴桂菊：《俄国东正教会改革（1861—1917）》，社会科学文献出版社2002年版，第45—46页。

③ 同上书，第301—308页。

④ 同上书，第56页。

续。"自 14 世纪初开始，在莫斯科、诺夫哥罗德、特维尔、罗斯托夫、普斯科夫、下诺夫哥罗德等许多城市里，纷纷兴建并修复了许多教会学校和中等专业学校。"[①] 14—16 世纪，公共教育的水平依然很低。以国家最有文化教养的群体——神职人员为例，曾经是罗斯国家最主要的文化教育中心的诺夫哥罗德主教区，在 16 世纪初有近一半的神职人员是文盲[②]。然而，这一时期也是俄罗斯民族语言逐渐形成，全国统一的文字固定下来的时期。[③] 16 世纪与文化教育事业关系密切的一件大事是活字印刷术的出现。1563 年，由教会出资在莫斯科建起了一家印刷所，自建立之时，印刷业就被教会所把持，至 16 世纪末，共印刷了近 20 册图书，但其内容均为宗教的，主要是祈祷用书。这一状况一直持续至 17 世纪，祈祷书和宗教内容的读物在所印刷的图书中占据绝对优势，其中祈祷书占出版物总量的 85%。[④] 这些宗教用书成为传播官方意识形态的工具之一，加强了沙皇政权借助东正教巩固其统治的作用。16 世纪中期，沙皇政权开始认识到教育的重要性并考虑建立学校教育系统。1551 年的百章会议依"沙皇的旨意"，建议"在莫斯科和全国所有城市设立学校，……在神父、助祭和诵经员处也应设立学校，以使每一城市的神父、助祭和所有东正教徒均能送其子女前去学习识字与书写"。[⑤] 由于教师不足，这个计划未能实现。事实上，国家的教育体系直至 17 世纪都未能建立起来，教育还是零星地、分散地、不成体系地进行着，修道院和教堂依旧是公共教育的主要阵地。专门进行识字教育的学堂通常都设在修道院或教区教堂，由神父担任教师。教会教育的内容除围绕东正教教规教义外，还致力于培养人们对世俗政权和教会的尊重，要求人们习惯于对自己的行为进行忏悔。总之，教会在巩固沙皇政权上发挥了重要作用，其意识形态领域的活动因而具有了广阔的空间，教会对社会精神生活起着主导影响，成为这一时期文化的主导

---

① ［俄］T. C. 格奥尔吉耶娃:《俄罗斯文化史——历史与现代》，焦东建、董茉莉译，商务印书馆 2006 年版，第 75 页。

② Джуринский А. Н. *История педагогиги*, М.：ВЛАДОС, 2000, С. 156.

③ 孙成木:《俄罗斯文化 1000 年》，东方出版社 1995 年版，第 40 页。

④ 参见 Кошман Л. В. *История русской культуры IX—XX вв.* М.：ООО 《Дрофа》, 2003, С. 67，С. 87.

⑤ Кошман Л. В. *История русской культуры IX—XX вв.* М.：ООО 《Дрофа》, 2003, С. 65 –66.

者并力图垄断教育。

17 世纪初，俄国经历了"混乱时期"，国内王权衰弱，西方邻国屡次进犯，国家危在旦夕；内忧外患又逢天灾人祸，社会动荡，经济衰败，民不聊生。这样的混乱推动了随后建立的罗曼诺夫王朝两个进程的发展：对外面向西方发展国力，对内加强君主集权。阿列克谢·米哈伊洛维奇在位（1645—1676）时同西方的联系开始不断加强。自 17 世纪下半叶，欧洲技师和工匠络绎不绝地来到莫斯科，欧洲的生活标准和时尚也开始被引进到皇宫和贵族庄园，并影响着商人市井阶层的生活。俄国与西方接近了。与对外开放状态相反的是，俄国的专制制度正逐步巩固。缙绅会议，这一代表君主制的标志物，曾经一手将米哈伊尔推上沙皇宝座，在 17 世纪后半期已式微，一切事情都可以由沙皇个人决定。最初农民失去了在尤里耶夫节前后迁徙的权利，随后追捕逃亡农民的期限从 5 年逐步提高到 9 年、10 年、15 年，最后经 1649 年的法典确定，农民被永久地固定在原主人的土地上，农奴制度最终确立。政治上的高压和农民经济上的无权决定了这个世纪社会矛盾的高度激化和阶级斗争的空前规模。农民战争、市民暴动、火枪兵起义，交织着商人捍卫自己阶层利益的斗争、统治阶级内部的斗争、教会与世俗政权的斗争、教会内部那场最终导致教会分裂的斗争。这是个多事之秋，是一个充满动荡和"造反"的世纪。

东正教教会同沙皇政权的关系在 17 世纪也发生了戏剧性的变化。罗曼诺夫王朝的前两位沙皇同东正教的关系都非同一般。米哈伊尔的父亲费拉列特（Филарет，1554—1633）曾经是罗斯托夫的都主教，在俄国反抗波兰侵略时被俘至波兰，1618 年，从波兰获释，返回莫斯科。凭借与沙皇的父子关系，他回来后马上被任命为全俄牧首，但实权甚至在沙皇之上。国家的一切法令、政令、军令都只有在父子俩共同签署后才能生效，为此他还获得了"大君主"的称号。教权与政权如此紧密地交织，东正教教会在国家的地位达到顶峰。阿列克谢沙皇则是一个笃信上帝的人，不仅经常光顾教堂，甚至以教堂为家，以修道院为皇宫。在他统治期间，东正教对国民精神领域的规约作用进一步加强。他制定了一套宗教法规，对违犯者处以火刑。他还对伏尔加河流域被征服地区实行基督教化政策，迫使居民皈依东正教。1653 年，为加强教会管理的集权化，使一切教会组织更加严格服从最高教会的领导，牧首尼康（Никон，1605—1681）对东正教教会进行的改革拉开帷幕。改革得到了阿列克谢的允许和支持。但是由于尼康过度膨胀的野心,他"神权高于王权"的努力最终换来的是1666年其牧首教职被罢黜和流放他乡,沙皇在剔除这位野心家的同时也基本确立了教会从属于世俗政权的格局。但总的来说,由于教会依然保持较强的经济实力,在意识形态方面也占据重要地位,教会与世俗政权的关系处于僵持状态。

正是这样的政教关系及沙皇个人的思想倾向导致了沙皇政权在使俄国的物质文明接近西方的同时,在精神层面实行严格的封闭政策并极力宣扬和倡导传统的东正教价值观念,防止异教和西方思想腐蚀和动摇俄国制度的基础。那些信奉天主教和新教的外侨被指定在城市中专门为他们划定的地区居住,如果没有沙皇的允许,任何人都不得出国或与外国人交往。沙皇的禁锢政策与教会保守势力的企图不谋而合。他们极力保持俄国希腊拜占庭文化的正统性,认为俄国和东正教会是这一真正信仰和文化的唯一继承者和捍卫者,坚持俄国的传统文化和宗教世界观的不可动摇性。为此,教会监视试图自由地思考、试图摆脱中世纪法规的每一举动,对任何一种新生事物,尤其是来自"异教的"新生事物,都采取极端敌对的态度。16世纪末,在鲍利斯·戈杜诺夫统治时期,就曾酝酿筹办拉丁语学校,但一直遭到东正教会的强烈抵触。当莫斯科的一些画家采用西方艺术手法绘制新式圣像画时,尼康下令没收这些圣像画并宣布严惩其作者。根据阿列克谢的旨意,这些圣像画被收集起来埋入土中,画家则被革出教门。尼康改革的反对者、旧礼仪派的思想中也表现出了对外来文化的抵制和排斥。旧礼仪派的领袖、大司祭阿瓦库姆(Аввакум,1620/1621—1682)大声疾呼:"俄国不需要拉丁习俗和德国式的举止。"[1] 神父拉扎尔向沙皇阿列克谢恳切陈词:"他请来的外国人都是伪君子,他们的那些知识也都是蛊惑人心的异端邪说;古法是上帝赐予的楷模,只有坚持信守,才能得到幸福,否则便会遭受惩罚。"[2] 东正教会的分裂恰恰发生在俄国开始转向西方之时绝非偶然,除了从宗教生活层面反映了被压迫者对压迫者的反抗,也反映了弱者对强者的憎恶与排斥、西方文化与俄国传统的冲突。当

---

[1]　姚海:《俄罗斯文化》,上海社会科学院出版社2005年版,第101页。

[2]　同上。

时，俄国在文化上与西方的差距是显而易见的。即便是相对有学识的神职人员也不懂雄辩学、修辞学和哲学，实际上，大多数神职人员直到尼康改革前连神学都知之甚少。至于一般的民众，更是处于普遍的不开化状态。缺乏同外部世界的联系，造成俄国人的闭塞、无知和对新事物的排斥。犹如因在商业上落后俄国人对西欧人憎恶与排斥一样，在文化交往中，俄国人对更开化的西欧思想表现出本能的抵制同样是不可避免的。

然而，随着俄国人与外国人接触和交流的机会增多，俄国社会生活必然刻上了许多欧化的印记；人员的接触又使思想的交流不可避免，西方的思想潜移默化地渗入进来。纷至沓来的西方影响使前几个世纪那种俄国文化与西方文化的隔绝状态不复存在。那种由教会所传播的民族特殊性的概念，那种传统的、实质上为中世纪的宗教世界观开始破灭，新的理想和概念，新的道德、美学规范和趣味正逐渐形成。教会正在丧失其在思想和文化财富的生产和传播中的主导作用，也就是说，社会正在开始从东正教会的精神专制下解放出来。思想上的禁锢只能变成沙皇当局和教会的一厢情愿。

沙皇政策的导向、社会生活及文化领域的变化决定了 17 世纪教育发展的基本走向和特征。17 世纪，在西俄等进步人士的影响和参与下成为俄国国民教育的起步阶段。俄国的公共教育阵地尽管还主要在修道院中，但许多新的元素正在出现并实施于教育中。1631 年，基辅洞窟修道院的修士大司祭彼·莫吉拉（П. Мгила，1596—1647，1632 年起任基辅大主教）设立了一所神学校。1632 年，该校与 1615 年创办的基辅主显派兄弟会学校合并，改为俄国第一所高等学校——基辅莫吉拉高级学校，即后来的"基辅学院"。① 该校设有初级部、中级部和高级部，共 7 个班。初级部开设斯拉夫语、希腊语、拉丁语（读、写、文法）和波兰语、祈祷、

---

① 该学校开设的课程已相当于学院课程的水平，但蒙古入侵后乌克兰投归了波兰，统治基辅的几个波兰国王拒绝授予它学院的地位和权利，直至 1694 年彼得一世才正式肯定其学院地位，改称为"基辅学院"，1701 年授予学院证书。这所学院是当时俄国南部最大的教育和科学文化中心，为彼得一世的改革和莫斯科的建设输送了大量人才，包括著名的政治家、教育家、国务总理、司法部长和教育部长，以及莫斯科两所著名语言院校的大多数校长和教师，莫斯科大学最早的一批教授等。学院的许多师生都是彼得一世改革的支持者。参见安方明主编《社会转型与教育变革——俄罗斯历次重大教育改革研究》，社会科学文献出版社 2006 年版，第 68 页。

教理问答、算术、音乐、唱歌；中级部开设诗学和修辞学；高级部则开设哲学和神学。学制共 12 年。该校成为在莫斯科设立斯拉夫—希腊—拉丁语学院等教育机构的楷模。1687 年，莫斯科斯拉夫—希腊—拉丁语学院正式纳新，参与筹建工作的正是早年曾就读于莫吉拉高级学校的西·波洛茨基（С. Полоцкий，1629—1680）和他的学生西·梅德韦杰夫（С. Медведев，1641—1691）。学院最初建立时由希腊籍教士和学者、意大利巴都亚大学的博士约安·利胡德（И. Лихуд，1633—1717）及其弟弟索·利胡德（С. Лихуд，1652—1730）主持。由于受东正教会都主教约阿基姆（Иоаким，1621—1690）的干扰，它最初被称为希腊语学院，而且只教希腊语、文法和修辞学。约阿基姆死后，才增设了拉丁语、逻辑、形而上学基础和诗学。① 除此之外，17 世纪中叶后在莫斯科还相继出现了一些拉丁语学校，接受儿童和成年人入学，讲授拉丁语、希腊语、修辞学和哲学知识。来自乌克兰、白俄罗斯和希腊的学者在创办这些学校的过程中发挥了重要作用。其中较为著名的有：1649 年，由沙皇阿列克谢的老师弗·勒吉舍夫（Ф. Ртищев，1626—1673）出资，在莫斯科近郊安德烈修道院开办了第一所希腊—拉丁语学校，校长也是来自莫吉拉高级学校的毕业生叶·斯拉维涅茨基（Е. Славинецкий）；同年，在莫斯科神迹修道院（Чудовый монастырь）由希腊人阿尔谢尼（Арсений）开办了另一所希腊—拉丁语学校；1653 年，勒吉舍夫又创办了一所希腊—拉丁语学校；17 世纪 60 年代，由上面提到的来自基辅莫吉拉高级学校的布隆茨基在莫斯科斯帕斯修道院创办了一所希腊—拉丁语学校。遗憾的是，这些学校存在的时间都不长。1681 年，由沙皇费奥多尔（Фёдор Алексеевич，1661—1682 年在位）倡导，在莫斯科印刷厂开办了第一所由国家出资的希腊语学堂。这所学堂在 1684 年曾有 191 名学生，至 1685 年这一数字达

---

① 彼得一世即位后对该学院进行了改组，增设算术、法语、德语和医学。18 世纪 20 年代，学院的在校生曾达到 600 人，其中有些人成为 1725 年开办的科学院附属大学和文科中学的学生。彼得一世的"学术侍从"、俄国诗人、外交官坎捷米尔，建筑师巴热诺夫和 18 世纪其他的文化、科学、教育活动家都曾在此就学。罗蒙诺索夫在 1731—1735 年也就学于此，随后转至科学院附属大学学习。该学院还为后来建立的外科医学校输送了一些学员。参见吴式颖《俄国教育史——从教育现代化视角所作的考察》，人民教育出版社 2005 年版，第 169 页。

到 233 人。该学堂后来合并于斯拉夫—希腊—拉丁语学院。[①]

总的来看，尽管 17 世纪俄国的文化思想及教育领域出现了一系列新的因素，但由于东正教会的阻挠，这些新因素的实践步履维艰。东正教会仍然影响着文化及教育进程的方向。文化和学术传统主要保存于修道院内，编年史主要还是由教会人员修撰。文学的主要题材都与宗教有关，而且所有文学作品都用教会斯拉夫语写成。神学仍然是教育的基本内容，非宗教的科学还远未产生广泛的影响。绘画、建筑等艺术形式也大多与宗教内容联系在一起。教会在俄国教育上的主导地位虽然没有动摇，但从社会主流趋势上看，它已成为文化教育进程上的消极因素和障碍。

18 世纪初，彼得一世的改革所触动的经济、国家行政管理、军事、海军建设、文化等各个领域在使国家生活极力面向西方的同时，也从最广泛意义上实现了俄国从中世纪向新时代的过渡。俄罗斯的文化世俗化开始兴起。[②]针对东正教会，彼得一世自 1701 年至 1724 年颁布了一系列法令，取消了牧首制，确定了主教公会集体领导制，教会被置于沙皇的完全领导之下，成为国家政权的附庸。经彼得一世、叶卡捷琳娜一世（1725—1727 年在位）直至叶卡捷琳娜二世（1762—1796 年在位），教会的经济实力不断被削弱。对教会经济的打击最终使 91 万多教会和修道院的农民转为国有农民，[③]教会失去了在政治及社会其他领域施加影响的经济基础。

不仅如此，兴起于 17 世纪前半期的英国的启蒙思想在 18 世纪也东渐至俄国，彼得一世的欧化改革为启蒙思想的进入打开了门户。至 18 世纪中期以后，俄国国内已经形成了一股强烈的启蒙浪潮。伏尔泰、狄德罗、孟德斯鸠、卢梭、马布里等名家的著作被大量译介过来，人道主义、开明专制和"贤明的立法"、先进的教育思想、宗教宽容、科学脱离神学等启蒙思想在俄国空前活跃。

由于教会地位的下降和俄国社会思想的变化，东正教及其教会在文化

① 该部分有关希腊—拉丁语学院的数据来自 Джуринский А. Н. *История педагогики*. М. : ВЛАДОС，2000，С. 162 – 163.

② ［俄］Т. С. 格奥尔吉耶娃：《俄罗斯文化史——历史与现代》，焦东建、董茉莉译，商务印书馆 2006 年版，第 159 页。

③ 乐峰：《俄国宗教史》（上卷），社会科学文献出版社 2008 年版，第 113 页。

教育领域一统天下的局面受到了挑战。教士们从事的启蒙教育活动和开拓活动已成为回忆。新的简化了的民用铅字代替了教会斯拉夫字体；《识字课本》《斯拉夫语法》等教科书取代了《日课经》《诗篇》等宗教书籍。与此同时，独立于教会的国民教育体系也在18世纪建立起来。

尽管如此，东正教及其教会在文化教育领域依旧保持着独特的面貌。教会依旧拥有自己的教会学校，还为那些偏僻省份的非俄罗斯人开办了许多宗教学校，这些学校在进行宗教教育的同时也进行初等教育的普及；东正教始终未退出教育领域，即便是在刚刚建立的初等国民教育体系中，东正教课程也始终占有一席之地。1786年，叶卡捷琳娜二世政府颁布了《国民学校章程》（以下简称《章程》）。《章程》的颁布成为沙皇政府颁布的第一个有关国民教育制度的法令，标志着俄国国民教育法制化和制度化的开端，成为俄国教育史上的里程碑。《章程》规定，在各个省城应设立学程为五年的中心学校，在各县城应设立学程为两年的初级国民学校。①依据该《章程》，在初级国民学校和中心学校的教学计划中均增设了"简明教义问答（катехизис）"和"圣经史（священная история）"等科目。

同时，即便是像彼得一世和叶卡捷琳娜二世这样对西方文化推崇备至的君主，也从未低估过东正教作为官方意识形态及其在加强沙皇专制统治方面的作用。尽管彼得一世本人并不信教，甚至对那些留大胡子的长老和神甫深恶痛绝，经常在各种场合揶揄挖苦教会和神职人员，但他深知专制制度离不开宗教这一精神支柱。1718年颁布的一项法令规定，东正教徒必须严格履行其宗教职责，凡不作忏悔者、节日和礼拜不去教堂者，课以罚款；对不敬畏沙皇、胆敢叛逆者，开除教籍。不仅如此，彼得一世还使神职人员直接服务于国家的政治目的。1708年，在向各教区发布的命令规定，神父应从忏悔者的忏悔中了解是否有人图谋不轨，并及时上报。

同彼得一世不同的是，叶卡捷琳娜二世自己就是位虔诚的东正教徒。1744年，在为年轻的索菲娅公主（叶卡捷琳娜二世在皈依东正教之前的名字）举行的皈依东正教的仪式上，她以坚定的语气、准确而流利的俄语朗读了长达50页的东正教教义的课本并背诵了东正教的信经，当时的

---

① 吴式颖：《俄国教育史——从教育现代化视角所作的考察》，人民教育出版社2005年版，第149页。

场景打动了伊丽莎白女皇和在场的所有人。① 叶氏的统治思想中尽管含有启蒙和改革的成分，但占优势的依然是对俄国东正教历史传统和现存专制制度的肯定。尤其在镇压了普加乔夫起义（1773—1775）之后，无论是她的治国思想还是统治策略，启蒙的光环已渐渐褪去，维护农奴制和专制统治才是她真正要奉行的东西。女皇意识到，东正教是她可以利用的精神工具。为此，她在打击教会经济的同时，又对东正教及其神职人员采取了扶持和保护的怀柔政策。

然而，无论是彼得一世的欧化改革还是叶卡捷琳娜二世的开明专制，抑或是引起社会热潮的启蒙思想，都只是触动了俄国社会的表层和少数贵族阶层的生活，俄国社会的深层结构，即占总人口 90% 以上的广大农民依然生活在传统的东正教文化的影响之下。这极大地影响着下一个世纪历任沙皇的教育政策，为东正教在国民教育中地位的提升提供了民众基础。

第三节　19 世纪帝俄时期的东正教与国民教育

一　"东正教、专制制度、人民性"

（一）时代背景

19 世纪的俄国，在欧洲工业革命、资本主义经济发展和不断高涨的民主革命的影响下也发生着深刻的社会变化。19 世纪 30—50 年代，俄国的农奴制经济正在瓦解，封建的农奴制俄国正朝着资本主义的方向演变。然而，一直到废除农奴制以前，俄国农业人口仍占国民总数的 90%，整个农业依然以农奴制劳动为基础。农奴制成为俄国发展的严重障碍。农民对自己所遭受的残酷剥削与压迫的反抗也日趋激烈。在尼古拉一世统治的30 年间，爆发的农民骚动竟达 500 多次。19 世纪中叶，俄国受到了蓬勃发展的欧美资产阶级民主革命和民族解放运动的强烈震撼。而俄国同英、法为争夺巴尔干和黑海进行的克里木战争的失败则使农奴制下俄国政府的腐败和无能暴露无遗。在此背景下，1861 年，亚历山大二世签署了关于废除农奴制的宣言，拉开了大改革的帷幕。一方面，改革使俄国农民获

---

① ［俄］瓦利舍夫斯基：《叶卡捷琳娜（公元 1729—1796）》，苏跃编译，京华出版社 2010年版，第 49 页。

得了人身解放，成为享有权利的公民；地主土地所有制尽管被保留下来，但其性质发生了根本变化，已具有一般资产阶级私有制的特征；资本主义工业发展迅速，资产阶级的经济实力日益强大。另一方面，改革进行得非常不彻底，对农民赎买份地附着了苛刻的条件，即使农民摆脱了对地主的人身依附关系，强化了的村社制度依旧将他们束缚在封建宗法关系中；专制制度的政体丝毫未被动摇。俄国走上了一条充满矛盾的资本主义发展道路，先进的工业组织与中世纪的土地占有方式、欧化的城市与愚昧落后的农村、资本主义精神与宗法制观念、民主自由的要求与专制主义的现实，这些截然对立的东西并存。至 19 世纪末 20 世纪初，俄国国内的社会矛盾已空前尖锐。

19 世纪也是俄国社会思想空前活跃的时代。1812 年反对拿破仑卫国战争的胜利被视为一场遏制了异族奴役的民族胜利，大大激发了俄国人民的爱国热潮，加速了民族自我意识的增长。十二月党人首次尝试用革命的方式推翻农奴制度和专制制度，为俄国解放运动思想中的共和制传统奠定了基础。由他们提出的许多政治、社会问题引发了那些关心祖国命运和前途的先进的贵族知识分子对俄国社会进一步发展道路的探索和思考，平民知识分子的先驱也加入了这一行列。德国的浪漫主义、法国的空想社会主义与俄国的土壤相结合，滋养出了一批以彼·恰达耶夫（П. Чаадаев，1794—1856）、基·格拉诺夫斯基（Т. Грановский，1813—1855）为代表的西欧主义者和以阿·霍米亚科夫（А. Хомяков，1804—1860）等为代表的斯拉夫主义者。从西方派与斯拉夫派之间的激烈论战又孕育出了革命民主主义和农民社会主义。1861 年开始的大改革带动了国民思想的解放，以尼·车尔尼雪夫斯基（Н. Чернышевский，1828—1889）为代表的平民知识分子开始取代贵族知识分子走上历史舞台。19 世纪 60 年代初，由激烈的"否定者"德·彼萨列夫（Д. Писарев，1840—1868）为主要开创者的虚无主义运动在青年中迅速发展并形成后来的民粹主义运动。民粹派接过了亚·赫尔岑（А. Герцен，1812—1870）的农民社会主义理论，将推翻沙皇专制制度、建立社会主义寄托在村社农民的暴动上。19 世纪70—80 年代，"到民间去"运动及民意党运动的失败显示了不断扩大的知识分子同人民的疏远。80 年代，马克思主义随着格·普列汉诺夫（Г. Плеханов，1856—1918）领导的"劳动解放社"的建立，作为一种独立的思潮正在形成。工业无产阶级随着资本主义的发展成长壮大起来，俄国的社会民主主义和科学社会主义诞生，无产阶级的力量逐渐地从泛民主主义的运动中分离出来。19 世纪 90 年代中期，工人运动与马克思主义相结合，俄国革命运动中的无产阶级革命阶段便开始了。至 19 世纪末 20 世纪初，同工人运动结合的俄国马克思主义、经过调整的民粹主义、迎合资产阶级需要的合法马克思主义、纲领和策略趋于激进化的自由主义等各种文化形态与社会思想错综复杂地交织在一起。

资本主义经济的快速发展与思想领域的空前活跃共同构成了对封建农奴制度及沙皇专制制度的严峻挑战。虽然从亚历山大一世至尼古拉二世历任沙皇都受过西式的良好教育和熏陶，为俄国的发展也努力引进西欧的先进事物，但有一个宗旨是至高无上的，那就是沙皇专制统治的不可动摇性，而东正教正是这一宗旨牢不可破的思想基石。

（二）亚历山大一世时期

亚历山大一世（1801—1825 年在位）在执政前半期承诺"要依法"并以祖母叶卡捷琳娜二世的"慈悲心怀"来治理国家。为此，在国家和社会诸多方面都尝试进行了带有自由主义色彩的改革。在国民教育领域，鉴于俄国在 19 世纪以前没有统一的教育机构，国民识字率极低的现状，年轻的沙皇意欲首先加强国家对教育的管理，同时建立起一个从初级到大学的教育体系，以期在短时间内提升国民受教育的水平。

1802 年，"国民教育、青少年培养及科学传播部"成立，简称国民教育部。同时成立的还有一个高等教育章程制定委员会。委员会由当时国民教育思想的积极倡导者、年轻的社会活动家瓦·卡拉津（В. Каразин，1773—1842）领导工作。1803 年，国民学校管理总局成立，仍旧由卡拉津领导。这位得到亚历山大一世和尼古拉一世两位沙皇赏识的年轻改革者，被誉为俄国 19 世纪初国民教育改革的倡导者、执行者和直接推动者。在他的领导和参与下，高等教育章程委员会成果斐然，制定出了一系列有关国民教育方面的文件，包括《莫斯科大学章程》《俄国科学院章程》《俄国艺术学院章程》《维尔纽斯①大学改革草案》，还创办了隶属国民教育部的定期出版物《国民教育成就月刊》。1803 年，《国民教育暂行条

———————————

① 位于当时的波兰境内，即今位于立陶宛境内的维尔纽斯大学。

例》(以下简称《条例》)出台。依据《条例》,俄罗斯全境分成六个学区,每个学区任命一位督学。次年,同样由卡拉津拟定的《大学附属学校章程》正式颁布。该章程将俄国分为四级教育体系:一年制的堂区学校、两年制的县立学校、四年制的文科中学(设于省城)和大学。其中堂区学校属于初等教育,县立及省属文科中学属中等教育。

亚历山大一世政府的改革不仅对俄国教育管理的制度化起了十分重要的奠基作用,也推动了俄国教育体系的发展,在一定程度上促进了国民素质的提高。许多地区创办了各类学校,在校生逐年增加。1808 年,国民教育部所辖共有 38 所高级文科中学,126 所县立学校;至 1825 年,这一数字分别是 50 所和 400 所。1804 年,国民教育部所辖学校的在校生有 3.35 万人,至 1808 年达 7.7 万人,1824 年则增至 11.5 万人。各类学校总人数也达到 24.5 万人。①

但以 1812 年为界,亚历山大一世开始收起自由主义的姿态。1812 年卫国战争后,俄国便以欧洲霸主的姿态登上了欧洲政治舞台。在亚历山大一世的倡议下,1815 年俄国、普鲁士、奥地利宣布成立"神圣同盟",欧洲的许多君主,包括法国复辟王朝的路易十八也加入了该同盟。君主们声言要以上帝的名义互相支持与协助,引导自己的臣民和军队保卫宗教、和平与正义。但事实上,神圣同盟存在期间的活动就只有一个目的:复辟旧王朝、恢复欧洲君主制的旧秩序、扼杀此起彼伏的民族解放运动和镇压可能发生的新的革命。为使自己的国民成为君主制下温顺的良民,亚历山大一世回归传统,寻求东正教作为国民的精神支柱。这一点显然也左右了沙皇政府的国民教育政策。1816 年,曾任圣主教公会总监、时任彼得堡圣经协会②主席的亚·戈利岑(А. Голицын, 1773—1844)被任命为国民教育部大臣,亚历山大一世政府的用意不言而喻。

---

① Никондров Н. Д. , *История педагогики*, М. Гардарики, 2007, С. 174.

② 彼得堡圣经协会:Петербургское Библейское общество,为基督教的一个非教派组织,致力于将《圣经》翻译为俄语及俄罗斯帝国其他民族语言,促进以东正教为主的基督教信仰在俄罗斯帝国的传播,其存在时间为 1813 年至 1824 年。该组织在 20 世纪 90 年代得到恢复,目前的名称为 Российской библейское общество。1995 年,该组织成为"世界圣经联合会"的会员。2011 年 6 月 1 日,由该组织翻译的现代俄语版的《圣经》全译本在俄罗斯出版发行。参见当代俄罗斯 Российское библейское общество 的官方网站:http://www.biblia.ru/about/history/。

戈利岑首先不遗余力地推动《圣经》俄译本在俄国的出版与发行。由于圣经协会受到政府、宫廷朝臣及高级神职人员的庇护与资助，《圣经》俄译本得以顺利出版并在各阶层民众中迅速广泛传送，发行量达到40多万册。《圣经》的翻译、出版与传播被视为可以载入史册的重大事件，是俄国国民宗教性高水平发展的重要标志。对《圣经》及圣经史的研究与诠释不仅盛行于神学院，在世俗国民学校也受到青睐。

为了使世俗国民教育从属于宗教教育，1817年，亚历山大一世政府下令，将国民教育部与宗教事务部合并，改组为"国民教育与宗教事务部"，部长仍旧为戈利岑。该部建立伊始便将"依据'神圣同盟'的决议将国民教育建立在笃信宗教的基础上"[①] 作为其宗旨。戈利岑同时掌管书刊检查部的工作，密切监视和打击一切攻击宗教思想的言论，严厉打压任何反对宗教教育的声音。为加强国民学校中的宗教教育，俄国1819年更改了所有学校的教学计划，新增"圣经阅读"课，在堂区学校中禁止学习《人与公民之职责》一书，在县立学校的教学中删去了能够促使学生产生"爱好自由"情绪的科目，如哲学、政治经济学、美学、自然科学史和技术课等。在莫斯科大学的教学计划中原本并无神学，这使它在18世纪有别于其他的欧洲大学，但是，自1819年起，所有的俄罗斯大学中都设立了"神学和基督教义"教研室，开设了神学课程，莫斯科大学自然也不例外。

1824年，戈利岑离任，宗教事务仍然归属圣主教公会，国民教育部独立。但接替戈利岑的亚·希什科夫（А. Шишков，1754—1841，1824—1828年在任）依旧持保守主义立场。他的政策与戈利岑一脉相承，甚至有过之而无不及。在首次主持国民学校管理总局的工作会议时，他要求对一切于政府有害、潜入学科教学中的东西加以"制止、根除并转到以信仰的纯正、对君主和祖国的职责和忠诚为基础的原则上……所有科学都必须清除一切不属于它们的有害空论"。[②] 他提出，俄国教育必须具有不同于欧洲其他国家的民族特点，欧洲的启蒙教育对俄国有百害而无一利，要

---

① ［苏］Н. А. 康斯坦丁诺夫等编：《苏联教育史》，吴式颖等译，商务印书馆1996年版，第222页。

② 同上。

隔绝一切伪理智和伪智慧。希什科夫还是对国民进行分阶层教育和社会精英教育的强硬派代表之一。他的观点和立场在尼古拉一世镇压十二月党人起义之后被赋予了更加现实的意义,与尼古拉一世的治国理念不谋而合。

（三）尼古拉一世时期

1825 年,尼古拉一世（1825—1855 年在位）上台。他的统治是从对十二月党人起义的镇压开始的,欧洲如火如荼的民主和民族革命也几乎伴随着这位君主的整个统治时期。在他登基前夕,1820—1823 年西班牙和意大利发生了革命起义。1830 年 7 月,发生在法国的工人革命仅用三天就推翻了波旁王朝的专制统治,一个月后比利时发动了反对荷兰的起义并取得了独立。消息传至俄国,沙皇尼古拉一世企图进行武装干涉,不想他自己的后院也燃起了革命之火。1830 年 11 月波兰人民发动了争取独立的反俄民族起义。1848 年,法国和德国爆发了二月革命,此后,东南欧、西欧、北欧的许多国家都卷入了革命洪流。革命遍及除俄国以外的整个欧洲大陆,一顶顶专制的王冠被打落在地。国内外的严峻形势迫使尼古拉一世上台伊始就推行了旨在维护君主专制和农奴制的一系列政策。

在尼古拉一世的眼中,兵营是最理想的社会结构。基于它具有绝对化的权威和服从,尼古拉一世甚至将这一模式用于对整个国家的统治。瓦·克柳切夫斯基曾指出,尼古拉一世时期是"整个俄国历史最官僚的时代":无数带有"最高批示"的章程、命令、规定以及专门签署的指令,用于管理和领导社会各个领域,直至国民教育。[①] 尼古拉一世曾有过这样的感慨:"我格外关注和考察了我们的国民教育,这里可是培养未来服务于国家的人才的地方,但我遗憾地发现,无论是教学还是对人的培养都缺乏应有的、必须的和统一的思想基础。"[②] 在尼古拉一世看来:"'上帝律法'是任何社会学说唯一坚定的基石","我尊重学问,将其置于崇高地位,但我将社会精神道德置于最高地位。没有它,学问和学说不仅是无益的,很有可能还是有害的。而这个精神道德基石——就是神圣的信仰"。[③] 为防止自由思想的传播,在国民教育领域根除一切自由主义的萌芽,尼古

---

① Никондров Н. Д., *История педагогики*, М. Гардарики, 2007, С. 176.

② Там же.

③ Каптерев П. Ф. *История русской педагогики*, Санкт—Петербург, 2004, С. 256.

拉一世政府竭力加强"精神堤岸",实行严格的书刊检查制度;提升东正教会的地位,强化东正教作为官方意识形态的宣传。要求包括下自初级国民学校上至大学一律以培养忠顺的臣民为指导精神,预防青年一代出现任何革命倾向。

遵照沙皇旨意,国民教育部于1826年成立专门委员会,制定教学和教育中"应有的、必须的和统一的思想基础"。委员会于1828年出台的《大学附属文科中学及初等学校章程》开篇便规定,教育的目的首先被视为"借助宗教道德教育传授青少年以方法"。① 东正教被确立为教育政策的思想基础之一,禁止擅自传授书籍或课本以外的任何学说。亚历山大一世之前的办学等级原则重回历史舞台:文科中学和高等学校为贵族设立,平民子弟只能就读于县立学校和堂区学校。学生只允许获得其父母所属社会阶层所应获得的知识,不得有逾越。在教学内容上,县立学校教学计划中宗教课增至三门:神学、圣史和教会史。文科中学则加强了宗教教育和古希腊拉丁语的分量。在教学人员上,扩大学校中监视学生和教师活动的官员编制,建立对学校的警宪监视制度。学生们成为"被迫的无知"的牺牲品。国民教育非但没有促进,反而遭到人为的阻止和扼杀。

1832年,时任彼得堡皇家科学院院长的谢尔盖·乌瓦洛夫(1786—1855,1833—1849年在任)接过希什科夫的衣钵,出任国民教育大臣。如果说,戈利岑、希什科夫只是为教育转向保守主义迈出了第一步,乌瓦洛夫则使他们的理念进一步完善并形成了完整的理论。对于19世纪上半叶欧洲正在经历着的宗教和国家权威的急剧衰落,乌瓦洛夫将其原因归结为道德理想的贫瘠。他认为,俄国的学校教育必须寻找一条具有俄国本民族特色、反映俄国独特民族心智和精神内核的路径。在俄国加强和巩固那些给予人民福祉和力量的道德准则是刻不容缓的,它将是具有独特俄国性质的社会道德的基石,是团结整个神圣民族和稳固俄罗斯国家的"拯救之锚"。

"东正教、专制制度、人民性"三位一体理论就这样出台了。在乌瓦洛夫看来,"东正教"是俄国的立国之本,是其政治和社会历史传统中形

---

① Кошман Л. В. *История русской культуры IX—XX вв.* М. : ООО 《 Дрофа 》, 2003, С. 142.

成的道德伦理及文化基石，它使俄国免于宗派分离、社会混乱与分化。它还能教化俄国臣民成为完美的东正教徒和归顺的良民。因为，"俄国民族是虔诚和忠诚的民族，她既不容忍对东正教教义的任何亵渎，也绝不允许从其君主的王冠上盗走一颗珍珠"。① "专制制度"是俄国的国家性，即对君主权威及权力的敬畏与绝对服从。没有这个国家性，俄国社会就会滋生新的自由主义、利己的幻想和观念，因此，它是俄国政治存在的最主要前提条件。"人民性"，是俄国人民永恒的民族特质，它是个体的，也是群体的，它是俄罗斯民族的全部生命力。然而究其实质，人民性指的是农奴制度的不可动摇性。在任职会议上，面对全国各学区的督学，乌瓦洛夫重申他的理论，并指出："我们的共同职责是，按照至圣沙皇的最高指示，用这一'三位一体'理论武装我们的国民教育。"②

　　三位一体理论首先得到尼古拉一世的推捧，不仅将其定为家训，而且在全国范围内强力推行，要求每一位国民遵守。以普希金、果戈里为代表的知识分子们也撰文，将古老的弥赛亚意识与当时的浪漫主义风尚相糅合，使其重放异彩。俄罗斯民族被描绘成上帝真正的选民，他们是最温顺、最虔诚、最敬畏上帝和沙皇的，是最吃苦耐劳、任劳任怨的，也是最坚强、最不屈不挠的。东正教会也不再仅仅是一个宗教机制，而是保存俄罗斯民族最高价值观和传统的代言人。果戈里对三位一体理论有一段精辟的阐释："俄罗斯的君权与神权不可分割，君主一方面代表着神的意志，完全控制着人类，另一方面他自己也毫无保留地臣服于上帝。神权与君权，或说第一信条和第二信条的有机结合，遂生出了第三信条，民族性，指俄罗斯民族特有的笃信东正教、顺从和忠于沙皇的品德。"③ 上至沙皇，下至社会精英们对这一理论的欢迎和肯定使其得到广泛传播，很快，它被奉为民族精神，不仅成为国民教育的基石，也被确立为整个国家的官方国民理论。国家逐渐将这一官方思想贯彻到中小学、大学和各种出版物中，目的昭然若揭，要用忠于专制制度、忠于君主的思想培养国家年轻一代，

---

① Никондров Н. Д., *История педагогики*, М.：Гардарики，2007，C. 177.

② Там же.

③ ［美］尼古拉·凉赞诺夫斯基、马克·斯坦伯格：《俄罗斯史》，杨烨、卿文辉主译，上海人民出版社 2007 年版，第 300 页。

确定整个社会的思想基调。

乌瓦洛夫在初等和中等国民教育体系中实行严格的监督，整顿风气，涤除任何可能带有自由思想倾向的课程。体操课课时被删减，哲学、政治经济学、贸易理论、美学课被彻底删除，自然科学课课时所剩无几。1835年，在乌瓦洛夫的倡议下又制定了《大学章程》，使这片"自由主义的最有可能滋生地"失去了自治、建立科学社团的权利。与此同时，国家官员，即各学区督学对教育的监督权大大加强，大学校长只是名义上的完全听从督学的领导，只负责学校教学上的管理事务。大学几乎成为从属于国家的官僚机构，千方百计阻挠非特权阶层子弟的进入。

（四）亚历山大二世时期

亚历山大二世（1855—1881 年在位）时期，在取消农奴制的同时，大改革也触及东正教会及国民教育领域。教会改革一方面打破了神职阶层的封闭性，另一方面改善了神职人员的物质待遇及教会的经济状况。自尼古拉一世时期起教会就开始大大增加修道院拥有土地的面积，从 1836 年至 1861 年，俄国大约有 170 个修道院从国家获得 15000 俄亩森林和 10000俄亩可耕地，教会重新成为大土地所有者。[①]在 19 世纪 60 年代末国家还将庄园土地、教堂周围的地、打谷场、花园、菜园、农耕地和草场等土地分给教会，使得教会拥有的土地面积又得到一定程度的扩大。事实上，至19 世纪中叶，东正教会已经形成了一个庞大的体系，控制着俄国 2/3 的人口。[②]

在国民教育领域，政府曾在 19 世纪 60 年代对学校事业方面进行了改良。1860 年，具有自由主义倾向的阿·戈洛夫宁（А. Головнин，1821—1886，1861—1866 年在任）主持国民教育部的工作并在次年成为国民教育大臣。在他的倡导下，依赖地方自治机构的力量创办了许多三年制的地方自治局小学。1864—1874 年是地方自治局小学发展的高峰，共开办了约 1 万所。[③] 无论从受教育对象还是从教学人员、教学内容和学校的管理

---

① 戴桂菊：《俄国东正教会改革（1861—1917）》，社会科学文献出版社 2002 年版，第81—82 页。

② 同上书，第 82 页。

③ Кошман Л. В. История русской культуры IX—XX вв. М.：ООО《Дрофа》，2003，С. 166.

上来说，地方自治局小学都具有鲜明的进步色彩。此外，一种具有民主色彩的校外普及教育形式——星期日学校在 19 世纪 60 年代初也得到迅速发展。这类学校是免费的，教学大纲比官方学校广泛得多，包括一些自然科学的科目，教学人员中也包括具有革命民主主义倾向的知识分子。即便如此，教育的思想基石依然没有改变。据 1864 年颁布的《初等国民学校章程》，初等学校的教学目的首先是"在国民中确立宗教和道德概念"，然后才是"推广初等实用知识"。① 可见，宗教教育依然被摆在了首位。在教学内容上，神学、宗教书籍阅读被列为主要课程，其中神学和宗教音乐课被列为公共课。宗教课由地方教士和黑神品讲授。神职人员还有权应聘承担初级学校其他课程的教学工作。章程中还规定，在县和省学校委员会中不但有宗教事务院的代表，高级神职人员还可担任省学校委员会主席的职务。

这一时期，跟随学校东正教教育一起发展起来的还有东正教的报纸杂志业。自 19 世纪 60 年代起，在莫斯科、圣彼得堡，甚至在一些外省城市，除了官方开办的教会杂志，由一批私人资助开办的东正教杂志也相继问世。1860 年，东正教会首期《主教区公报》（Епархиальные ведомости）开始刊发。同年，莫斯科开始发行《东正教述评》（Православное обозрение）和《教益阅读》（Душеполезное чтение）杂志；圣彼得堡则发行了《朝圣者》（Странник）杂志；基辅开办了《乡村牧师指南》（Руководство для сельских пастырей）杂志；在敖德萨则开始发行《基辅神学院学刊》（Труды Киевской духовной академии）。1861—1864 年，在圣彼得堡还发行了《基督徒精神》（Дух Христианина）杂志。1862 年，由原圣彼得堡中等神学校于 1857 年开办的神学杂志转归私人所有并更名为《神学对话》（Духовные беседы）。同年，马卡里·布尔加科夫（Макарий Булгаков）在哈里克夫市创办了《神学通讯》（Духовные Вестник）杂志。绝大多数东正教报纸和杂志一直开办到十月革命前。1863 年，在都主教费拉列特的直接参与下，成立了"神学爱好者协会"。协会同东正教的报纸刊物有着共同的使命，那就是唤起社会对宗教和宗教问题的关注，

---

① ［苏］H. A. 康斯坦丁诺夫等编：《苏联教育史》，吴式颖等译，商务印书馆 1996 年版，第 300 页。

培养民众在社会生活中对宗教的需求。

1866年4月4日，激进青年德·卡拉科佐夫（Д. Каракозов）在圣彼得堡夏宫欲枪杀亚历山大二世，虽行刺未遂，但该事件震惊了沙皇及整个社会，各种自由主义性质的改革设想也戛然而止。十天之后，戈洛夫宁被解职，接替他的是时任圣主教公会总监的德·托尔斯泰伯爵（Д. Толстой，1823—1889，1866—1880年在任）。国民教育与东正教事务的最高领导权独揽于一人手中，国家企图通过教会继续推行和实现其在国民教育领域进行宗教教育的政策。托尔斯泰伯爵是乌瓦洛夫庄园的座上客，也是"三位一体"国民理论的推崇者和追随者。因此他任职之初便重申"以东正教的精神教育人民"，[①] 以此作为精神武器抵制民粹派等进步思潮对国民的影响。为此，参议院曾多次提出把全部小学交由圣主教公会管理的草案，欲将全部小学都变为堂区学校。托尔斯泰还曾于1866年对地方自治机构发出通令，要求它们支持堂区学校。1874年，根据修改后的《初等国民学校章程》，自1864年以来由教育部、内务部、教会、地方自治机关等各方代表组成的县立学校委员会的主席改由县贵族代表担任，而不是由委员会选举，这意味着地方自治机构在发展国民教育方面的作用进一步被削弱。

（五）亚历山大三世和尼古拉二世时期

亚历山大三世（1881—1894年在位）是在先皇倒在民意党人的枪口之下而继位的，他本人又是在保守主义思想的影响下长大，因此他一上台便立即采取行动镇压革命，试图使俄国退回到尼古拉一世时期的高压状态。1881年5月，新沙皇发布宣言，强调俄国专制制度的不可动摇性。接替托尔斯泰总监职位的是另一位保守派代表、影响两代沙皇执政达四分之一世纪之久的康·波别多诺斯采夫（К. Победоносцев，1827—1907，1880—1905年在任），而托尔斯泰则被任命为内务大臣。托尔斯泰秉承自己的一贯风格，努力使俄国回归改革前的状态，为此采取了一系列措施。其中包括，扶持教会经济，兴建修道院及教堂，扩大神职人员队伍。在意

---

① ［俄］谢·瓦·罗日杰斯基：《1802—1902年国民教育活动的历史概况》，第184页，圣彼得堡，1902年。转引自戴桂菊《俄国东正教会改革（1861—1917）》，社会科学文献出版社2002年版，第116页。

识形态领域强化东正教对国民的精神约束，增加宗教文化活动，渲染宗教氛围。

在国民教育领域，进一步强化了东正教及教会的控制作用。波别多诺斯采夫秉承托尔斯泰的政策，十分重视国民教育部门这个意识形态宣传的主要阵地，因此他在上任之初就力主由教会负责国民教育问题，保守派国民教育大臣伊·杰利亚诺夫（И. Делянов，1818—1898，1882—1898 年在任）随声附和。此后，在他们的推动下，国家对堂区学校的拨款不断增加，对教育部所属学校的投资相应地减少；不仅如此，政府还要求地方教学机构协助开办堂区学校。1891 年 5 月 4 日，沙皇颁令，规定全国所有的识字小学一律为教会管理。此外，在国民教育部所属的国家中学、市属和地方自治局创办的四年制不完全小学中均增加了宗教和神学课程作为必修课。由都主教费拉烈特①编写的《教义问答手册》成为普通中学的教科书，高年级学生还必须学习教义神学课。普通高校也将东正教神学课作为必修课。

尼古拉二世（1894—1917 年在位）忠实地接过了其父的衣钵，新沙皇在上台伊始便宣布："让所有的人都知道，我将像我的先父那样坚定不移地维护专制制度。"② 因此，尼古拉二世对东正教的政策基本也同亚历山大三世一脉相承。面对各种革命思潮和废除专制政体、建立君主立宪制国家的变革压力，他一直没有放弃东正教的主导地位。在经济上继续扶持东正教会。至 1903 年，教会和修道院占有的土地达 600 万俄亩，直至 1919 年，苏维埃从教会手中没收了近 827 万俄亩的土地。③ 修道院不仅是土地拥有者，还是主要的木材经销商、房屋拥有者和高利贷者。教会在事

---

① 费拉烈特（Митрополит Филарет，1782—1867）：国务活动家，宗教思想家和东正教神学家，19 世纪下半叶东正教会的实际掌权人。曾担任过莫斯科神学院的院长，主持了俄国第一个俄文版《圣经》的翻译和出版工作，著有《俄国教会史》及多部神学著作。其思想主要为神化俄国绝对君主制度、极力反对以自然科学和无神论为主的世俗教育、鼓吹宗教教育服务，因此他成为阻挠亚历山大二世自由化改革的保守力量之一。参见网络图书馆资料：http：//lib. eparhia－saratov. ru/books/noauthor/preaching/35. html；及乐峰主编：《俄国宗教史》（上卷），社会科学文献出版社 2008 年版，第 120 页。

② 李英男、戴桂菊：《俄罗斯历史之路——千年回眸》，外语教学与研究出版社 2002 年版，第 313 页。

③ 乐峰主编：《俄国宗教史》（上卷），社会科学文献出版社 2008 年版，第 118 页。

实上成为俄国的一个大封建主。教会神职人员不仅享受国家津贴，还被免除向国家纳税的义务，成为享有特权的社会阶层。在意识形态方面，重申东正教维护专制制度的思想核心。1903 年 2 月 26 日，尼古拉二世颁布政令，要求国民"信守俄罗斯帝国基本法所规定的信仰传统，即东正教在俄国是首要的和占统治地位的宗教"①。波别多诺斯采夫则宣扬，东正教无限君主制是多民族的俄罗斯最合理的国家政体形式，是唯一能够缓解和消除社会矛盾及冲突的体制。当 1905—1907 年的资产阶级民主革命来临时，圣主教公会号召所有的东正教徒"团结一致，形成牢不可破的坚强堡垒，保卫我们的沙皇，捍卫俄罗斯国家，保持俄国古老的基督教生活方式不变"②。同时，东正教在国民教育领域，尤其在初等普通教育领域的地位达到历史最高点。仅在 1902 年，堂区学校获得的拨款达到 1050 万卢布，而所有其他类型的初等小学一共只被拨给 500 万卢布。至十月革命前，依 1897 年国民教育部制定的教学计划，所有三年制小学中神学（每周 6 学时）、教会斯拉夫语（3 学时）、宗教歌曲（3 学时）三门课占学生总学时（27 学时）的 44%。③ 至 1905 年，东正教教育网络已遍及帝国各地。教会拥有男、女修道院 475 所、神学研究院 4 所、神学院 57 所、神学学校 184 所。④

（六）十月革命后

十月革命后，苏维埃政府采取了一系列的手段削弱东正教在民众中的地位，包括关闭教堂、烧毁圣像、迫害神职人员等。东正教所履行的世俗国民教育、道德教育以及神学教育等的职能被剥夺。东正教会为挽救在教育领域的位置、缓和与权力机构的冲突与矛盾，曾于 1917—1918 年的地区主教会议上就学校与教会相互关系问题做出重要决定，表示："由东正教教会建立的初级、中级及高级学校，无论是神学性质的还是普通教育性

---

① 戴桂菊：《俄国东正教会改革（1861—1917）》，社会科学文献出版社 2002 年版，第 188页。

② 同上书，第 189 页。

③ 吴式颖：《俄国教育史——从教育现代化视角所作的考察》，人民教育出版社 2005 年版，第 245—246 页。

④ 同上书，第 125 页。

质的，均以普通教育的形式享受一切权利。"① 但是，苏维埃政权为消除沙俄国民教育制度中的宗教性，很快通过了一些旨在促进教育世俗化的法令。1917 年 12 月 11 日，人民委员会批准了教育人民委员部《关于将教育和培养事业从宗教部门移交给教育人民委员部管理的决定》。按照该决定，一切由教会经办的学校和机关，"连同它们的人员编制、支付单据、动产和不动产"都必须移交教育人民委员部。1918 年 1 月 20 日，人民委员会又颁布了《关于信仰自由、教会和宗教组织的法令》，规定教会必须同国家分离，学校必须同教会分离；禁止在一切讲授普通教育课程的学校讲授宗教教义。② 通过以上决定和法令，东正教所履行的世俗国民教育、道德教育以及神学教育等的职能被剥夺，苏联的国民教育实现了世俗化。

二　神学课

《Закон Божий》，直译为"上帝律法"，由于其内容主要为对宗教教义及《圣经》的诠释等神学内容，所以国内学界通常将其译为"神学课"，本书遵从国内学界的习惯，依然使用"神学课"的译法。自彼得一世时期开始，各类学校教学中均取消了神学课，代之以"关于人的责任"的哲学课内容。然而到了 19 世纪，情况却大不一样。1809 年，喀山学区率先在文科中学重开神学课。至 1819 年，教学大纲中虽加入了新约全书及教义问答的内容，但没有教学计划、教学大纲，学时和教师都没有专门的分配。直到 1851 年，由拉以科夫斯基大司祭（протоиерей Райковский）编写的神学课教学计划得到了圣主教公会的批准，国民教育部下令将该课程在全部文科中学开设。按照拉以科夫斯基的这份教学计划，神学课的内容包括祈祷、圣经史、教义教理、简明神学学说、俄罗斯教会史、世界宗教史。

　　然而，19 世纪 50 年代的俄罗斯社会也正是各种思想异常活跃的时

---

① *Проблемы и перспективы богословского обрзания мирян.* Доклад председателя Отдела религиозного образования и катехизации Московского Патриархата, ректора Российского православного университета св. Иоанна Богослова игумена Иоанна на Богословской конференции：http：//www. rel. org. ru.

② 瞿葆奎主编，杜殿坤等选编：《教育学文集·苏联教育改革》（上册），人民教育出版社 1993 年版，第 13 页。

期，神学课的开设引起了有民主和自由思想倾向人士的质疑和抵触，尽管如此，国民教育部依旧一意孤行，坚定地要将神学课作为主导学校精神道德培养的主要学说和支柱。至 19 世纪 70 年代，神学课成为国民初等和中等学校教学大纲的必修课，开设范围几乎遍及沙俄全境。课程内容主要为宗教教义、祈祷礼拜等宗教礼仪、宗教及教会史等。依据 1871 年的帝国律法，神学课只能由神职人员讲授，并由他们主持学生的祈祷、圣餐等宗教仪式及圣经的诵读；同时神职人员还负责对学生们课内外是否遵守教规及进行宗教生活进行监督。

但实际情况是，由于神学课的广泛开设，现有的神职人员已不能满足一时之需，于是，对师范学院的毕业生也规定了必须具有一定的宗教知识，包括祈祷、旧约史、新约史、教会史、教义教理、神学理论、教堂唱诗（赞美诗），同时还要能清晰、正确地使用教会斯拉夫语。

试看 1870 年一所中等师范学校所开设课程周学时分配表①：

课程名称	年级			共计学时
	1 年级	2 年级	3 年级	
神学课	4	3	3	10
教育学及教学法基础	0	2	2	4
俄语	5	4	3	12
斯拉夫语	2	1	0	3
地理	3	2	2	7
历史	0	2	2	4
自然科学	2	2	2	6
算数	3	2	2	7
几何	1	2	2	5
音乐	2	2	2	6
书法	2	2	0	4

从这份周学时分配表中不难看出，师范院校神学课的比重仅次于俄

① 资料来源：Склярова Т. В. ，*Православное воспитание в контекстке социализации*，М.：Православный Свято-Тихоновский гуманитарный университет，2006，С. 39.

语，而如果加上主要针对教会语言的斯拉夫语，神学内容占所开设课程的首位。从这些学校培养出来的毕业生正是国民初等教育的主力军。

再考察 1872 年一所高等师范学院开设课程的周学时分配表①：

课程名称	年级			共计学时
	1 年级	2 年级	3 年级	
俄语及教会斯拉夫语阅读	5	5	2	12
算数及代数学	5	4	2	11
几何	2	2	1	5
历史	3	2	1	6
地理	2	2	1	5
自然科学	4	5	1	10
制图、绘画、书法	5	4	1	10
教育学、教学法	0	2	2	4

从这份学时分配表可以看出，师范教育培养大纲中往高年级阶段神学内容有减少的趋势，但仍居重要地位。

可以说，至 19 世纪中叶，神学已经作为一门课程在学校课程体系中占据了一席之地。

三　堂区学校

堂区学校（приходская школа）是 19 世纪至 20 世纪初帝俄晚期的一个独特现象，透过堂区学校命运的沉浮，可以看到东正教在俄国国民初等教育领域中地位与作用的变化。

国民教育部 1803 年出台的《国民教育暂行条例》和 1804 年的《大学附属学校章程》均规定，由堂区学校、县立学校、文科中学和大学组成四级学制，堂区学校属于初等教育。从此堂区学校被正式纳入国民教育体系并在整个帝俄时期一直没有离开国民初等教育的视野。1828 年的

---

① 资料来源：Склярова Т. В.，*Православное воспитание в контекстке социализации*，М.：Православный Свято-Тихоновский гуманитарный университет，2006，С. 40.

《大学附属文科中学和初等学校章程》将堂区学校作为面向"最低阶层"的孩子普及初等教育的机构。

堂区学校设在东正教会所属的教区，最初由教会、国家和地方贵族三方资助开办，1864 年以前隶属于县立学校并服从县立学校巡视员的指导。实际上，堂区学校在 19 世纪 80 年代以前主要由地方贵族和教会投资，国家拨款很少，所以相对于其他学校，发展较缓慢。19 世纪的前 25 年，堂区学校仅有 349 所，至 1841 年方达到 1021 所。至 19 世纪 30—60 年代初，随着东正教在国家和国民教育中地位的提升，堂区学校的发展步伐加快，在 1842—1858 年间，达到 2975 所，[①] 1861 年，其数量已增长至18587 所，基本遍及了俄国的城市和乡村。1863 年，堂区学校的数量增至 21421 所，比 1858 年增长了近 10 倍！[②] 废除农奴制的"大改革"时期，由于地方自治局小学的发展，堂区学校的数量萎缩。根据 1864 年颁布的《初等国民学校章程》，在初等国民教育体系中虽然保留了堂区学校，但堂区学校不再归属于国民教育部，而是由圣主教公会接管，即成为教会学校，主要进行宗教教育。至 1881 年，堂区学校的数量已降至 4404 所。[③]

至 19 世纪 70—90 年代，堂区学校在国民教育体系的影响和地位越来越显著和重要。这一时期沙皇政府采取了一系列旨在削弱激进的民主和自由思想对社会的影响的反改革措施。为此，加强了对建立堂区学校的支持和投入，堂区学校的发展再次抬头。1884 年，亚历山大三世政府颁布了关于堂区学校的专门决议，即《堂区学校章程》。依该章程的规定，堂区学校完全由政府转归圣主教公会管辖。章程中还明确表示："堂区学校的目的就是在人民中确立对东正教教义的信仰和基督教道德，并授予初步有益的知识。"为此，国家于当年随即拨款 5.55 万卢布用于堂区学校的复兴。1891 年，圣主教公会将所有先前由村民集资兴建的 1.6 万所乡村学校、约 40 万学生也纳入教会管辖，并将这些学校改为堂区学校，堂区学

---

① ［苏］H. A. 康斯坦丁诺夫等编：《苏联教育史》，吴式颖等译，商务印书馆 1996 年版，第 219、230 页。

② Плеханов Е. А. *Российская приходская школа 60—80 – х гг. XIX в // Педагогика.* 2004，No 10. C. 70.

③ 戴桂菊：《俄国东正教会改革（1861—1917）》，社会科学文献出版社 2002 年版，第 173 页。

校的规模迅速扩大。1884 年,堂区学校仅有 4640 所,学生 112114 名,次年即增至 8351 所,在校生 202350 人;至 1894 年,堂区学校数增至 31835 所,几乎增长了 7 倍,学生数达 981076 人。[1]

尼古拉二世执政时期,国家对堂区学校的政策与资助倾斜程度愈发强烈,使堂区学校在 19 世纪的最后十几年获得了巨大发展,可以说达到了其发展的黄金阶段。1894 年,国家一次性拨款 35 万卢布,用于教会所属堂区学校和识字学校的建设和运行;1895 年,这一数字随即翻倍,达到 70 万卢布。[2] 一年之后,拨款额激增至 350 万卢布,1897 年,拨款数额再度连翻数倍,达到 1500 万卢布。至 1908 年,国家对堂区学校的拨款仍达 1670 万卢布。[3] 随着资助力度的扩大,堂区学校的规模也一再扩展。1903 年,堂区学校数增至 44421 所,约占俄国初等学校总数的二分之一;[4] 在校生达 1909684 人,占全国小学在校生的 1/3。[5] 1905 年俄国第一次资产阶级民主革命后,由于地方学校获得较快的发展,堂区学校数量才开始下降。但是在国民教育部 1907 年制定的普及初等教育的实施草案中,仍然将堂区学校列入普及教育网,这一草案因遭到第三届杜马多数代表的反对而被否定。后来,十月党和立宪民主党人向第三届杜马提出了一个普及初等教育的草案,其中包含了将堂区学校转交世俗机构统一管理的意见。该草案于 1911 年在杜马以多数票获得通过,但遭到参议院的激烈反对,结果还是未能成为正式法令。可见,沙皇政府一直不肯割舍和放弃东正教作为国民教育领地的重要支柱。1915 年,俄国的一级小学(学习期限为 3—4 年,包括部属小学、地方学校和堂区学校)共 123745 所,其中堂区学校的数量为 42944 所,依然占到全国初等学校的三分之一。直至

①　Андреев А. Л. Российское образование: Социально-исторические контексты, М. : Наука, 2008, С. 120.

②　戴桂菊:《俄国东正教会改革(1861—1917)》,社会科学文献出版社 2002 年版,第 173—175 页。

③　Плеханов Е. А. Российская приходская школа 60—80 - х гг. XIX в // Педагогика. 2004, № 10. С. 72.

④　Пискунов А. И. Очерки истории школы и педагогические мысли народов СССР (вторая половина XIX в), М. : 1976, С. 82—83.

⑤　戴桂菊:《俄国东正教会改革(1861—1917)》,社会科学文献出版社 2002 年版,第 174 页。

1915 年，全国有 40% 左右的初等学校掌握在教会手中，有 200 多万学生在教会学校里接受宗教教育。全国有 120 多所男女中等教会学校，接受宗教熏陶的学生有 5 万名左右。①

　　1825 年以前是堂区学校被列入国民教育体系并开始起步发展的阶段。至 19 世纪 80 年代初，由于受到沙皇政府国民教育政策及教会和民间投资的影响，堂区学校的发展经历了一段起伏，至 1881 年达到一个低谷，但其发展趋势和数量依然超过了 19 世纪头 25 年。1885 年之后，在亚历山大三世和尼古拉二世两位沙皇的政策倾斜之下，国家对堂区学校的拨款增速呈迅猛之势，连翻数倍，堂区学校的数量也得到飞速增长，在 20 世纪初达到了历史最高点，遍及当时俄国境内东正教会所属的几乎所有教区，也占据了国民初等教育的半壁江山。堂区学校成为东正教会宣扬宗教学说、沙俄政府加强人民精神和思想桎梏的主阵地。

　　堂区学校的教师主要为神职人员，以当地教区神甫和教堂的服务人员为多，即使有普通的乡村教师也需经主教区高级黑神品的认定并受神甫的监督。学校可以单独建立校舍，也可以将校舍设在教堂或修道院内，如果孩子少，甚至可以直接设在神甫的家里或院落里。堂区学校在 19 世纪 70 年代以前主要为一年制，70 至 80 年代大多数地方为两年制，至 90 年代后则多为三年制。一年制堂区小学主要开设祈祷礼仪、圣经史、简明教义教理、阅读、写字、算术等课程，有些地方还加了一些家政及务农指导课，以增强孩子们的生活实践能力；两年制小学除上述课程外还增加了俄国史和教会史。19 世纪 60 年代后，开设的宗教科目除了原来的神学外，还增设了教会斯拉夫文阅读及宗教歌曲等。1884 年《堂区学校章程》对堂区学校的教学内容又进行了严格的限定：必须开设的有四门课，包括神学课、宗教歌曲、宗教及世俗书籍阅读与写作、初等算数。其中对神学课内容又进行了专门的说明，该课主要包括祈祷仪式、圣经史、简明教理教义等。在堂区学校的日常教学中，每天的课程雷打不动地从神学课开始，在教室的神像前点亮油灯或者蜡烛，学生们在神甫或老师的主持下，共同做祈祷。每节课的开始和结束也都伴随着祈祷仪式。堂区学校的真实面貌，从塔杰沃学校可以窥见一斑，这所学校可以说是 19 世纪 70—90 年代

---

① 乐峰：《俄国宗教史》（上卷），社会科学文献出版社 2008 年版，第 126 页。

末堂区学校的一个缩影。

塔杰沃学校由 19 世纪著名的俄国教育活动家、启蒙思想家谢尔盖·亚历山大罗维奇·拉奇斯基①（Сергей. Александрович. Рачинский，1833—1902）1872 年在故乡、位于俄罗斯北方的斯摩棱斯克省的塔杰沃村（Татево）创办，专门接收当地农民家的孩子。1878 年塔杰沃学校正式成为教会堂区学校。此后，拉奇斯基又在塔杰沃地区相继创办了三所堂区学校，在其他地区参与创办了六七所堂区学校。这些学校成为俄国堂区学校的楷模，俄国许多地区均效仿塔杰沃学校的模式和拉奇斯基的办学思想开设和主持堂区学校。

由于俄国北部乡村大多数时候是昼短夜长，气候寒冷，孩子们通常要步行十几俄里去上学，冬天孩子们缺少御寒的棉衣和棉鞋。考虑到这种情况，塔杰沃学校为孩子们提供了宿舍，孩子们平日住在学校，只有星期天和节假日才回到亲人身边。拉奇斯基同孩子们同吃住，课上和课余时间和他们打成一片。几位单身的老师也经常住在学校。学校紧邻教区教堂而建，教士们每日的生活以及主持的各种宗教仪式就在孩子们的眼前发生着。学校每天的生活从清晨 6 点钟开始，晨祷后学生们开始进行各种劳作：有帮忙做饭的、有劈柴的、有担水的、有打扫教室和校园卫生的。9 点至 12 点是课堂学习时间，12 点至下午 2 点为午休时间，午饭后值日小组会继续担水、劈柴等劳动，其他孩子则在老师的组织下做游戏，2 点至 4 点为下午的课堂学习时间。4 点后老师们和学生们都会补充些点心，喝点茶。6 点后开始辅修课及教堂唱诗课，最后以晚祷结束一天。

在这里，学校的教学活动和内容以培养民族宗教情操为主基调。拉奇斯基认为：“俄罗斯乡村学校永远是宗教性的。在偏远的、穷困的乡村，唯有让学校生活本身成为东正教式的，才能让他们寻求到基督上帝。农民们将自己的孩子送到我们这里来，是因为他们信任我们，相信我们会让他们的孩子更加接近上帝，教导他们成为内心丰富的信仰者。”② 在初等国

---

① 俄国启蒙教育家、莫斯科大学教授、植物学家、数学家，圣彼得堡皇家科学院通讯院士。19 世纪 80 年代成为教会堂区学校的主要倡导者和思想引领者。阐述其主要思想和主张的 12 篇文章收录于其专著《乡村学校》。

② Склярова Т. В.，*Православное воспитание в контекстке социализации*，М.：Православный Свято-Тихоновский гуманитарный университет，2006，С. 47，С. 49.

民学校，孩子们不仅要学习算数和基本的语法，最主要的是要传授给他们基督的学说和善良的道德伦理观。

学校最主要的学习课程为教会斯拉夫语、俄语和算数，知识量非常有限，教学的重点在于使孩子们掌握实用技能和知识。基于拉奇斯基的教学理念，俄语的教学目标是，使学习者学会阅读和写作，通过语法训练发展其思维能力，最终使俄语成为其思维的工具；算数课的目的是获得活学活用数字运算的实际能力，尤其注重口算和心算，范围仅限于两位整数运算；在像塔杰沃这样的乡村堂区学校，生活的宗教化被定为教育和培养活动的最终目的。因此，在仅有的几门课中，教会斯拉夫语被赋予了最重要的地位。拉奇斯基认为，首先，它虽然是一门不再使用的语言，但它是俄罗斯民族的历史记忆，学习它意味着对本民族历史文化的继承；其次，就教会斯拉夫语本身的特点而言，学习它的过程对儿童来说是一种绝妙的智力体操；再次，学习教会斯拉夫语是对儿童心灵的净化，有着无可替代的教益意义，因为它是最接近上帝的语言，它是最神圣的语言，它还是治愈精神及心理疾病的一剂良药。拉奇斯基尤其对读经课和唱圣经赞美诗篇课大为赞赏。他认为这些活动对人的心理和生理均会产生良好的作用和影响。在谈到治愈俄国社会积重难返的酗酒问题时，拉奇斯基给出的"病因"是，俄国人民缺少精神和艺术食粮，因此他开出的药方是，在学校教育中润物细无声地进行精神和艺术熏陶。精神熏陶，那便是读经与唱圣诗。拉奇斯基指出，读经课是一门真正的艺术，它不仅需要天赋，还需要多年的训练和雕琢，才能达到非常高的水平。让拉奇斯基引以为傲的是，读经课是塔杰沃学校唯一一门最成功的课程，孩子们曼妙圣洁的歌声不仅得到父母们的认可，还得到周围朋友和邻居们的赞许，每当他们回家时，亲戚朋友们都会邀请孩子们为他们朗诵上一段祈祷词或唱上一段赞美诗。

总的看，19世纪下半叶俄国国民教育体系的突出特点是依靠东正教加强精神道德培养并将其确定为国家教育政策的优先方针，为此，在各级学校广泛开设各类涉及宗教内容的课程，尤其在乡村堂区学校，教育过程几乎完全是按照宗教教规进行。就其本质而言，这种建立在教规基础上的教育与其说是宗教启蒙性质的，不如说是宗教教化式的，即通过学习宗教教义的基本知识和道德规范，获取一些务农或家务方面的劳动技能，使学习者获得生活的实际能力。这一点不同于只讲授抽象的、思辨性的宗教学说。从教学人员、教学内容到教学秩序都可以看出，在这里主要是培养学习者的宗教感情和对生活及社会秩序的遵守，教育青少年做一个效忠国家、听从沙皇的良民。从当时俄国乡村的自然条件、社会发展水平、农村民众的生活方式以及教师本身的出身和所受教育层次等因素上考虑，堂区学校对于扫除文盲、普及教育、规范儿童青少年的行为和道德准则，教会学生实际劳动技能和生活能力等方面均有积极实际的作用和意义。但是，由于堂区学校被赋予了过多的政治目的，再加上如果将这种教育方式置于当时世界文明和俄国民主自由、马克思主义等社会思想发展的大背景上来考察，堂区学校的历史局限是显而易见的。

小　结

自拜占庭基督教被定为罗斯国教至十月革命期间，东正教在国家教育中一直发挥着举足轻重的作用。18 世纪以前，俄国的学校教育带有浓厚的宗教色彩。在基辅罗斯时期，基督（东正）教对基辅罗斯国家学校公共教育的出现和发展均产生了直接的和实质性的影响，东正教会是学校教育的主要参与者。修道院和教堂成为培养人才的摇篮；教育的启蒙和开拓活动主要由教士和修士承担；教会学校培养了一大批神职人员、修士、学者、圣经以及宗教书籍的抄写专家和编纂者，在培养人才方面发挥了主要作用。14—16 世纪，由于东正教会对莫斯科国家乃至君主制的确立都立下了汗马功劳，教权与政权基本处于相互和谐的发展状态，形成了东正教会参与国家政治事务、服务于王权的政治传统。国家政权谋求利用东正教作为意识形态加强君主统治，东正教伦理及律法对俄罗斯人民精神道德领域及日常行为都起着主导性的规约作用，教会成为俄国文化的主导者并力图垄断教育。东正教会参与国家政治生活以及利用东正教约束人民精神道德生活的传统对俄国未来几个世纪国民教育的形式和内容，乃至当今俄罗斯社会东正教参与普通教育的复兴均产生了深远的影响。17 世纪是俄国中世纪文化的终结。自 17 世纪中叶，中世纪的宗教世界观开始破灭，新的理想和概念，新的道德、美学规范和趣味正逐渐形成，社会正在开始从教会的精神专制下解放出来。因此，在 17 世纪，尽管教会在俄国教育上的主导地位没有改变，但已成为文化教育进程上的消极因素和障碍。

18 世纪，经彼得一世的教会改革，教会成为以沙皇为首的国家垂直领导体系的一部分。伴随着国民教育体系的确立、教育的世俗化发展、启蒙思想的引入、教会经济地位的削弱等，东正教会失去了其在教育领域的主导地位，但是这并不意味着教会已经完全失去了教育的领地。相反，它依旧保持着独特的面貌，依旧拥有自己的教会学校；东正教始终未退出教育的视野，即便是在刚刚建立的初等国民教育体系中，东正教课程也始终占有一席之地。至 19 世纪的沙俄帝国，东正教的国教地位没有改变。为了与日趋猛烈的社会进步思想和革命思想抗衡，维护赖以生存的专制制度，沙皇政权转而将东正教纳入国家机器，使东正教和教会为其统治服务，因此，对东正教主要采取扶持、保护、发展和利用的政策。与此相对应，虽然历任沙皇对东正教在国民教育领域的策略不同，但总的趋势是，东正教的地位和作用不断加强。在 19 世纪 30 年代，东正教成为"三位一体"官方国民理论的基石，因而成为国民教育思想的核心；自 19 世纪 70 年代至帝俄晚期，教区学校迅猛发展，一度占据了初等国民教育的半壁江山。堂区学校显然以宗教教育为主，成为沙皇政府向国民灌输官方意识形态的主要阵地，但是客观上，不可否认的是，它也为国民初等教育的普及做出了一定的贡献。直至 20 世纪初，东正教会依然牢牢控制着国民教育阵地，东正教所履行的普通国民教育、道德教育以及神学教育等职能直至十月革命政权建立才宣告结束。

可以说，东正教成为早期俄罗斯学校教育的先锋，并贯穿于国民教育的发生和发展达 9 个世纪之久。东正教价值观念成为俄罗斯民族心智和精神及道德体系建构中的价值观核心。本章的分析也为东正教文化类的课程再次试图列席当代俄罗斯国民教育体系以及东正教参与学校教育中的精神道德培养等问题找到了历史根源。

第二章

传统的回归：东正教文化课程进入
中小学教育体系

第一节　东正教文化课程在普通中小学的开设进程

一　东正教文化课程开设的初步尝试（1990—1999 年）

1985 年可谓苏联历史上新的一页，新上任的苏共中央总书记米·戈尔巴乔夫（М. Горбачев，1931—）宣布，苏联开始全面改革。与前任领导们不同的是，戈氏提出了"新思维"与"全人类利益高于一切"的思想，实行公开、民主、多元的政治开放。在宗教问题上主张对苏联过去实施的宗教政策进行反思。1986 年，在苏共第 27 次代表大会上，戈尔巴乔夫宣布："国家将致力于改善同教会的关系"并"使教会的地位得到改善"。① 1988 年，举行了纪念罗斯受洗 1000 年的大规模庆典活动。戈氏在此期间接见了以牧首皮缅（Пимен，1971—1990 年在任）为首的 6 位东正教会领导人，肯定了东正教在俄国历史上的积极作用，指出东正教是俄罗斯社会发展的动力，承认苏联共产党及政府过去在宗教问题上犯了错误。② 1990 年 10 月颁发的《关于信仰自由和宗教组织》的法律标志着苏联政府自 1917 年以来在宗教问题上的重大变化。该法除赋予教会以法人的地位及取消对宗教组织的种种限制外，还包括"取消对未成年人受宗教教育的限制"的规定。③

---

① 乐峰主编：《俄国宗教史》（上卷），社会科学文献出版社 2008 年版，第 173 页。

② 同上。

③ 同上。

　　苏联的解体带来了一场以制度变迁为核心的社会变革。新时期的俄罗斯社会正在告别以无神论为主流的意识形态，同时又在探索新的世界观基础，社会的过渡状态伴生了向宗教信仰的转变与东正教传统的回归。新俄罗斯联邦国家的首任总统鲍·叶利钦（Б. Ельцин，1991—1999 年在任）对东正教的复兴起了推波助澜的作用。他对东正教情有独钟，不仅承认自己是东正教徒，还公开参加东正教的各种宗教仪式和庆典活动，对依靠教会重塑国民信仰也寄予厚望："我们国家复兴的基础是人的精神解放、信仰的真正自由和完全放弃任何意识形态的强制。宗教界在这一进程中占有特殊地位。"[1] 在国家决策层的扶持下，1997 年 9 月，由东正教会人士直接参与制定的新的《关于信仰自由和宗教组织》（О свободе совести и о религиозных объединениях ）的法律通过了国家杜马的听证并公布实施。该法为宗教课程进入世俗普通学校提供了明确的法律依据："应父母或其他监护人请求，经儿童本人同意，允许宗教组织对国立和市立教育机构的在读儿童实施普通教育大纲以外的宗教教育。"[2]

　　国家政策的转向与社会变迁使政教关系发生了根本的变化，为教会提供了极大的发展空间，推动了东正教在全社会各领域的复兴。教会敏锐地嗅到这一时代契机，着手为重建其在国民教育领域的地位付诸努力。1990年 6 月 8 日，即阿列克谢二世（Алексей II，1990—2008 年任职）当选为牧首的第二天，俄罗斯东正教地方公会（Поместный Собор Русской Православной Церкви）[3] 就向苏联最高苏维埃和部长会议提出了三点愿望，其中之一便是请求国家立法机关"赋予东正教会在世俗普通学校以

---

　　① 乐峰主编：《俄国宗教史》（上卷），社会科学文献出版社 2008 年版，第 185 页。

　　② 俄罗斯联邦《关于信仰自由和宗教组织》的法律，第 1 章第 5 条第 4 款。引自乐峰主编《俄国宗教史》（上卷），社会科学文献出版社 2008 年版，第 216 页。

　　③ 与普世会议（Вселенские соборы）相对，是俄罗斯东正教会的最高权力机构，履行教会的立法（如教规、教义的制定）、行政、司法及监督职能，主要由高级主教和神职人员代表（包括修士和平信徒）组成，通常由它的执行机构——高级主教会议（Архиерейский Собор）确定会期。最近一次东正教地方公会是于 2009 年 1 月 27—28 日召开的，会上选举基里尔（Патриарх Кирилл）为新一届俄罗斯东正教会的牧首。参见俄罗斯莫斯科牧首区官方网站资料：http：//www. patriarchia. ru/db/text/133117. html。

选修形式讲授宗教课的权利"。① 随后，在托木斯克州的伯罗辛斯克中学（Поросинская средняя школа）② 及斯摩棱斯克州的一些普通学校③均于1991 年最早尝试以校级选修课的形式开设旧俄时期的 "神学课"，讲授过程中还邀请了一些神职人员。然而，课程开设的效果却差强人意。课堂上使用的教会斯拉夫语晦涩难懂；家长和部分教师则抱怨课程的开设加重了学生的负担；信奉其他宗教的俄罗斯国民对东正教向世俗普通中小学渗透的做法也提出强烈抗议。迫于舆论压力，俄联邦教育部以违背宪法为由，于 1994 年宣布禁止在世俗普通学校开设宗教课。

　　面对社会的抵触情绪，东正教会没有退却，除加强同国家政权部门的对话外，还利用各种舆论加大社会宣传的力度，为东正教课程进入世俗普通教育领域造势。1993 年，教会主管宗教教育的约·埃科诺姆采夫（И. Экономцев） 主教首先提出了加强政教双方在教育领域对话的倡议，1994 年的高级主教会议讨论了将宗教课程列入世俗教育的问题。1995 年1 月 22 日，在第三届国际圣诞节教育系列报告会上，牧首阿列克谢二世回顾了东正教对整个俄罗斯民族历史及文化发展所做的卓越贡献，呼吁在俄罗斯社会发展的十字路口重拾东正教精神，将东正教教育扩大至世俗教育领地。④ 几天之后，第二届世界俄罗斯人民大会将主题确定为 "通过精神更新走向民族复兴"。与会者向叶利钦总统、联邦会议与联邦政府联合致函，呼吁 "为了在国民中恢复东正教信仰和文化，依自愿原则在中小学开设'神学课'。在该门课程的教学大纲中应包括教会基本教义，教会对世界、人和社会的理解；介绍教会对国民教育事业、祖国文化和国家建

　　① 其他两点涉及教会的合法地位及教会所属教堂的所有权问题。参见戴桂菊《从俄罗斯世俗学校恢复宗教课的过程看东正教会的作用》，《俄罗斯中亚东欧研究》2011 年第 4 期，第 22页；东正教教区教育信息资源网络平台：http：// www. na – gore. ru/articles/izbranie_ patr_alex. htm。

　　② Яковлева Н. Эволюция отменяется//Учительская газета, 2010 (№4), http：//www. ug. ru/archive/30635.

　　③ Святейший Патриарх Кирилл совершает визит в Смоленскую епархию, 08. 02. 2009, ht-tp：//www. pravoslavie. ru/news/29209. htm.

　　④ Патриарх Московский и всея Руси АЛЕКСИЙ II, Из доклада на III Международных Рождественских образовательных чтениях, 22. 01. 1995, http：//www. magister. msk. ru/library/Alexy/alexy443. htm.

设所做的贡献。国家在立法上应为该课程在中小学的开设提供支持"。①
1997 年 5 月，在莫斯科圣丹尼洛夫修道院（Свято-Данилов монастырь）
又举行了第四届主题为"民族健康"的世界俄罗斯人民大会。大会认为，
俄罗斯人民的道德教育问题必须尽快提到议事日程。俄东正教会有义务和
责任承担起这一重任，并制定一系列保护民族身心健康的措施和办法，用
基督教教义和伦理观去培养教育俄罗斯人民，尤其是青少年一代。时隔仅
仅两个月，国家颁布了新的《俄罗斯联邦关于信仰自由和宗教组织法》，
该法开篇便对东正教在国家历史中的地位与作用给予了明确的肯定："俄
罗斯联邦承认东正教在俄罗斯历史上、俄罗斯精神和文化形成与发展中的
特殊作用……"② 国家法律赋予东正教如此高的地位，等同于承认东正教
参与加强和保障公民精神道德伦理及文化建设的必要性与合法性。

　　1999 年，教会与教育部开始了实质性的合作。1 月，教会同教育部签
署了合作框架协议。7 月 1 日，"俄罗斯东正教会莫斯科牧首区与俄联邦
教育部协调委员会"（Координационный совет по взаимодействию
Министерства образования РФ и Московской патриархии Русской
православной церкви）成立，以协调教会与教育部在对儿童及青少年进
行精神道德培养及宗教文化教育方面的活动。然而，时任教育部部长弗·
菲利普（В. Филипп，1998—2004 年在任）对在世俗中小学开设东正教课
程一直持否定态度，社会各界对教会涉足世俗教育的行为也一直抵触和反
感。有鉴于此，牧首阿列克谢二世于 1999 年 12 月 9 日向神职人员发表第
5925 号通令，除坚持"努力在全国的世俗学校中讲授东正教神学基础课"
的目标不变，他还建议"如果在世俗学校中讲授东正教神学基础课遇到
困难，则将其改名为'东正教文化基础'，这样就不会引起以无神论为基
础的世俗教育机构的校长及教师们的反感"。③

　　在教会与教育部的合作初见成效之时，许多州和地区以新颁布的宗教

---

　　①　Обращение II Всемирного Русского Собора к русскому народу，03. 02. 1995，http：//
www. vrns. ru/syezd/detail. php？ nid＝806&binn_ rubrik_ pl_ news＝336&binn_ rubrik_ pl_ news＝
440.

　　②　乐峰主编：《俄国宗教史》（上卷），社会科学文献出版社 2008 年版，第 216 页。

　　③　Патриарх Московский и Всея Руси Алексий，Всем епархиальным преосвященным，
09. 12. 1999，http：//www. atheizmru. ru/atheism/rpc/direct. htm.

法为依托,也初步尝试将东正教文化课程作为地区级的选修课搬进课堂。1996 年,库尔斯克州州长签署州政府决议,修订了地区普通中小学教学大纲,在三百所国立中小学开始讲授东正教文化基础课。为配合课程的试行,库尔斯克国立师范大学还专门成立了该课程的实验基地。① 此后,别尔格罗德州(Белгородская область)开设了"东正教文化基础与价值观"课程,斯摩棱斯克(Смоленская область)、新西伯利亚州(Новосибирская область)开设"东正教文化基础及其道德观"课程,沃罗涅日州(Воронежская область)开设"教会史"和"圣经"课程,顿河畔罗斯托夫州(Ростов-на-Дону)开设"教会史"课程,② 其他州也开设了类似性质的课程,课程的名称五花八门,例如:"东正教传统"、"传统俄罗斯文化"、"东正教伦理"、"东正教艺术",等等。

二 东正教文化课程在地区层面的试行 (2000—2009 年)

21 世纪千禧年的第一天,普京从叶利钦手中接过权力交接棒,成为新时代的国家掌舵人。这位年轻而精力充沛的领导人不负众望,带领俄罗斯逐渐走出了过去 10 年国家的衰败和危机状态,踏上了大国崛起之路。苏联解体之后,国家意识形态出现了真空,各种社会思想与流派不断涌现,分离势力不断抬头。这些现象也成为叶利钦 10 年改革难获成功的重要原因之一。要维护国家统一、政权稳定、社会和谐与重回强国之路,必须有一个能够为社会广泛认同、突出集体主义与爱国情怀并包含俄罗斯民族伟大使命的思想。为此,就在接替叶利钦的前一天,即 1999 年 12 月31 日,普京发表了被称为其施政"纲领性"文献的《千年之交的俄罗斯》。在这篇长文中,普京以"俄罗斯思想"作为一个重要组成部分,提出了"爱国主义"、"强国意识"、"国家观念"和"社会团结"为核心的

---

① Вардомская Е. Е. *Регулирование межконфессиональных отношений, деятельность религиозных организаций и иные вопросы религии в законодательстве субъектов Российской Федерации*// "Право и безопасность" №1 (26) 2008г. http://www.dpr.ru/pravo/pravo_22_13.htm.

② Мозговой С. А. 《*Основы православной культуры*》*в российской светской школе: социально-правовой анализ*, //Вопросы образования, 2006 (№4), С. 274 – 275.

新俄罗斯思想。①文中指出，俄罗斯的问题"不仅仅是经济问题，也是政治问题……从某种意义上来说是意识形态问题。更确切地说，它是思想问题、精神问题和道德问题"。文中还特别强调："这最后一点，在目前阶段上，从团结俄罗斯社会来说，是最具特殊意义的。"普京尤其突出了继承和发展俄罗斯传统价值观的作用，认为重塑俄罗斯人精神价值核心与增强民族凝聚力的支撑点之一是"那些被称作俄罗斯自古以来就有的传统价值观"。不言而喻，"传统价值观"突出的是东正教价值观。俄罗斯的千年历史证明，东正教是其历代君主帝王统治的意识形态依靠，是俄罗斯人民爱国主义与民族凝聚的精神旗帜与源泉，也是俄罗斯人民的道德基础，更是俄罗斯民族思想、民族精神与民族灵魂的载体与内核。普京所谓的"新俄罗斯思想"全部能在东正教里找到深厚的渊源。这一思想的提出无疑提升了东正教在国家意识形态领域的作用。此后，普京于2002年2月签署了一部《关于俄罗斯联邦传统宗教组织》的联邦法草案（проект закона 《о традиционных религиозных организациях в Российской Федерации》）。该草案第15条第4款明确表示"改善在国立和市立教学机构中的宗教教育"，在第17条第2款中又规定，"国立和市立教学机构有权根据国家法律同传统宗教组织进行合作，并将有关的宗教学科列入教学计划"，在第8款中还提到，"在对公民实施宗教教育权利时，国家应为之提供法律保证"。② 该法案虽然由于其涉及问题的敏感和复杂性最终未能通过国家杜马的听证和审议，但这足以证明普京对宗教教育持肯定和支持的态度。东正教会及时领会普京发出的政策信号，加大了向国立和市立普通教育机构渗透的力度，并在与联邦教育部的合作中取得了一系列的进展。

2000年8月，东正教会与教育部签署协定，由教育部负责促进"东正教文化基础"课程的教学组织工作。同年，该课程被引入莫斯科州国立和市立普通中小学。2002年8月，普京在喀山举行的一次会议上专门

---

① ［俄］普京：《千年之交的俄罗斯》，转引自汪宁《普京的俄罗斯新思想》，上海外语教育出版社2005年版，第209页。

② 参见 текст закона РФ 《О традиционных религиозных организациях в Российской Федерации》http://www.atheism.ru/archive/text/340.phtml；乐峰主编：《俄国宗教史》（上卷），社会科学文献出版社2008年版，第208—209页。

对此问题发表意见,表示支持"东正教文化基础"课程在中小学的开设,但要依据家长及学生的意愿并以选修的形式开设。① 普京发言两个月后,教育部在东正教会的参与下制定并向各地区教育机构颁发了《"东正教文化"教学示范内容》(以下简称《内容》)。《内容》承认东正教文化课已在相当广泛的地区开设的事实;肯定了东正教在俄罗斯历史,尤其在文化教育中的重要作用;指出开设东正教课程符合国家《教育法》的基本条款及国际人权法的基本原则,是由在新的社会文化条件下对于更新人文教育内容以及世俗学校教育功能的迫切需要所决定,也是实现社会各界,尤其是儿童及青少年的父母及其监护人对其子女接受传统文化价值观教育的要求使然。《内容》同时规定,为保持教育机构的世俗性,禁止教育机构同宗教组织进行组织及立法上的合作,禁止在校内举行宗教礼拜仪式,禁止为教育目的强迫学习者及其父母加入任何宗教组织。针对各地课程名称各异的情况,《内容》规定将其统一定名为"东正教文化"课。② 对于课程开设的形式和内容,《内容》则规定,它可以作为世俗普通教育领域俄罗斯历史及文化课的拓展部分,其内容可以融入语文、文学、祖国历史、社会知识、艺术(包括造型艺术、音乐、世界艺术)、自然知识(社会及经济地理)、手工(包括研究民族物质文化、民族工艺)等课程中;其目的是使学生实现自我个性、社会化、融入俄罗斯文化空间及为未来从事社会职业活动作准备。总的来看,《内容》的措辞是含糊而模棱两可的,它既没有将"东正教文化"作为一门单独的课程列入教学大纲,也没有特别强调它在学生精神及道德培养方面的特殊作用。

这种结果教会显然不满意。因此,使"东正教文化"作为一门单独的课程得到国家立法上的承认和确立成为教会接下来努力的方向。2004年1月末,东正教会主办第12届国际圣诞节教育系列报告会,在会议文件中要求重新审议和修订联邦国家教育标准及普通教育大纲,将"东正教历史及文化课"纳入其中。2004年2月,普京在一次科学及高技术委

① Кеворкова Н. и др. *Школа надевает православную форму*, 27.01.2004, http://www.religare.ru/2_ 8089.html.

② Примерное содержание образования по учебному предмету《Православная культура》, 22.10.2002, http://www.hrono.ru/metodika/russ/relig_ kurs.php.

员会的工作会议上专门就此问题发表看法，他表示，宪法和联邦法中政教分离的原则不应改变，但是国家也无意取缔正在普通中小学开展的宗教教育的实践活动，问题在于在世俗国家应以何种方式、在多大范围内开设宗教方面的课程，对此问题应多方权衡并广泛听取社会意见。① 普京的立场听起来不十分明朗，但毕竟肯定了教会涉足普通教育的事实。教育部显然领会了此精神，就在工作会议结束几小时后，教育部部长弗·菲利普在接受"莫斯科回声"广播电台的采访时表示，以"软方式"支持东正教文化课，即允许各联邦主体以地区教育大纲模块②为依托，自主决定课程的开设与教科书的编写。由于地区教学大纲可以列入必修课，因此部长的表态不仅仅意味着各地区可以开设东正教文化课，还意味着此课程可以作为必修课开设。③

2005 年，俄罗斯联邦教科部④开始着手制定第二代普通教育国家标准。在年初举行的第 13 届国际圣诞节教育系列报告会闭幕之时，东正教会联合与会者致函俄罗斯联邦总统普京、俄联邦议会上院——联邦委员会主席谢·米罗诺夫（С. Миронов）、俄联邦议会下院——国家杜马主席鲍·格雷兹洛夫（Б. Грызлов）、俄联邦政府总理米·弗拉德哥夫（М. Фрадков）及俄联邦各主体的立法及行政机构领导人，再次要求将东

---

① Щипков Д. *Министерская невнятица*//НГ-религия，18.02.2004，http：//religion. ng. ru/printed/91090.

② 根据俄罗斯联邦《教育法》，2007 年前包括教学大纲在内的中小学普通教育国家标准分为三部分：联邦部分、地区（或民族地区）部分及教育机构部分。其中联邦部分的标准由联邦国家制定，课时不得少于用于完成普通教育大纲总标准课时的 75%；地区或民族地区部分由俄罗斯联邦各主体制定，课时不少于总标准课时的 10%；教育机构部分由各教育机构自行制定，课时不少于总标准的 10%。

③ Щипков Д. *Министерская невнятица*，18.02.2004，http：//religion. ng. ru/politic/2004 - 02 - 18/1_ filippov. html.

④ 俄罗斯联邦教育部于 2004 年 3 月经政府改组合并了原"俄联邦工业、科学与技术部"的部分职能，改为"俄罗斯联邦教育科学部"，简称教科部。本书依据此变动，在 2004 年 3 月以后均称为"教科部"。

正教文化课程列入联邦国家教育标准中。① 致函显然起了作用,教科部于次年(2006 年)专门成立了"教育体系内宗教(东正教)历史与文化研究问题工作组"（рабочая группа по проблемам изучения истории и культуры религии（православия）в системе образования),着手将东正教文化课纳入联邦国家教育标准的问题。

接下来的一年是政教双方在教育领域合作卓有成效的一年。教会首先利用在 2007 年 3 月初举办的第 11 届世界俄罗斯人民大会的机会,联合与会者通过了"关于在中小学开设东正教文化基础课的决议"。决议中再次强调了将该课程列入新一代国家教育标准的要求。7 月,教科部隶属的"教育体系内宗教(东正教)历史与文化研究问题工作组"制定并向各联邦主体颁发了《俄联邦主体教育管理机构同教会组织示范合作协议》(以下简称《示范合作协议》),以规范双方在合作中的法律行为。《示范合作协议》对双方合作的目的、任务及合作领域都作了详尽的规定。根据该协议,双方的合作是基于保障公民自由、自愿使自己的子女在国立和市立普通教育机构中了解东正教文化价值观及其传统的权益,使学习者形成完整的世界观及东正教文化观念,发扬俄罗斯固有的精神道德培养及文化教育传统,预防儿童及青少年走向歧途(如吸毒、酗酒、性放纵、犯罪、极端行为、流浪等),保护家庭传统价值观。双方的合作主要解决在国立和市立普通教育机构中东正教文化基础课开设的组织、教学法保障、对有意从事该门课程教学的教师再培训等问题,同时对教科书及其他教学材料的内容实施监督。其合作的领域有:为学生及教师举办的科学实践、教育竞赛、学术会议等,包括由修道院、神学教育机构等举办的活动。《示范合作协议》还包括"促进专业神学教育机构同所在地区各类国立及市立普通教育机构在科教、复兴祖国传统精神道德教育与培养师范人才方面进

---

① Обращение участников XIII Международных Рождественских образовательных чтений 《Школа, семья, Церковь-соработничество во имя жизни》к Президенту Российской Федерации В. В. Путину, Председателю Совета Федерации Федерального Собрания Российской Федерации С. М. Миронову, Председателю Государственной Думы Федерального Собрания Российской Федерации Б. В. Грызлову, Председателю Правительства Российской Федерации М. Е. Фрадкову, органам законодательной и исполнительной власти субъектов Российской Федерации, 28. 01. 2005, http: //www. sedmitza. ru/text/95248. html.

行的合作”的条款。①

　　与此同时，教会继续不断强化其将“东正教文化基础”课纳入新一代联邦国家教育标准的立场。11 月 1 日，莫斯科牧首事务部致函教科部部长安·福尔先科（А. Фурсенко，2004—2012 年在任），要求将“东正教文化”课纳入新一代联邦国家普通中等教育标准，并表示，“在制定国立和市立普通教育机构中的任何有关东正教文化的课程时，如果仅仅有教科部、俄罗斯教科院及联邦教育发展研究院的参与将被认为是不合理的，是不符合东正教社团及东正教会的利益的”。言外之意，在标准的制定中应吸纳东正教会的人士参与。信函后附有一份长达 22 页的《将“东正教文化”课程作为教学计划新增板块 ——“精神道德文化”的组成部分纳入新一代国家普通中等教育标准构想》（Концепция включения в новое поколение государственных стандартов общего среднего образования учебного предмета 《Православная культура》 в составе новой образовательной области учебного плана 《Духовно-нравственная культура》）。② 该构想中详尽阐述了增加“精神道德文化”板块的必要性、目的、原则，板块的结构、内容、标准化指标等内容，其核心内容围绕着强调东正教文化作为俄罗斯文化的重要载体及其在对儿童、青少年一代精神道德教育中不可或缺的作用展开。该构想还提出将“东正教文化”课作为“俄语”“文学”“数学”“体育”之后的第五门必修课贯穿于 1—11 年级整个中等教育过程，其内容除包括东正教文化外，还涉及教会史、圣徒传、教堂唱诗及东正教教历等，其中仅“东正教文化”这一内容就要开设 4—5 学年。家长及学生可以拒绝学习该门课，但需经过复杂的审批手续。如果该构想出台，意味着教会不仅仅将其立场停留在口头或空泛的要求上，而是已将其落实到具体的细节内容上。

　　2007 年 12 月 20—21 日，东正教会联合教科部共同举办了主题为“东

---

① О направлении в субъекты Российской Федерации примерного соглашения о сотрудничестве органа управления образованием субъекта Российской Федерации и централизованной религиозной организации13. 07. 2007, http: //mon. gov. ru/work/obr/dok/obs/3941/.

② Письмо Управляющего делами Московской Патриархии митрополита Калужского и Боровского Климента Министру образования и науки Российской Федерации А. А. Фурсенко от 1 ноября 2007 г. № 7643, 13. 12. 2007.

正教在当代教育中的地位暨学习者道德及精神价值观形成视阈下的新一代国家教育标准”的全俄学术会议。与会者最后通过了《将“东正教文化”课程作为联邦教学计划新增板块——“精神道德文化”的组成部分纳入新一代国家普通中等教育标准构想的决定》。该文件指出了“东正教文化基础”课在全俄数十万所中小学开设的事实;建议教科院在制定第二代国家教育标准时吸收东正教会的人士参与;还提出自 2008 年始,由教科部、俄罗斯校长联合会与东正教会联合举办“东正教文化基础”的奥林匹克竞赛。① 该决定的通过无疑在表明,东正教会提议的包括“东正教文化基础”课程在内的“精神道德文化”板块得到教科部的认可并将被纳入新一代国家教育标准中。东正教参与世俗普通中小学教育的步伐又向前迈进了一步。

事实上,教会面临的最大阻挠来自教科部部长福尔先科本人。自 2004 年上任以来,福尔先科对教会使“东正教文化基础”课进入世俗普通教育领域一直持否定态度。他认为,应保持普通教育的世俗性,这对于俄罗斯这样一个多民族和多宗教信仰的国家尤其重要。他建议用“世界宗教史”或“人权”课替代“东正教文化基础”课,以真正培养学生的社会宽容品质。针对别尔哥罗德等 4 个州在 2006 年将“东正教文化基础”作为必修课开设的情况,他曾表示了担忧,称这种做法是“危险的”,而由神职人员担任教师就更是“错误”的。② 面对教会不断强硬的要求,2008 年初在第 16 届国际圣诞节教育系列报告会开幕式上,福尔先科在讲话中首次作出让步,重申了 2007 年末教科部在将“东正教文化”纳入中等教育标准的决定中所表达的立场,称已将东正教会推出的有关“精神道德文化”板块的构想递交教科院用以制定新一代国家教育标准。作为回应,教会也作出了妥协,暂时不再要求将“东正教文化基础”列为必修课,而是建议学生的父母根据家庭的信仰及价值观来为孩子选择东正教或其他宗教课程。针对无神论家庭,教会甚至还提出了“哲学与伦

① Резолюция, принятая участниками конференции “Государственные образовательные стандарты нового поколения в контексте формирования нравственных и духовных ценностей обучающихся”, 26. 12. 2007, http://mon. gov. ru/press/reliz/4376/.

② Куколевский А. Церковь дошла до школ// “Коммерсантъ Власть”, №4 （758）, 04. 02. 2008, http://kommersant. ru/doc/848239.

理"课程。

2008 年 3 月 9 日，梅德韦杰夫当选新一任总统。梅氏也是位东正教教徒，对教会同样充满亲近感。只是这位新总统在上任之初，国家便接连遭受外患与经济的打击。8 月 8 日，俄格战争打响，俄罗斯在格鲁吉亚的立场和军事行动引起西方社会的非议。同年，由美国的次贷危机引发了一场全球经济危机，俄罗斯经济也未能幸免。而东正教会方面，牧首阿列克谢二世年事已高，精力有限。所以，东正教课程进入世俗普通教育领域问题在整个 2008 年没有取得实质性的推进。转机出现在 2009 年初教会最高权力更迭之后。2009 年 1 月 27 日，都主教基里尔（Кирилл，1946—）当选为俄罗斯东正教会的第 16 任牧首。基里尔曾担任斯摩棱斯克和加里宁格勒主教区都主教 25 年（1984—2009），同时在教会对外联络部任职达 20 年之久（1989—2009），这使他同时精通教会与世俗事务。他所管辖的斯摩棱斯克主教区不仅成为最早在世俗普通学校恢复帝俄时期神学课的地区之一，也是最早创办教师培训班的地区，培训课程长达 2 年共 450 个学时，接受培训的教师至 2008 年已达上千人。[①] 不仅如此，该主教区也成为在全国世俗普通学校最早将"东正教文化基础"课实行必修课制的地区之一；与此并行的还开设有宗教性质的选修课"斯摩棱斯克东正教文化史"和"斯摩棱斯克地区知识入门"。截至 2006 年，有 500 多所学校开设了这些课程，几乎遍及斯摩棱斯克州的所有世俗国立中小学，有 13500 多名学生参加学习。[②] 可以说，新牧首在当选之际已经在使宗教课如何进入世俗普通教育领域以及如何同国家行政部门打交道方面积累了丰富的经验。

与此同时，由于教会的政策涉及世俗普通教育领域，宗教课的推行离不开国家政权的支持。梅德韦杰夫总统在基里尔当选后即致贺电，表示国家愿意为加强国民精神道德价值观基础与和谐教派关系进一步发展同教会的对话。普京总理也发来贺辞并表示："我确信，教会与国家政权及社会机制的合作将在诸如文化与教育、培养青年人与稳固家庭、关注国民卫生

---

① Святейший Патриарх Кирилл совершает визит в Смоленскую епархию，08. 02. 2009，http: //www. pravoslavie. ru/news/29209. htm.

② Там же.

健康与慈善事业、保存民族最丰富的历史与文化遗产等最广泛的领域得到发展。"① 国家领导人向教会发出了合作信号,牧首接下来也给予积极回应。基里尔利用各种机会,拿国民精神道德问题、东正教对此的促进作用以及东正教课程进入世俗普通学校的迫切性大做文章。正是在这位精明强干的牧首的强力推动下,教会随后在该领域取得了一系列重大突破。

2009 年 3 月 19 日,牧首基里尔同总统办公厅主任、副主任及教科部部长会晤,重启将包括"东正教文化基础"课在内的精神道德课程列入新一代国家教育标准的议题。与此同时,基里尔还联合其他传统宗教的领袖就此问题上书梅德韦杰夫总统。7 月 21 日,梅德韦杰夫总统会见俄罗斯主要宗教领导人,表示"支持在俄罗斯普通中小学开设宗教文化基础、宗教历史和世俗伦理课程"。同时指定,自 2010 年起在一些地区进行为期 3 年的试行工作。② 次日,教科部部长福尔先科在新闻发布会上表示,自 2010 年 4 月 1 日起在俄联邦境内 19 个地区将"精神道德培养"课程作为必修课试行。课程将分成三个模块:传统宗教(包括东正教、伊斯兰教、佛教和犹太教)历史及文化基础、世界主要宗教历史、世俗伦理基础。福尔先科还表达了个人观点,认为课程的这种叫法较为适中,因为这将突出该课程的世俗性质。它将由世俗人员讲授,教材及教学参考资料将主要由世俗专家编写,但会同各宗教代表合作,同时会兼顾社会各界人士的意见。③ 这位部长显然秉承了自己的一贯立场,但这种立场由于与政教双方的主流意愿相悖,因此显得孤掌难鸣。接下来在国家文件及官方发布会上便可以发现,课程名称几经变化。8 月 2 日,总统梅德韦杰夫签署了给总理普京的委托书,要求政府在组织及财政方面做好 2010 年在普通中小学开设新课程的准备工作,其中给出了一个很长的课程名称:"东正教文化基础、伊斯兰教文化基础、佛教文化基础、犹太教文化基础、世界宗教文

---

① Борисов Т. , Брынцева Г. , Зарипова А. *Новоизбранный Патриарх Московский и всея Руси Кирилл готовится к интронизации*//Российская газета-Столичный выпуск №4837, 29. 01. 2009, http: //www. rg. ru/2009/01/29/kirill. html.

② Дмитрий Медведев поддержал предложение о преподавании в школах истории и основ культуры религии, 21. 07. 2009, http: //archive. kremlin. ru/text/themes2009/07/219993. shtml.

③ Изучение основ религий и светской этики будет обязательнам и вариативным, курс будет называться 《Духовно-нравственное воспитание》 —Фурсенко, 22. 07. 2009.

化基础及世俗伦理基础。"① 普京总理于 8 月 11 日签署政府令，要求教科部、财政部、经济发展部和地区部互相协调，为该课程的顺利试行做好准备工作。9 月 1 日，教科部国家教育政策司司长伊·列莫连科（И. Реморенко）向媒体宣布了课程的最终名称："宗教文化与世俗伦理基础"综合课程，其中包括六个模块，即在总统的委托书中提到的 6 个名称。课程将在 4 年级第 4 学期和 5 年级第 1 学期②开设，家长可以为其子女自主选择其中的一个模块。③ 显然，面对国家首脑、政府官员及各宗教代表的压力，福尔先科不得不做出妥协。

在实践层面，在 21 世纪初的第一个 10 年间，"东正教文化基础"课在全国各地世俗普通中小学开设的范围也在不断扩大。如果说 2005 年时还只有 6 个地区 764 所小学开设此课④，至 2006 年 9 月 1 日新学年伊始，俄罗斯的 15 个州和地区以教学大纲的地区模块为依托列入了"东正教文化基础"课；其中别尔哥罗德州、卡卢加州（Калужская область）、布良斯克州（Брянская область）和斯摩棱斯克州将其纳入必修课。截至 2006 年 12 月，"东正教文化基础"课程及同类选修课扩大至全俄的 11184 所普通中小学，⑤ 学习人数包括 1—11 年级的 50—60 万名学生。⑥ 半年之后，由"基督教复兴"联盟（Союз "Христианское возрождение"）统

---

① Поручение Президента РФ Д. Медведева от 02.08.09 г., http：//www. apkpro. ru/content/view/2490/623/.

② 俄罗斯中小学每学年通常分为四学期，每学期之间分别是暑假、秋假、寒假和春假。其中暑假通常在 5 月底 6 月初开始，持续到 8 月 31 日。按照法律规定，暑假不少于 8 个星期，其他三季的假期合计不少于 30 天。

③ Минобрнауки России подготовило проект распоряжения Правительства России об апробации комплексного учебного курса "Основы религиозных культур и светской этики", 01. 09. 2009，http：//mon. gov. ru/press/reliz/5660/.

④ Перспективы《Основ религиозных культур》как школьного предмета в России, http：// www. memoid. ru/node/Perspektivy_ Osnov_ religioznyh_ kultur_ kak_ shkolnogo_ predmeta_ v_ Rossii.

⑤ ОПК преподается в 11 184 общеобразовательных школах России, 28. 12. 2006，http：// tver. eparhia. ru/sobyt/news_ ep/？ ID = 861.

⑥ Комиссия по вопросам толерантности и свободы совести Общественной палаты РФ：Предварительные результаты мониторинга соблюдения принципов свободы совести и вероисповедания при изучении учебных курсов по истории и культуре религий в государственных и муниципальных общеобразовательных　учреждениях в регионах Российской Федерации, 24. 04. 2007，http：//www. oprf. ru/structure/comissions2006/11/materials/1896.

计的调查数据显示,该课程的开设已扩大至俄罗斯的 36 个地区。① 与此同时,至少一半的联邦主体至 2007 年均开设了宗教类的课程,其中中央联邦区主要是"东正教文化基础";约 1/10 的联邦主体学习该类课程的人数都超过 1 万,另有 1/5 的地区学习人数为 1000—10000。② 教会官方资料显示,至 2008—2009 学年结束时,在全国 1200 万中小学生中,"东正教文化基础"的学习人数已达到 60 万—70 万人。③ 尽管课程的学习人数还不到中小学生总人数的 6%,但迅猛的发展速度足见东正教会努力的成效。

三 "东正教文化基础"课在联邦层面的开设(2010 年迄今)

自 2009 年下半年,包括"东正教文化基础"在内的综合课程在联邦层面的试行进入具体实施阶段。10 月 29 日,依据政府令,成立以福尔先科为首的"为在普通教育机构实现 2009—2011 学年'宗教文化与世俗伦理基础'综合课程试行计划的各部协调委员会"(Межведомственный координационный совет по реализации плана мероприятий по апробации в 2009 – 2011 годах комплексного учебного курса для общеобразовательных учреждений《Основы религиозных культур и светской этики》),④ 东正教会宗教教育与教理问答部的梅尔库里主教(Меркурий)也在其中,委员会通过了为课程的试行将要采取的一系列措施和步骤。2009 年 12 月 7 日—2010 年 3 月 15 日,教科部将该委员会的三次会议纪要(分别标注有 1 号、2 号及 3 号文件)发往各试点地区。1 号文件对综合课程的任务、遵循的原则、结构等做了细致规定,并附有课程的示范大纲;同时制定了

---

① Опрос союза "Христианское возрождение", 07. 03. 2007, http: //www. interfax – religion. ru/print. php? act = news&id = 16999.

② История и культура традиционных религий изучается как минимум в каждом втором регионе России, 30. 08. 2007, http: //www. interfax – religion. ru/? act = interview&div = 146.

③ Гуткина Е, Липич О. *Педагогов православной культуры должна готовить Церковь—Воробьёв*, РИА Новости, 24. 08. 2009, http: //ria. ru/society/20090824/182220885. html.

④ 该委员会成员包括:宗教组织代表,联邦总统办公厅及联邦政府办公厅代表,总统各联邦区全权代表,俄罗斯教科部、地区部、经济发展部代表,俄罗斯科学院及教科院代表,联邦教育发展学院及教师进修及再培训学院代表,教材制定及教学法保障小组协调员。信息来源:http: //mon. gov. ru/press/reliz/7801/。

课程试行的准备步骤，定于 2010 年 1 月在俄联邦教师进修及职业再培训学院（Академия повышения квалификации и профессиональной переподготовки работников образования：АПКиППРО）对参加课程试行地区的部分教师开展培训工作。① 随后的两个月，在培训学院分两期对 940 名教师进行了每期 9 天共 72 小时的再培训。据培训学院院长艾·尼基京（Э. Никитин）称，最后共有 700 人获得了培训师资格。②

2010 年 2 月 1 日颁布的 2 号文件对前期教师培训情况进行了总结，决定由培训学院与教科部国家教育政策司联合负责，于 3 月份由已经获得培训师资格的教师在 19 个联邦主体对本地区教师开展再培训。③ 文件中还特别提到，梅尔库里主教将于 2 月 19 日同国家教育政策司就课程的"东正教文化基础"模块举行专门会谈。通过文件的内容看，此前教会在同委员会的交涉过程中显然已经有所收获。委员会提议在教材和教参编写过程中吸纳宗教界人士参与，并同意大辅祭安·库拉耶夫（А. Кураев）参加"东正教文化基础"教材的编写工作。随后，获得培训师资格的教师在 3 月又对本地区的教师进行了再培训，这样，在 4 月 1 日课程正式开始前，共有约 1.5 万名教师接受了培训。

接下来的 3 号文件在听取了各试行地区代表的意见及建议的基础上对地区层面的工作作了具体安排。包括：责成各联邦主体最高行政机构的领导组建由教育界、学术界、宗教界、社会组织，包括各学校委员会等代表组成的协调工作组，以便解决和监督课程试行过程中可能出现的各种问题；建议各地区及时向媒体通报课程的准备情况；委员会将制定针对授课教师的教学法指南；建议培训学院建立该课程的专门网站，使其成为课程

---

① Определена структура комплексного учебного курса "Основы религиозных культур и светской этики"，09.12.2009，http：//mon.gov.ru/press/reliz/6463.

② Калина И. *Не стоит преувеличивать религиозную составляющую курса "Основы религиозных культур и светской этики"*，14.04.2010，http：//pedsovet.org/content/view/8652/251/.

③ 据培训学院的统计数据显示，截至 3 月底，共有来自 19 个将加入试行地区的 15445 名教师参加了培训。Калина И. *Не стоит преувеличивать религиозную составляющую курса "Основы религиозных культур и светской этики"*，14.04.2010，http：//pedsovet.org/content/view/8652/251/.

试行参加者交流信息的平台，等等。① 随后，国家教育政策司又分别于 4 月 30 日和 5 月 21 日两次致函各试点地区，对课程教学方法提供详细解释和指导意见。

2010 年 4 月 1 日，"东正教文化基础"作为"宗教文化与世俗伦理基础"课程模块之一，开始在全国 19 个地区的普通中小学四年级正式试行。先后共有约 48 万名学生参加了课程实验，参与的学校数为 9980 所，约占全国中小学的 20%。② 试行期间，该课程暂不作为必修课，考核形式也由学校和教师自主决定。③ 2011 年 1 月，又有雅罗斯拉夫州（Ярославская область）和马里埃尔共和国（Республика Марий Эл）加入了课程的实验，使得参加试点的地区达到 21 个。至 2011 年底，大约 30% 参加课程实验的学生选择了"东正教文化基础"模块，处在"世俗伦理基础"之后（42%），位列第二。④

2010 年 7 月 16 日，在莫斯科耶稣救世主大教堂，就"东正教文化基础"的试行情况举行高级主教会议，由牧首基里尔主持。会议主要讨论并总结了课程试行至 2010 年 7 月 1 日的情况并通过了一项会议决议。决议要求各教区的高级主教同东正教会的宗教教育与教义问答部保持密切协作，对"东正教文化基础"课程的最终核准给予一级关注；促进各主教辖区同当地教育管理机构以及州或地区政府的合作；宗教教育与教义问答部要积极参与隶属于教科部的"东正教文化基础"教师教学法中央联合会的筹建，同时促进各主教辖区的宗教教育与教义问答部创建"东正教文化基础"教师教学法联合会，对讲授该课程的教师给予经常性的跟踪

---

① 该网站是"宗教文化与世俗伦理"课程的官方网站，其网址为：http：//www. orkce. ru，开放时间大约在 2010 年 4 月至 2011 年 8 月底，随后该网站关闭，相关的链接转至俄联邦教师进修及再培训学院的网站，2012 年后根据教科部的文件规定，课程官网域名更改为 http：//orkce. org 及 http：//orkce. apkpro. ru。

② 据教科部 2011 年 9 月 1 日向媒体发布的数据，俄联邦共有 47098 所中小学。http：//mon. gov. ru/press/reliz/8796/.

③ Родители за преподавание в школе основ религиозной культуры，21. 07. 2009，http：//www. infox. ru/authority/state/2009/07/21/Myedvyedyev_ poddyerz. phtml.

④ Общественный совет при Минобрнауки России обсудил итоги апробации учебного курса 《Основы религиозных культур и светской этики》，09. 11. 2011，http：//www. edu. ru/index. php？page_ id = 5&topic_ id = 22&sid = 17938.

咨询。① 由此可见，东正教会对该课程的试行进程高度重视并保持着密切的关注，在各主教区的工作布置也可谓具体细致。

　　按照教科部计划，课程的实验将分三个阶段，教科部下辖的社会委员会②将分别在 2010 年、2011 年和 2012 年年底对每个阶段的情况发布总结报告。普京总理在 2011 年 5 月举行的全俄教育工作者会议上曾重申这一计划，即到 2012 年底应发布最后的实验报告，因为该课程具有极为敏感的性质需谨慎权衡。③ 梅德韦杰夫对课程的推行充满信心。2011 年 11 月 5 日，在会见东正教会各界代表时，总统表示，课程将在 2012 年扩大至全联邦范围。④ 三天后，安·福尔先科即向媒体宣布，"宗教文化与世俗伦理基础"综合课程将于 2012 年 9 月新学年伊始在全联邦范围全面推行。⑤ 这意味着，课程的开设将遍及俄联邦的全部 85 个联邦主体，课程规模在原有基础上还要再加上 3.7 万—4 万所学校、80 多万名学生及 5 万多名教师。⑥

　　接下来的一年，国家加快了使课程顺利开设的法律法规方面的建设和保障。2012 年 1 月 28 日，普京总理颁布第 84 号俄联邦政府令，正式批准"关于自 2012—2013 学年在俄罗斯联邦各主体境内开设'宗教文化与世

---

① Резолюция архиерейского совещания по итогам реализации первого этапа эксперимента по преподаванию предмета《Основы православной культуры》，17.07.2010，http：//www.orthedu.ru/pravcult/1905-10.html.

② 俄罗斯联邦教科部下辖的社会委员会成立于 2006 年 12 月 28 日。其成员包括社会团体、大众媒体、俄罗斯科学院的代表以及教育界、学术界、儿童社会保护及培养方面的学者和专家。社会委员会是常设的协商咨询性质的机构，主要任务为促进通过有利于俄罗斯儿童教育、科学及社会保障方面的决定，同时对教科部制定的法律法规方面的草案进行社会监督和鉴定。参见教科部网站信息：http：//mon.gov.ru/str/os/。

③ Тема изучения религиозных культур в школе очень деликатная，и решения должны быть взвешенные-Путин，31.05.2011，http：//www.interfax - religion.ru/? act = news&div = 40961.

④ Встреча с представителями Русской православной церкви，05.11.2011，http：//www.kremlin.ru/news/13374.

⑤ Агранович М. Школы возьмут на веру—Курс《Основы религиозных культур и светской этики》может сать обязательным в новом учебном году，08.11.2011，http：//www.rg.ru/2011/11/08/religia.html.

⑥ Кузнецова Е. Никитин：есть проблемы с ведением курса по основам религиозных культур，21.11.2011，http：//www.apkpro.ru/content/view/3261/624/.

俗伦理基础'综合课程的计划"。①1月31日，联邦教科部随即发表"关于修改普通初等及基础教育联邦国家教育标准"的命令，正式将该课程列入联邦级的必修课，并对课程的目的、内容、开设时间及学时、课程要求作了详尽的规定。尤其引人注目的是，课程的开设阶段由四、五年级改为只在四年级开设，但是课程总学时数没有发生变化。2012年8月22日，教科部发表了一封"关于开设'宗教文化与世俗伦理基础'课程的致函"，致函在2009年课程示范大纲的基础上，对课程的法律法规依据、教学原则、教学组织、教学方法等进行了明确的指导和规范，并重申了课程的教学目的，同时为课程的顺利开设提供了一系列网络辅助，包括设立课程的官网，提供免费网络资源、电子图书馆及课程涉及的四种中心宗教的网站等。2012年12月31日，酝酿已久的新的俄联邦《教育法》经联邦杜马审议、联邦委员会批准及普京总统签字最终通过，并在2013年9月1日正式生效实施。该法以一个专章（第87章）对公民学习和了解俄联邦各民族精神道德文化及接受神学和宗教教育的特殊性进行了特别规定，在第二条中赋予了学生的父母及合法监护人对该类课程的自主选择权，并在第三条和第六条中规定，此类课程允许吸纳中心宗教组织的参与。这个专章在1992年和1996年联邦《教育法》中都没有过，无疑是以东正教教会为首的各个宗教团体努力的结果。宗教组织及宗教文化在教育领域的影响力得到明显加强，宗教参与对全社会公民进行精神道德教育的工作得到了国家的全力支持，并以国家立法的形式加以确立。

按照教科部的计划，2014—2016年为课程全面开设并跟踪开展情况的阶段，课程官网设有专门的数据收集和分析平台，每个季度都要发布一次课程监测分析结果。

第二节　"东正教文化基础"课程评价及开设效果

一　"东正教文化基础"课程的性质、目的及任务

依据《俄联邦初等普通教育国家标准》(Федеральный государственный образовательный стандарт начального общего образования)，"东正教

---

① Распоряжение правительства РФ от 28 января 2012 г. N 84—р.

文化基础"课是"宗教文化及世俗伦理基础"综合课程的 6 个模块之一，属于对学生进行伦理道德教育，即"俄罗斯各民族精神道德文化"课程的范畴，该课程被纳入联邦教育的必修课。该课程的目的是"培养学生精神道德的自我发展与自我完善能力，使其对世俗伦理、俄罗斯传统宗教以及它们在俄罗斯文化、历史与当代俄罗斯的作用形成最基本的认识"①。具体地讲，包括使学生（1）形成对自身精神、道德发展与完善的自觉性；（2）认识最基本的世俗与宗教道德规范，理解它们在家庭及社会关系中的建设作用；（3）理解道德、信仰、宗教对人及社会的意义；（4）对世俗伦理、俄罗斯传统宗教以及它们在俄罗斯文化、历史与当代俄罗斯的作用形成初步认识；（5）对传统宗教在俄罗斯国家形成过程中的历史作用形成初步的认识；（6）依靠信仰确定自己的行为准则，在信仰自由和俄罗斯各民族精神传统的基础上树立道德观念；（7）形成生活价值观念。在《俄联邦中等基础普通教育国家标准》（Федеральный государственный образовательный стандарт основного общего образования）中，该课程的目的除"培养学生精神道德的自我发展与自我完善能力"之外，又加上了"培养对人们的宗教感情和宗教观点的宽容和尊重态度；获得俄罗斯各族人民文化传统中有关道德规范、精神及道德理想的知识，在此基础上形成对自己行为的自觉性；对以下知识形成认识：基本世俗伦理、传统宗教文化、传统宗教在俄罗斯国家和人类文化及历史发展中的作用、在当代俄罗斯公民社会和俄罗斯国家的确立中的现实意义；理解道德、信仰及宗教在人的生活、家庭及社会中的意义"②。简而言之，可以将包括"东正教文化基础"在内的精神道德文化课程的目的概括为：使学习者形成对宗教文化的自觉、对伦理道德行为的自省、对俄罗斯民族的自尊及对国家社会未来的自信。

包括"东正教文化基础"在内的"宗教文化与世俗伦理基础"综合课程的主要任务则更具体一些："使少年儿童在了解与尊重俄罗斯多民族

---

① Федеральные государственные образовательные стандарты общего образования，http：//mon. gov. ru/dok/fgos/7195/.

② 见《Федеральные государственные образовательные стандарты общего образования》第 11 条第 4 款。

文化与宗教传统的基础上形成自觉道德行为及与其他具有不同文化与世界观的人进行对话的动机。"该任务可以进一步扩展为:让学习者了解东正教文化的基础知识;发展儿童对个人、家庭及社会生活中应有的道德与价值观意义的认识;对学生在低年级阶段获得的有关精神文化与道德伦理的知识、概念与认识进行概括,使学生以价值观念为基础形成世界观,保证他们在下一阶段的人文科目学习中完整地理解祖国的历史与文化;发展低年级学生在多民族与多宗教信仰的环境中、在相互尊重和对话的基础上为社会和平与和睦而彼此交往的能力。[①]

依据 2012 年教科部对课程的进一步规定,"宗教文化与世俗伦理基础"综合课程的培养目标为:"使学生能够获得并理解:(1)宗教文化的基本概念;(2)宗教文化产生的历史;(3)在俄罗斯历史上各种宗教的发展历程;(4)宗教的独特性及宗教传统;(5)描述主要经书的基本内容,了解宗教建筑、宗教节日及宗教圣地。同时,使学生获得以下能力:(1)描述宗教传统及宗教文化的各种现象;(2)确立宗教文化及人们宗教行为的相互关系;(3)对于宗教文化在人们生活及社会的意义能够发表自己的意见;(4)使自己的道德行为方式符合宗教文化的规范;(5)树立对具有不同宗教信仰及不同宗教文化传统的各类人的宽容态度;(6)具有搜索必要信息的能力,能够参加辩论,倾听对方意见并陈述自己的意见;并愿意就所选的题目进行对话与沟通"。[②]

二 "东正教文化基础"课程内容

"东正教文化基础"课的授课时间共 34 学时,在四年级整个学年开设,每周 1 学时。教学过程中又分为 4 个板块,其中以"人与社会生活中的精神价值及道德理想"为主题的第 1 板块(1 学时)和以"俄罗斯人民多民族精神传统"为主题的第 4 板块(5 学时)为公共学时,学生们不

---

① Комплексный учебный курс 《 Основы религиозных культур и светской этики 》 . Аннотация. http://mon. gov. ru/files/materials/6463/annot. doc.

② Приложение распоряжения Правительства Российской Федерации от 28 января 2012 года N 84—p.

分模块共同学习，其他时间选择该模块的学生将接受单独授课。① 包括
"东正教文化基础"课在内的"宗教文化与世俗伦理"课程在试行期间为
选修方式，但家长必须从其 6 个模块中为其子女选择一个模块，因此有人
戏称这是"选修式的必修课"（факультативно-обязательный предмет）。
考核方式由学校和教师自主决定，成绩单上不标明学生选择的模块。

　　涉及"东正教文化基础"核心内容的部分，在第一学期主要介绍东
正教的基本教义、学说以及东正教基本的伦理道德价值观，包括：东正教
的独特性，文化与宗教，圣经与圣徒传，东正教徒的信仰，东正教文化中
关于上帝与世界，东正教文化中关于人；基督教的拯救说（救赎说），东
正教传统中的善与恶，基督教伦理（神赐的戒律、道德的金科玉律、对
近人的爱、行善与受苦、对劳动的态度、义务与责任、慈悲与怜悯）；耶
稣基督救世主的象征（自我牺牲式的爱与战胜死亡）。第二学期主要是对
俄罗斯东正教历史与文化的介绍，包括：东正教在俄罗斯；东正教教堂与
其他圣地；东正教圣事（东正教文化中的象征性语言）；基督教艺术
（圣像、壁画、教堂唱诗、实用艺术）；东正教教历（象征含义、对圣者的
缅怀、东正教节日）；基督教家庭及其价值观。

　　板块 4 具有期末总结与考核性质。学生们在掌握学习材料的基础上进
行习作并发言。习作的题目可以是："我对世界的态度"、"我对人的态
度"、"我对俄罗斯的态度"、"祖国的诞生"、"俄罗斯英雄"、"我的家
（在劳动方面、在所立的军功上、在创造性活动上等）为了祖国的富裕与
繁荣所做的贡献"、"我的祖辈——祖国捍卫者"等。创作形式可以是诗
歌、歌曲、俄罗斯民族菜肴等。发言的形式可以是个人发言，也可以是集
体讨论，在该环节还可以邀请家长参与。讨论的题目可围绕："我是如何
理解东正教的"、"什么是伦理"、"宗教在人与社会生活中的意义"、"我
们城市（村）里的宗教文化古迹"、"文化对话——为了我们的和平与和
谐"等。通过习作与发言，学生们以一种积极的、创造性的活动方式对

---

　　① 以下涉及课程内容的部分为笔者摘译自 Примерная программа комплексного учебного
курса《Основы религиозных культур и светской этики》（"宗教文化与世俗伦理"综合课程示范
大纲）中的"东正教文化基础"部分。该示范大纲 2009 年 12 月 7 日由"为实现 2009—2011 学
年'宗教文化与世俗伦理基础'综合课程试行计划的政府各部门协调委员会"通过并公布。见：
http：//mon. gon. ru/press/reliz/6463。

已学的知识进行复习与总结;通过与选择其他模块的同班同学的相互交流,获得俄罗斯其他传统精神文化与世俗伦理方面的知识。习作与发言可作为学生对该课程掌握情况的总评定并可作为期末考核成绩。

《东正教文化基础》(4—5 年级)教科书由《教育》出版社于 2010 年 3 月出版并发行。在总计 95 页的教科书中,几乎每页都配上了精美的插图。全书共分为 30 课,1—17 课供 4 年级学习,主要内容为:俄罗斯——我们的祖国;文化与宗教;东正教中的人与上帝;东正教祈祷;圣经与福音书;基督布道与基督受难;复活节;东正教关于人的学说;良心与忏悔;圣训;慈悲与怜悯;伦理金科玉律;教堂;圣像。第 18—30 课供 5 年级学习,主要涉及:基督教如何来到俄罗斯;圣徒圣训;为什么创造善;基督徒在生活中的奇迹;东正教关于上帝的审判;圣餐礼;修道院;基督徒对大自然的态度;基督徒家庭;保卫祖国;基督徒对劳动的态度;基督徒对祖国的敬爱。[1] 可以看出,教科书的内容主要遵从了示范大纲中所规定的基本要求。

三　"东正教文化基础"课程的开设效果

包括"东正教文化基础"在内的"宗教文化与世俗伦理基础"综合课程自 2010 年 4 月 1 日在联邦层面试行以来,开设效果究竟如何,从包括家长、教师、学生在内的教育过程的主要参与者对课程实验的反馈意见中多少可以得出一些结论。"宗教文化世俗伦理基础"综合课程的开设效果实际上反映了人们对"东正教文化基础"课的接受程度。

在课程试行之初家长们对课程持较谨慎的态度:48% 的家长反对课程的开设;60% 的家长担心会增加孩子的课业负担;25% 的家长认为包括"东正教文化基础"在内的"宗教文化与世俗伦理基础"将是一门宗教课程。[2] 2010 年 10 月,课程试行第一阶段后由联邦社会院对家长所作的调查结果显示,28% 的受调查者发现自己的孩子发生了可喜的变化,如变得更加善良、宽容,更有教养,开始审视自己的行为,减少了攻击性,改善

---

① Кураев А. В. *Основы религиозных культур и светской этики. Основы православной культуры 4—5 классы: учебное пособие для общеобразоват.* М. : Просвещение, 2010.

② Демьяненко О. Эксперимент ОРКСЭ: *итоги и перспективы*, 25. 10. 2011.

了对周围人的态度，变得更加开朗、乐于交际等。对问题"您认为该课程使您孩子与同班同学之间产生隔阂，还是让他们变得更加友好，或者是没有任何影响？"60%选择没有任何影响，20%认为让孩子之间变得更加友善，18%选择难于回答。① 课程试行一年之后，家长们对课程的态度有些改变。75%接受调查的家长表示愿意配合该项目的进行，92%的家长认为，课程提高了孩子对家庭、家庭传统、祖国历史及文化的兴趣。对"您是否同自己的孩子根据他所选模块讨论课上所学的东西"的问题，62%—100%接受调查的家长选择了肯定。表明课程使孩子愿意同家长就课上听到的东西进行讨论，同家长的沟通增多。② 与此同时，仍旧有一些家长对课程的实验持否定态度。其中雅罗斯拉夫州约2%的家长（注：大约为200名）、托木斯克州有28名家长、楚瓦什共和国有15位家长坚决抵制课程的开设；乌德穆尔特共和国有1个家庭、库尔干州有40个家庭由于宗教观点问题拒绝为孩子选择任何模块；斯维尔德洛夫斯克州也有13例拒绝参加课程实验的情况。③

2011年6月，联邦教师进修及职业再培训学院曾致函各试行地区，要求做好2009—2011年两个学年的问卷调查及总结工作。随后，试行地区81%—95%的教师对课程给予了正面评价。他们认为，该课程提高了学生对于学习祖国历史、文化及家庭传统的兴趣，为系统地对学生进行精神道德教育和培养创造了条件，为孩子们形成对特定情境下确定自己的道德行为准则产生了有利影响，促进了学生成为有文化、更加友善、讲礼貌、彼此之间及对待周围的人更加宽容的人。其中53.7%—91%的教师认为，孩子们对课程显示了兴趣，能认真对待老师推荐的学习材料。40%的教师反映，学生能在课堂上表现积极、活跃。依据大多数教师的反馈信息，孩子们能就课上的内容同家长展开积极的讨论，学生与家长通过共同完成作业及规定的内容加强了沟通，因此课程促进了学生课内外活动及学校同家长、孩子之间的有机互动。而与此同时，犹太自治州73.9%的教

① Отношение родителей к преподаванию в школе курса《Основы религиозных культур и светской этики》, 25. 10. 2010, www. orkce. ru.

② Демьяненко О. Эксперимент ОРКСЭ: итоги и перспективы, 25. 10. 2011.

③ Общественный совет при Минобрнауки России обсудил итоги апробации учебного курса "Основы религиозных культур и светской этики", 09. 11. 2011.

师认为，课程加重了学生的负担。车臣共和国 20% 的教师认为学生理解困难；3%—21% 的教师表示难以解答学生提出的问题。卡尔梅克共和国的教师们表示，孩子们在课程学习接近学期尾声时由于学习材料的晦涩而表现出厌倦情绪。①

　　笔者在 2011 年夏曾对 300 余名来自俄罗斯 9 个地区 6—10 年级的学生进行过问卷调查，他们中有约 1/3 来自课程实验地区。依据调查结果，61.5% 接受调查的学生对课程表示了非倾向性；只有 18.3% 的学生认为开设此课程将有益于儿童个性发展、开拓其视野并能从整体上全面提高文化素养；9.2% 的学生认为，学习该课程将使中小学生有可能获得关于东正教和其他宗教文化较全面的知识。该问卷调查的最后一个问题是有关"宗教文化与世俗伦理基础"课程开设效果的。在提供的使同班级同学"产生隔阂"、"更友善"、"无影响"和"难以回答"四个选项中，最后一个选项占了绝大多数，占被调查者的 71.6%，另有 20.9% 选择了"无影响"。另外，只有 0.3% 的被调查者选择了"产生隔阂"。由于当时该课程尚处试行阶段，还没有在俄联邦境内的各普通中小学中普遍展开，它的开设效果真正如何还需实践的进一步验证。

　　2015 年 10 月 21 日至 11 月 5 日，自课程在联邦层面试行到遍及全联邦境内的中小学五年后，由俄联邦教师进修及再培训学院组织，从全联邦 85 个主体中选取各类代表，就"宗教文化与世俗伦理基础"课程的开设效果进行了较大范围的问卷调查。选取的调查对象包括七类，分别为：讲授该课程的一线教师，5—7 年级讲授"俄罗斯各民族精神道德文化"课程即德育课程的一线教师，2012—2014 年参加课程学习的 5—7 年级学生的家长（不包括正在学习该课程的 4 年级学生的家长），2012—2014 年参加课程学习的 5—6 年级学生，各传统宗教的代表，教育管理机构的代表，参与教师培训的高校教师代表。针对七类调查对象分别设计了七种问卷，每种问卷包含 12—24 个问题。最后收取有效问卷 3918 份，其中一线教师、家长及学生问卷所占比例为 75.2%。详细数据见图 2—1。

① Министерство образования и науки РФ；Академия повышения квалификации и профессиональной переподготовки работников образования：Анализ апробации курса ОРКСЭ в 2009—2011 годах. http：//chipkro. ru/dfiles/93c9f0c27549645d7c77038cba6cd5da. docx.

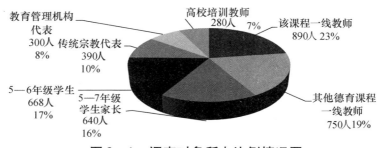

图2—1　调查对象所占比例情况图

资料来源：Анализ данных опроса，http：∥orkce. apkpro. ru／。

对于课程的开设效果，绝大多数受调查者给予了正面评价。其中78%接受调查的教师认为，学习课程后学生彼此之间的关系有所改善。另外，课程也使学生增加了有关宗教和世俗伦理方面的知识（54%），促使学生参与具有社会意义及钻研性质的实践活动（45%）。87%受调查的家长对课程各模块的内容表示满意，72%的家长认为，课程首先提高了学生的知识量，有助于孩子升入高年级后的学习。对课程给予正面评价比例最高的群体来自学生，95%接受调查的学生对课程表现出了兴趣，其中45%的学生认为，学习课程之后，在行为举止上能够有意识地按照所学道德伦理规范规约自己。在获取的知识方面，学生们选择最多的是"关于道德规范、社会价值观念及宗教伦理或世俗伦理方面的知识"（68%）及"了解了每个人是不同的，都有自我表达的权利"（59%）。同时他们还认为，该门课程有助于历史（59%）及文学（48%）科目的学习。

调查同时显示，课程的开设仍旧存在诸多不尽人意的地方。受调查者中，80%的教育管理机构代表、79%的一线教师及89%的家长都认为，"宗教文化及世俗伦理基础"综合课程的知识可以在文学阅读、周围世界①、造型艺术及音乐课上传授。高达99%接受调查的学生表示，该门课

---

① 周围世界（Окружающий мир）：是一门贯穿于初等教育1—4年级的综合课程，主要内容为人与自然、人与社会及祖国历史等方面的基本知识。通过课程的学习，学生可以获得有关自然科学及人文科学方面的基本知识，为高年级阶段的学习打好基础，同时培养学生的法则意识，即在与自然及社会的相互关系中，人应该遵循什么样的道德伦理规范及安全规则。

的知识内容在其他课程中都已经学习过。另外，各群体中约 1/5 的受调查者对课程增加学生的课业负担表示出了担忧。还有一半的受调查者指出这门课程同 5—7 年级的德育内容缺乏连贯性。19% 的教育管理机构代表及 21% 的教师还指出课程具有使学生皈依宗教的倾向，这显然是违背课程宗旨的。

尽管各种调查数据之间存在这样那样的差异，尽管课程的开设尚存在不尽如人意的方面，总的看，课程受到教师、家长及学生以及社会其他方面的肯定，对课程的谨慎和疑虑正在逐步减少，接受程度正在逐年提高。在知识层面，课程使学习者获得有关被俄罗斯各民族普遍接受的传统宗教伦理及基本精神道德规范，这无疑对提高儿童青少年的精神道德水准，规范其行为举止是有益的。同时，在学习各民族传统宗教及文化价值观念的过程中，孩子们学会了在多民族大家庭中尊重彼此、宽容相待、和谐相处，这无疑会加强社会团结、增强整个民族的凝聚力。

小　结

自 20 世纪 80 年代中后期，由于苏联实行了较为宽松的宗教政策，东正教在俄罗斯社会逐渐复兴，东正教会便开始致力于恢复帝俄时期广泛参与国民初等和中等教育的传统，力争进入世俗普通教育领域。这一实践从苏联解体、新俄罗斯国家刚刚建立之初就开始了。其强烈的复古色彩和宗教宣传意图即刻引起了国民的抵触，教会迫于社会舆论压力暂且选择了偃旗息鼓的策略。虽然放弃了大规模恢复宗教课的尝试，教会却充分利用几届国家领导人对东正教的偏好，从立法和实践两方面步步为营，取得了一系列实质性的突破，为参与世俗普通教育中的精神道德培养逐步铺平了道路。

1990—1999 年，东正教会首先大打舆论之牌。在教会的倡议之下创办了两个大型的年度论坛：国际圣诞节教育系列报告会和世界俄罗斯人民大会。利用这两个机制，教会邀请上至国家政要下至普通教师在内的各界代表，广泛参与有关宗教与世俗普通教育中精神道德培养密切相关的大讨论，从而为其进入该领域制造舆论声势。其次，教会改变策略，通过将旧俄时期的"神学"课更名为"东正教文化基础"课，以换汤不换药的方式试图绕过世俗教育中的大部分无神论者，避免激化他们的抵触情绪。再次，教会主要以小范围、地区级选修方式试探性地将东正教文化课程搬进世俗普通中小学的课堂。

进入千禧年，普京总统不仅肯定了东正教对俄罗斯民族与文化历史所作的贡献，还视其为重塑俄罗斯人精神价值核心与增强民族凝聚力的支撑点，赋予了其现实意义。东正教会及时抓住时代契机，加快了向世俗普通教育领域渗透的步伐。几经努力，虽然在第二代联邦国家初等、中等教育标准中已经找不到"东正教文化基础"的课程名称，代之以"精神道德培养"，实际上这个课程模块是受到东正教会的直接推动的。在 2010 年开始的联邦层面的试行中，"东正教文化基础"也已经融入"宗教文化与世俗伦理基础"课程中，然而实际上这是国家面对东正教会的强势要求和社会的抵触作出的一种折中选择。表面上看，"东正教文化基础"从人们的视野中消失了，然而正是从"东正教文化基础"到"宗教文化与世俗伦理基础"，再到"精神道德培养"，教会通过这三部曲既达到使东正教文化课程进入世俗普通教育的目的，又避免了社会针对东正教的直接批评和抵触。最后由新的联邦《教育法》第 87 章的专门规定，宗教文化课程实质上完成了进入世俗普通教育领域的立法保障。由地区级的选修课到必修课，再到联邦级的试行课，最后上升至联邦级的必修课，范围扩及联邦所有主体的中小学校，东正教文化课程得以在实践层面全面展开。

从国家层面看，由于苏联解体造成国家意识形态的真空状态，以及由于学校德育培养机制的缺失所造成的儿童及青少年道德伦理水平的下降，在整个社会的转型过程中，需要主流意识形态的重塑，需要学校德育责任的重拾，需要有效学校德育机制的重建，更需要整个社会精神道德及价值观念的重构，德育改革与德育创新从来没有像现在这样具有现实性和紧迫性。在寻找德育资源时，上至国家领导，下到社会各阶层，都不约而同地将目光转向与俄罗斯民族历史文化及学校精神道德培养有着深厚渊源的东正教。传统与创新在这里找到了一个契合点。

然而，在世俗国家，宗教无疑是一个敏感话题。从东正教课程进入世俗普通教育的过程可以看出，教会在其中起了积极和重要的作用，使得这一问题披上了更多的政治色彩，或者说政教合作的色彩，这不能不在一定程度上引起民众的反感，并对宗教参与世俗教育提出质疑。除此之外，借力传统宗教文化进行德育改革尚处在探索阶段，两者的结合显然要经过一段时期的磨合，不可能一蹴而就，这期间会产生这样那样的问题，需要找到最佳的解决路径。要建构传统宗教文化与世俗精神道德教育的合理与有效机制，使传统文化的巨大潜力在教育创新中得到充分发掘，使其大放异彩，实践与探索本身的价值是不能否定的。

第 三 章

来自各种声音：东正教文化课
引发的社会争议

第一节　课程开设的法律依据

东正教文化课程在国家世俗普通教育机构的逐步推广、教会对该领域的渗透和不断升级的立场与要求等问题均引起了社会各界的强烈反响和争论，包括其他宗教派别、科学工作者、护法者等都广泛参与到争论中。争论的焦点首先是教会介入世俗普通教育及宗教课程在世俗普通中小学开设的合法性问题。俄罗斯联邦宪法第 14 条明确表明："俄罗斯是一个世俗国家，任何宗教均不得被确立为国家的或必须遵守的宗教。宗教组织与国家分离并在法律面前一律平等。"宪法第 13 条还对国家的意识形态问题作了相关的规定："在俄罗斯联邦，承认意识形态的多样性。任何意识形态不得被确立为国家的或必须遵循的意识形态。"[①] 据此，2007 年 7 月，包括两名诺贝尔奖获得者维·金兹布尔格（В. Гинзбург）与召·阿尔费罗夫（Ж. Алфёров）在内的十位科学院院士公开致函普京总统，表达了对俄罗斯东正教会介入中小学普通教育的不满并对俄罗斯社会日益明显的教权化倾向表示了深切的担忧。院士们强调，俄罗斯宪法明定国家的世俗性及政教分离原则，如果将"东正教文化基础"设定为中小学的必修课，

[①] Конституция Российсой Федерации. Официальное издание. М. ：Юридическая литература，2009，С. 8.

将有违宪的嫌疑。同时，此举也会导致对其他宗教信仰者平等权利的侵害。①

　　院士们的公开信引发了一场针对东正教介入国家普通教育的社会大讨论。斯维尔德洛夫斯克州犹太自治社团领导人米·奥什特拉赫（M. Оштрах）早在 2006 年就曾谴责东正教会的做法。他认为，在俄罗斯这样一个多宗教信仰的国家，将任何一种宗教置于优先地位都将是对其他宗教信仰及无神论者权利的侵害，也是对国家基本法的践踏。东正教会的做法只能表明，所谓的同其他传统宗教的"友谊"只是停留在口头上，实际上让其他宗教组织同东正教会平起平坐是后者最不想看到的。东正教会存在诸多排外的思想和行为。由教会出版并得到广泛传播的谢·尼卢斯（С. Нилус）的伪作《近门》（《Близ есть при дверех》）中充斥着排外情绪，书中包含的《锡安山长老会纪要》（《Протоколы сионских мудрецов》）更是充满了反犹太的言论。奥什特拉赫还提到，在一些地区教会的出版物中也有不少反犹太主义的材料。因此，在中小学开设像"东正教文化基础"这样的课程，"使国家正在冒风险培养自由思想和人权对于他们毫无用处、只知道某个宗教教条的一代人，最后俄罗斯将变成像伊朗那样充满宗教狂热和蒙昧思想的国家，那样就离对异教徒的迫害不远了，甚至离中世纪的宗教裁判所（这也是基督教的发明）也不远了"②。俄罗斯社会院"地区发展及地方自治"委员会主席维·格拉吉契夫（В. Глазычев）在接受《俄罗斯报》记者采访时也认为，东正教会正在使国家政权机制不断教权化，这是极其危险的。东正教会在普通中小学开设宗教必修课程，显然已侵犯国家事务，将导致诸多社会问题。他主张俄罗斯应该重回理性，恢复政教分离的国家传统。③

　　《关于信仰自由和宗教组织》的第 5 条针对宗教教育规定："应父母或监护人的请求，经在国立和市立教育机构就读儿童本人同意，上述机构

---

① Открытое письмо президенту Российской Федерации В. В. Путину, 24. 07. 2007, http：//www. atheism. ru/library/Other_ 100. phtml.

② Глава еврейской общины Свердловской области против предмета ОПК, 31. 08. 2006, http：//www. annews. ru/news/detail. php？ ID = 18382.

③ Трудно быть с Богом, http：//www. glazychev. ru/publications/interviews/2007 - 07 - 31_ interview_ trudno_ byt_ s_ Bogom. htm.

的管理部门同相应的地方自治管理机构协商，可以允许宗教组织向儿童进行普通教育大纲以外的宗教教育。"有鉴于此，作为对十位院士公开信的回应，2007 年 11 月，另外三位院士和两位通讯院士①也发表了公开信。信中称，十位院士并非争论问题领域的权威，而在国立和市立普通教育机构自愿学习宗教文化并没有违反俄联邦的法律。东正教会向社会的渗透也不存在任何危险。2008 年 2 月，227 位科学副博士和博士②发表了致总统的公开信，支持开设"东正教文化基础"课程。声称这是公民文化权利完全得以实现的保障，而公民的文化权利是受到俄宪法及国际人权法案维护的。此后不久，斯拉夫法律中心网站于 5 月发表了有 1701 位科学工作者联合签名的致总统的公开信。信中再次重申了十位院士的立场，认为在国立中小学开设宗教方面的课程，将不可避免地导致不同宗教间对峙的加深，为极端主义的孳生创造环境。至于文化权利的实现，不应该通过普通中小学，现存的足够数量的星期日学校已足以满足该权利的实现。③

面对社会争论，时任总统普京在 2007 年 10 月举行的国家优先方案与人口政策实施委员会工作会议上作出回应，重申了俄罗斯是一个多宗教信仰的国家、学校与教会分离、教育具有世俗性等法律原则。普京认为，"东正教文化基础"如果设为必修课，将是违背国家宪法原则的④。2009 年 7 月时任总统梅德韦杰夫在会见俄罗斯主要宗教派别的领导人时表示，支持包括"东正教文化基础"在内的"宗教文化与世俗伦理基础"综合课程的联邦实验，但同时也强调了保持该课程世俗性质的重要性。为使课程符合国家法律，他要求教育任务应由世俗教育工作者承担，同时应使课

---

① 他们分别是：Голицына Г. С. ，Заварзина Г. А. ，Энеева Т. М. ，Мальцева Г. В. ，Кузнецова Ф. Ф. 。

② 该信受到了媒体的广泛批评，被称为"怪异之信"，信中没有写信人及发起者的姓名，信首称有 227 人签名，但统计下来实际共有 225 人签名，信中充满攻击性言辞。一些媒体猜测，该信的首倡者可能与东正教圣吉洪诺夫人文大学有关。

③ Обращение 1700 ученых к президенту РФ по поводу введения православия в школах и теологии в вузах，26. 05. 2008，http：//portal – credo. ru/site/？ act = news&id = 62834.

④ Религиозное образование в школах должно быть факультативным，15. 09. 2007，http：//www. regions. ru/news/2097535/.

程的选修建立在完全自愿的基础之上。①

莫斯科国立师范大学教授、信仰自由研究院委员会主席（предс
едатель Совета Института свободы совести）谢·莫兹戈沃伊（С.
Мозговой）针对包括"东正教文化基础"在内的"宗教文化与世俗伦理
基础"综合课程中所界定的传统宗教还提出了另外一个法律问题。他认
为，将宗教分为"传统"和"非传统"也是值得商榷的，法学家们认为
这两个词汇本身就不属于法律术语。按照许多文件的表述，东正教、伊斯
兰教、佛教和犹太教被归类为俄罗斯的"传统"宗教，其他则属"非传
统"宗教。这形成一种社会定势或者错觉：属"传统"的就是主流的，
是好的，是忠诚于国家的，属"非传统"的则是边缘的，是破坏性的，
是极端的。这实际上是一种社会非开放性、不容异己的表现。莫兹戈沃伊
还认为，东正教被社会广泛接受为俄罗斯主流宗教中的主流宗教。根据
"宗教文化与世俗伦理基础"课程试行以来学生的选修数据，那些其他
"传统"宗教信仰的孩子在学校中已经有被"边缘化"的倾向，那么，那
些信仰"非传统"宗教的学生将何去何从呢？制定者们认为六个模块已
经按俄罗斯的社会现实考虑得非常细致周到，然而是否能真正如其所愿，
有利于儿童的民族认同，巩固了国家统一与团结，还需时间来证实。② 教
育家娜·雅科夫列娃（Н. Яковлева）也认为："如果给予学习东正教、伊
斯兰教和佛教文化的机会，为什么不给予学习天主教和新教文化的机会？
这两个宗教派别同属基督教。'全俄社会舆论研究中心'2006 年末的调查
数据显示，在俄罗斯，信奉天主教和新教的人数同信奉伊斯兰教和佛教的
人数基本持平，约占总人口数的 1%。在确定试行课程的模块时，没有人
对在俄罗斯有多少种宗教信仰，信仰比例如何等问题感兴趣。"③ 教科部
在 2007 年 7 月给各联邦主体的致函中也承认，"哪种宗教被确定为'传

---

① Стенографический отчет о совещании по вопросам преподавания в школах основ
религиозной культуры и светской этики и введения в Вооруженных Силах Российской Федерации
института воинских и флотских священнослужителей, 21. 07. 2009, http：//archive. kremlin. ru/
appears/2009/07/21/1740_ type63376type63381_ 220032. shtml.

② Мозговой С. А. *Под видом религиозной культуры внедряют идеологию*//Здравый смысл，
2009（№4），С. 25.

③ Яковлева Н. *Эволюция отменяется*//Учительская газета，2010（№. 4），http：//
www. ug. ru/archive/30635.

统'宗教并'成为俄罗斯各族人民历史与文化不可或缺的组成部分'的界定缺少法律依据"①，因此只能建议各地区的教育主管部门同隶属俄总统的宗教组织合作委员会进行合作，该委员会通常以总统办公厅主任及内务部副部长为首，包括来自东正教、伊斯兰教、佛教、犹太教及新教的耶和华派、路德宗等一些派别的宗教界代表及学术界人士。

第二节　按宗教模块进行教育的方式

为自己的孩子选择模块，决定他们要去的班级——是这次课程实验抛给家长们的第一个难题，也是引起最大社会争议的问题之一。2010 年 10 月，受俄联邦社会院民族关系及信仰自由委员会委托，由社会调查机构保利杰赫（Политех）所作的社会调查结果显示，对于是否分模块授课的问题，不同信仰家庭显示了不同的立场。东正教信仰家庭 60% 选择分模块方式，伊斯兰教和佛教信仰家庭恰好相反，分别有 60% 选择集体授课方式，不信教家庭 55% 选择分模块，41% 选择集体授课。② 教科部社会院提供的数据表明，截至 2011 年底，仍旧有超过半数的家长反对将课程分模块。③

面对此问题，包括宗教代表在内的社会各界人士也表达了不同的观点和立场。东正教会宗教教育与教理问答部的扎·梅尔库里主教强调："东正教会坚持自己一贯的立场，即如果与学生个人宗教传统相割离，就谈不上精神及道德培养问题。正确的教育方法应该使孩子从学习本人家庭传统宗教知识开始，然后认知他的国家所属的传统宗教知识，进而学习其他宗教知识。就如同学习文学时首先从祖国文学，然后是相邻民族文学，然后

---

① О направлении в субъекты Российской Федерации примерного соглашения о сотрудничестве органа управления образованием субъекта Российской Федерации и централизованной религиозной организации, 13. 07. 2007, http：//mon. gov. ru/work/obr/dok/obs/3941/.

② Отношение родителей к преподаванию в школе курса 《Основы религиозных культур и светской этики》, 25. 10. 2010, www. orkce. ru.

③ Агранович М. Школы возьмут на веру—Курс 《Основы религиозных культур и светской этики》 может стать обязательным в новом учебном году, 08. 11. 2011, http：//www. rg. ru/2011/11/08/religia. html.

是世界文学一样，没人觉得这样有什么悖理。"①

　　穆斯林和犹太社团人士从最初就反对这种做法。"犹太教文化基础"教科书的作者之一安·格洛采尔（А. Глоцер）表示："我们一贯坚持不要将孩子们分开，而是一个班统一授课，但是最终还是分成了6个模块。"②伊斯兰教学院院长马·穆尔塔津（М. Муртазин）也持同样的立场："这里存在着潜在的危险，尤其在俄罗斯这样一个多民族和多宗教信仰的国家，而且它涉及下一代俄罗斯人。如果他们在一种被不同宗教分隔的环境下接受教育，他们将很难感觉到自己是一个统一民族的一分子。遗憾的是，教科部对此问题难于找到解决方案，便将包袱甩给国家领导人；总统则用政治命令解决了问题——支持东正教会的要求，在中小学引入多模块课程；最艰难的选择则留给了孩子及其家长。我认为，对于如此重要而严肃的问题不应通过政治手段，而应在专家就课程的内容、方式等进行讨论的基础上解决。"③

　　一位来自斯维尔德罗夫斯克州的普通教师感言："这就相当于在外语课上给一些孩子只传授词汇，另一些孩子只讲授语音，其他孩子只解释语法规则，那我的学生还有谁能学会这门语言呢？"④ 另一位来自南联邦区、"全国最佳德育教师"获得者，也是"卡拉恰伊—切尔克斯共和国（Карачаево-Черкесская республика）各民族传统宗教文化基础"课教师玛·杜德金娜（М. Дудкина）讲述了她个人的经历："在2004年我们向各位家长提出开设此课程并征求他们意见时，所有人异口同声地表示：'是的，了解在本共和国传播的伊斯兰教及东正教知识对孩子们是有益的，只是请别将孩子们分开，就让他们一起学习并了解彼此的宗教文化吧'。"⑤ 尽管杜德金娜本人毕业于莫斯科神学院并具有12年教区星期日学校授课经验，她个人对课程的授课方式也表达了深切的担忧："在普通中小学应该用统一的形式讲授'宗教文化及世俗伦理基础'，将孩子们分开不会有任何好处。当得知课程开始试行时我非常高兴，但根据目前开设

---

① Вильк Н. *Религия в школе-на грани провала*, 04. 02. 2010.

② Там же.

③ Там же.

④ Там же.

⑤ Там же.

的情况看，我有这样一种感觉：某些人正在蓄意破坏一件至关重要、异常必要、毫无疑问也是非常有益的事业。"①

2009 年以前，各个州或地区开设"东正教文化基础"的年级很不统一。比如，特维尔州规定 2 年级和 5 年级开设，别尔哥罗德州规定在10—11 年级开设，布良斯克州规定在 1—4 年级开设，而卡卢加州则在5—11 年级开设。按照阿·康达科夫等三位权威学者的观点②，本次联邦试行的年级选择在 4—5 年级并不是随意确定的。10—12 岁学生的个性及情感都处于不稳定阶段。这一阶段的主要心理矛盾表现在：对独立性的需要同实现这种独立性的可能性受到限制的矛盾；想成为成人与实际依旧用孩子式自我为中心的手段处理个性发展的种种问题的矛盾。在教育阶段上，4 年级是初等教育的结束时期，5 年级则是中等教育开始的时期。学生们要经历从师生关系到课程体系等各方面的过渡适应期。包括"东正教文化基础"在内的文化和德育课程期冀能帮助学生们度过这一个性心理及课程学习发展最为复杂和关键的时期并形成正确的精神道德价值观念。③ 教科部的观点也认为，这一时期孩子们的行为心理特点是：他们已经不完全是小孩子，已经能够思考这个世界的多样性，但同时又尚未受到因性发育问题而面临的困扰，不会产生因雄性荷尔蒙激素的刺激而导致的争斗。因此，让这一年龄段的孩子了解有关宗教语言、文化、信仰及家庭传统时，他们将最有可能无冲突地面对自己班级同学的这种多样性。④ 无论是哪种理论依据，都认为10—12 岁为世界观形成的关键期，是个性可塑性极强的时期，因此还可以用某种思想或意识形态加以教化。相比之下，高年级的同学价值观与世界观基础已基本形成并具备了独立的思考能力和鉴

① Вильк Н. *Религия в школе-на грани провала*，04. 02. 2010.

② Кондаков А. М.，Данилюк А. Я.，Тишков В. А. 为《俄罗斯公民精神道德发展与培养构想——2009 第二代新标准》的制定者，也是"宗教文化及世俗伦理基础"课程大纲的主要制定者，他们在 2009 年第 12 期《Педагогика》上撰文，详细阐述了包括"东正教文化基础课程"在内的"宗教文化及世俗伦理基础课程"设置的总体原则、内容设计、教学目标等。其中康达科（Кондаков А. М.）也是《教育》出版社的总编。

③ Данилюк А. Я. Кондаков А. М. Тишков В. А. *Учебный предмет 《 Основы духовно-нравственной культуры народов России》*，//Педагогика，2009（№9），C. 20.

④ Иванова-Гладильщикова Н. *Слово 《 Еретик》 з школе табуируют*，03. 08. 2009，http：//www. russ. ru/pole/slovo – eretik – v – shkole – tabuiruyut.

别力。

尼古拉,这位来自别尔哥罗德州一所中学的高年级学生承认:"我们大多数高年级同学都不信上帝,因此对在课堂上讲述此话题都会报之以哄堂大笑或者嗤之以鼻。"① 笔者与俄罗斯高年级学生作访谈时的经历与此也颇为相似。笔者曾有幸在 2011 年 3—4 月随国家教育部代表团在全俄"海洋"儿童中心（Всероссийский детский центр《Океан》）进行考察。该儿童中心位于俄罗斯远东海参崴地区,同坐落于索契的另外一个儿童中心共同构成全俄最大的两个儿童中心。这两个儿童中心全年向俄境内的中小学生开放。那些在全国各类大赛中的优胜者或者有各种专长的学生,经各地区教委的推荐免费来到这里接受为期 21 天的疗养,同时可以得到对未来人生有益的各种培训。我们代表团来时恰逢接待的是一批 9 年级的学生。我们这些来自中国高校的师生同这里的优秀辅导员和优秀学生们同吃住、共学习,很快融为一体,气氛颇为融洽。笔者借助这种友好宽松的氛围经常想同他们谈"东正教文化基础"的事情。遗憾的是,我的收获甚少。本来热烈的讨论氛围会由于问及"东正教文化基础"而骤然冷场。他们或者只简单回答一句"学过",或者试图转到别的话题。而且同一问题问这里的培训教师或辅导员时,他们大多数也显得不热心。

针对康达科夫等权威学者及教科部的观点,社会组织"儿童权益"领导鲍·阿尔特舒列勒（Б. Альтшулер）专门致函总统给予了指正。他认为孩子们在这个年龄段的心理特点是非常容易偏离集体、彼此产生不和,甚至互相为敌;从教育角度看,用分模块教学的方法会客观地导致孩子们分群:一些人将只知道东正教,另一些只了解伊斯兰教 ……②功勋教师阿·萨伊别季诺夫（А. Сайбединов）③ 这样描写课程学习后的情景:"设想一下,学生们学完不同的模块后聚在一起分享彼此所得,发现原来学的内容不一样。拉什特信奉的是这个,而伊万信奉的是那个,就是说,要不是

① Иванова-Гладильщикова Н. *Слово《Еретик》в школе табуируют*，03. 08. 2009，http：//www. russ. ru/pole/slovo – eretik – v – shkole – tabuiruyut.

② Иванова-Гладильщикова Н. *Слово《Еретик》в школе табуируют*，03. 08. 2009，http：//www. russ. ru/pole/slovo – eretik – v – shkole – tabuiruyut.

③ 阿·萨伊别季诺夫:托木斯克州社会院成员、艺术家、哲学家、托木斯克州斯维特连斯克（губернаторский Светленский лицей）重点中学校长。

信错了，要不就是老师说错了。但4、5年级的孩子们已经习惯于什么都相信老师的。如果在此基础上没有出现民族和信仰的冲突当然好，但是毫无疑问学生们的头脑里已经一片混乱，最好的结果是学生失去对该门课程的兴趣。精神价值观一致也好，不一致也好，这是个人的事。自由是不应被强加的，可以依意愿学习宗教基础，而不是将其列入教学计划中。"①另一位功勋教师、莫斯科第1479中学校长尼·库利科娃（Н. Куликава）在接受科学院新闻网采访时也持相同的意见："我认为，不能将孩子按宗教特征分别授课。他们将在很小的年龄就意识到自己与别人的不同。我担心，甚至孩子们会因为我们是穆斯林，另一些人是犹太教人而争斗起来。那么很可能从学校里就开始失去民族与宗教的宽容与和谐了。"②

另外，选择4—5年级开设包括"东正教文化基础"在内的"宗教文化与世俗伦理基础"课程在实践中也的确遇到了问题。教科部社会委员会在课程试行的阶段性总结报告中表示，试行中遇到的最大问题之一包括课程开设的年级段问题，4年级是小学阶段的结束，5年级是中学阶段的开始，在两个阶段的交接过程中涉及教师的更替，因此开设同一门课程显然会遇到一些问题。首先是学生面临新的学习阶段、新的老师及其新的教学风格的心理适应问题；其次，两个年级之间有持续两三个月的假期，打断了课程的连贯性，学生前一段所学的都忘记差不多了。针对此情况，东正教会和教科部随后进行了协调，基里尔牧首在2011年度工作报告中称，该课程将自2012年秋季改为在4年级推行。③ 教科部于2012年1月31日的84号文件中正式宣布，将课程改为只在全国普通中小学的4年级开设。

东正教旧礼仪派的阿·穆拉维约夫（А. Муравьев）④ 还预设了分模块实际技术操作的困难："想象一下，50%选择了世俗伦理，20%选择了东

---

①　Яковлева Н. Эволюция отменяется//Учительсхая газета，2010（№.4），http：//www.ug.ru/archive/30635.

②　Рылько Е. Учеников нельзя делить по религиозному признаку-директор школы. 04. 09. 2009.

③　В докладе на ежегодном Епархиальном собрании Святейший Патриарх Московский и всея Руси Кирилл осветил вопросы религиозного образования и катехизации，25. 12. 2011，http：//www. otdelro. ru/index. php? option = com_ content&view = article&id = 2273：2011 – 12 – 25 – 16 – 22 – 41&catid = 18：news&Itemid = 2.

④　他曾是"东正教文化基础"教材的编写者，后来因分歧退出编写组。

正教模块,另20%选择了世界宗教模块,而另有几个孩子选了穆斯林模块,还有一个小孩子选了犹太教或是佛教模块,这将导致什么?首先,教师将会大发雷霆,就为了一个犯蠢而选择了那个犹太教或佛教模块的小孩子他就得备整整一门课!然后,孩子们就开始对这个小孩鄙视,家长最后也只得妥协:'我们搞什么特殊化啊,选个别的什么吧,至于我们的传统宗教就让我在家里给你讲吧。'再看看实际情况。就拿达吉斯坦共和国(Республика Дагестан)的一个普通学校为例,那里一名教师承担该课程的所有模块。他很自然会说:'怎么办呢,孩子们,我们都是穆斯林,那就不用再讨论了,我们都选伊斯兰文化就是了。'事情解决得还算顺利,那如果是在多民族杂居的共和国首府马哈奇卡拉(Махачкала)又怎么办呢?很可能只能通过施加压力解决了。'你是格鲁吉亚族?想选东正教吗?那就回你的格鲁吉亚祖国学去吧,那里为你提供东正教和其他你想要的任何东西。'"① 实际上,穆拉维约夫的这些预设正在发生着。在托姆斯克进修学院的网站上除登载了课程相关的法规等文件外还可以看到一条建议:选择人数不少于12—14人为单独开设一个模块的条件。来自克拉斯诺亚尔斯克边疆区参加培训的教师也肯定了这一说法:"上面告诉我们,只开设那些大多数学生选择的模块。至于对少数选择其他模块的学生怎么办,我们不得而知,因为甚至培训师对此也所知甚少。"② 事实上,给孩子们分班已成为课程实验过程中面临的最现实问题之一。教科部社会委员会在课程试行的阶段性总结报告中也承认,在农村学校,每个模块只有1—2名孩子的情况占所有参加试行学校总数的60%,这给实际分班的操作带来了极大的困难。③

　　教科部社会院成员、"莫斯科回声"广播电台台长阿·韦涅季克托夫(А. Венедиктов)多次提出了在地域框架内分班授课可能引起的后果。该

<hr>

　　① 　Вильк Н. *Религия в школе-на грани провала*,04. 02. 2010,http://www. infox. ru/authority/mans/2010/02/01/Ekspyerimytnt_ v_ shko. phtml.

　　② 　Там же.

　　③ 　Итоги апробации комплексного учебного курса 《Основы религиозных культур и светской этики》 для общеобразовательных школ в 2010—2011учебном году,07. 11. 2011,http://mon. gov. ru/files/materials/spravka. pdf; http://www. edu. ru/index. php? page_ id = 5&topic _ id = 22&sid = 17938.

课程主要涉及的是对学生的精神与伦理道德培养问题，而不同宗教对此的阐释是不一样的。同时，课程的实验还极有可能导致整个共和国运用行政资源进行课程"单一化运动"。结果将是，一些孩子只了解自己而对他人的文化一无所知。事实已经显示了这种倾向：车臣共和国是参加2010年课程实验人数最多的地区之一，20718名学生中有20645名选择了"伊斯兰文化基础"，剩余73名选择了"东正教文化基础"，其他模块无人选择。而在奔萨州则没有一个人选择"东正教文化基础"。① 有鉴于此，他担心，新课程有使学生在整体上形成对宗教及道德的不正确态度。《媒体》出版社百科部主编、历史学副博士达·海列季诺夫（Д. Хайретдинов）也表达了相同的担忧："'宗教文化与世俗伦理基础'课程将使俄罗斯分裂为四个不同的部分：第一部分为以'东正教文化基础'为主的中央联邦区；第二部分包括16世纪之后由莫斯科公国征服的地域，这里俄罗斯族人占多数，但混杂着其他宗教信仰的民族，这里将以'世俗伦理基础'为主；第三个部分将是只属于穆斯林和佛教徒的地区；第四个部分是俄罗斯族成为少数民族，穆斯林和佛教徒占绝大多数的地区。"② 课程在全联邦正式开设三年多来的实际情况印证了海列季诺夫的观点。2015年的统计数据表明，在俄罗斯族人口为主体的中央联邦区、南联邦区及伏尔加河沿岸联邦区，选择"东正教文化基础"课程模块的比例最高，三个区占所选课程总人数的69%；以信仰伊斯兰教为主的北高加索联邦区，89%的家长为子女选择了"伊斯兰教文化基础"课程模块，位于该区的印古什共和国更是几乎全部学生都选择了这一模块；而在佛教徒占主体的卡尔梅克共和国，42%的家长为子女选择了"佛教文化基础"模块。③

　　笔者在对俄罗斯中小学生进行的问卷调查中还发现了问题的另一方面。22.7%接受问卷调查的学生认为，信仰是个人的事情，每个人都应按

---

① Зиганшина Н. *Основы рекомендовано не расширять*，13. 10. 2010，http：//www. gazeta. ru/social/2010/10/13/3428207. shtml.

② Маркус С. *Уроки в школах приведут к появлению《четырёх Россий》*，01. 02. 2010，http：//www. odintsovo. info/news/? id = 26011.

③ Анохин Д. *Основы православной культуры все более востребованы*// ЖМП：Цервоквый вестник，2015（№3），http：//e - vestnir. ru/interviews/prednet_ opk_ 9093/.

自己的方式信奉某种宗教，而不是在学校中被硬性灌输。在俄罗斯，宗教信仰被认为是个人或家庭的事情，宗教归属与宗教认同问题并不属于国家事务，在人口普查中禁止询问公民的信仰，俄罗斯联邦《关于信仰自由和宗教组织法》第 3 条第 5 项明确规定："任何人没有义务宣布自己对宗教的态度。"① 在俄联邦进行的历次人口调查中均不将个人信仰问题列入调查范围。受法律和文化认同的影响，俄罗斯的中小学学生们也认为宗教信仰完全是个人私事，不应在课堂上进行有关宗教和信仰方面的灌输。而"宗教文化与世俗伦理基础"的开设将迫使每个孩子在面临模块选择的同时，也在自觉或不自觉地公开着自己的宗教信仰认同或倾向，这不能不说是一种文化和心理上的矛盾与冲突。

针对这些复杂的问题，很多人提出了解决方案。教育政策研究院院长阿·阿达姆斯基（А. Адамский）曾经断言，中小学的教学结构已经形成，硬性引入一门新的宗教课将导致学生们的抵触。近 50 年来的教育经验证明，每每向中小学引入一门新课都远远不及预期效果。因此如果能在已有的，诸如历史、文学课的框架内传授宗教历史知识会更明智一些。② 圣彼得堡国立大学哲学教研室主任、教科书编写工作组协调员玛·沙赫诺维奇（М. Шахнович）认为，完全可以避免分班授课："我倾向于一种意见，即用'世界宗教历史及文化'一门课就完全可以在世俗学校成功地传授宗教知识"。③ 尼·库利科娃也提出了一种方案："倒不如将孩子们放在一起，开设一个宗教通史的课程，可以由不同的老师讲授不同的部分：一位讲东正教历史及文化，另一位讲有关伊斯兰教的，第三位讲佛教的，等等。"④

第三节　关于教科书

"东正教文化基础"教科书最早是由阿·鲍罗金娜（А. Бородина）

① 乐峰主编：《俄国宗教史》（上卷），社会科学文献出版社 2008 年版，第 217 页。

② Агранович М. Шиц М. *Ученые Российской академии наук готовят новый школьный учебник по истории мировых религий* //Российская газета-Федеральный выпуск №3514, 30. 06. 2004，http：//www. rg. ru/2004/06/30/istoria – religii. html.

③ *Вильк Н. Религия в школе-на грани провала*，04. 02. 2010.

④ Учеников нельзя делить по религиозному признаку-директор школы. 04. 09. 2009.

于 2002 年出版的。迄今为止由她主编的东正教文化教材范围从学龄前至 11 年级达 30 余部，她还同时开办有"东正教文化基础"的网络平台（http：//borodina. mrezha. ru/）。这些教科书得到东正教会的认可，一直是联邦层面试行"宗教文化与世俗伦理基础"课程以前东正教文化课的最主要教材，但由于一些学界人士认为，其内容有引起宗教纷争及歧视的表述，课本一直未能通过教科部的批准成为普通中小学的正式教材。当"东正教文化基础"将作为"宗教文化与世俗伦理基础"综合课程的模块之一在联邦试行时，东正教会着手推出了自己的教科书。

2009 年 7 月 1 日，经基里尔牧首令，成立了以莫斯科神学院教授、大辅祭安·库拉耶夫为首的"东正教文化基础"教材编写委员会及编写组。从公布的编委会和编写组名单可以看出，委员会的 6 位成员全部来自教会；25 位编写组成员则象征性地邀请了几位政府官员、杂志社记者、学者，但其后标注有"协调工作"的字样，即他们不参与教材的编写。①

11 月 16 日，第一次编写组会议召开，共有 10 人出席。会上象征性地审议了两个版本的教材，分别由教育学博士柳·舍甫琴柯（Л. Шевченко）主编和库拉耶夫主编。经评议，编写组推荐了后者。② 库拉耶夫本人博学而睿智，但其提出的神学观点和立场因极富悖论经常成为学术界公开争论和公众声讨的对象，这种学术风格再加上他个人神职人员的身份，都在教材中有所体现。12 月 2 日，教科院对教科书的手稿作出了集体鉴定，肯定了教材结构体系、习题设计等方面的长处，但同时提出了一系列的问题，包括："所介绍的内容不具文化学性质而有布道性质，这一点有悖于国家现行法律。书中包括大量的祈祷词，除配以详尽的解释外还在课后习题中要求背诵；书中实际上也没有谈及东正教文化与世界其他宗教文化间的联系；使用的语言过于晦涩，没有配任何插图，超出了 4—5 年级学生的理解能力；课文中充斥着宗教术语，这些术语甚至对于相当数量的普通教师也是难以掌握的，因此极易产生诸如世俗教师能否正

---

① Распоряжение Святейшего Патриарха Кирилла об образовании Редакционного совета по написанию учебника и методических материалов по учебному курсу 《 Основы православной культуры 》 для средней школы，01. 07. 2009，http：//www. patriarchia. ru/db/print/683587. html.

② Рукопись протодиакона Андрея Кураева выбрана за основу будущего учебника по Основам православной культуры，17. 11. 2009，http：//www. patriarchia. ru/db/print/938397. html.

确传达所使用材料的真正含义的问题，也存在学生对所学概念歪曲理解的严重危险。"最后，鉴定所作的结论是："所提交的手稿需作者及出版社做进一步的修改。目前的手稿只能建议作为学生补充材料使用。"① 12 月 28 日，由基里尔牧首主持举行了编写委员会会议，经过激烈的争论并听取了各方的意见和建议之后会议最终作出决定："为参加 2010—2012 年'宗教文化与世俗伦理基础'综合课程的联邦试验，东正教会特向教科部提供由库拉耶夫主编的'东正教文化基础'作为教科书。"② 经过仓促的修订之后教科书被交至《教育》出版社准备印刷。

《教育》出版社对教科书作了进一步的审查，其中对第 3 课 "东正教中的人与上帝" 做了大量删节，删除部分几乎占原有篇幅的 2 /3。由于出版时间紧迫（注：2010 年 3 月教科书正式出版，这意味着从收稿至排版及出版不到三个月），出版社未来得及重新排版，因此只是在原有页面上将删减的文字部分配上了插图，在删减的 3 页上文字只分别剩下 18、5、9 行，而其他每页中都有 40 行字。

试读一段被《教育》出版社删除的原文：

Из школы вышел учитель физики. Ребята бросились к нему с вопросом-《Что такое Бог?!》

Учитель ответил по ученому：

-Мир культуры-это мир человеческих творений. Однако и в былые века и сегодня естьнемало людей（в том числе и выдающихся ученых），которые полагают, что и сам мир приролды-это тоже творение. Правда, не человеческое, а Божественное. Эти люди Творцом всего мира и человеческого рода считают Бога. Отношения человека и созданной им культуры они переносят на отношения мира и Бога. Они говорят：представьте себе модель Солнечной системы. Это как бы глобус

① Рецензия Российской академии образования на рукопись учебника Андрея Кураева "Основы православной культуры", 08. 12. 2009, http：//www. portal – credo. ru/site/? act = news&id = 74810&cf = .

② Святейший Патриарх Кирилл возглавил заседание Редакционного совета по написанию школьного учебника по предмету《Основы православной культуры》, 28. 12. 2009, http：//www. patriarchia. ru/db/print/978326. html.

из тонких прутиков. На прутья нанизаны шарики-планеты. В центре светильник-солнце. Вокруг шарика, обозначающего нашу Землю, вращается Луна. Планеты можно передвигать по прутьям и выстраивать из них разные сочетания. Могла ли такая модель возникнуть сама собой, или у нее есть автор-мастер, который ее придумал и изготовил? Может эти прутики и шарики появились постепенно? Может, шарики катались себе, катались, а потом нанизали себя на эти прутики и вот так вот закрутились? А центральный шарик решил еще и засветиться? Но если даже для простой игрушки все же нужен творец, то, по убеждению религиозных людей, тем более Творец необходим для создания нашего огромного сложнейшего и прекрасного мира. Я и сам считаю, что Бог дал миру законы природы. А человеку он дал законы добра. [①]

从学校里走出来物理老师,孩子们跑过去问他: "什么是上帝?!"

老师像个大学者似地回答道:

文化世界——是人创造的世界。但是过去甚至今天也有不少的人(包括卓越的科学家)认为,大自然本身也是创造出来的。当然,不是人创造的,而是神创造的。他们认为上帝是这个世界及人类的造物主。人与上帝创造的世界之间的关系被人类转化为世界与上帝的关系。人们说:想象一下太阳系的模式,它就像由许多细线条构成的地球仪一样。由这些线条连接成了一个星球。它的中心是发光的太阳,围绕着这个代表我们的星球转动的是月亮。各个星体都可以沿着细线移动并形成了不同的组合。这种模式能否自然出现?还是有什么大师设想并制作出来的?这些细线和球体是逐渐生成的吗?也许,球体先滑动,然后将自己连接到这个细线体系中并因此开始转动了吗?然后那个居中心的球体决定开始发光了?如杲一个简单的玩具都需要创造者,那么,有宗教信仰的人断定,我们这个巨大、复杂而美妙的世界

---

① Кураев А. В. *Сообщение в личном блоге автора: Как атеистическая цензура изуродовала учебник,* http://diak – kuraev. livejournal. com/81671. html.

就更需要一个造物主了。我也这样认为，上帝赋予了这个世界以自然规律，赋予人以善的律法。

从回答者的身份看，物理教师本身传授的是自然科学知识；自然科学不仅是世俗教育的基本出发点，也是教育的核心内容，从物理老师口中讲出上帝造物的东西显然极具讽刺：如果从最根本上推翻世俗学校知识体系的根基，那还谈何世俗教育呢。出版社显然注意到了这里存在的问题，以"关于上帝的概念及上帝创世说是违反国家宪法原则"为由，"不予出版有关反科学的、谈论上帝为世界造物主的内容"。库拉耶夫为此上诉至联邦司法部，司法部就此致函宪法法院，后者给出的答复为："未发现第3课有违反宪法的内容，但课本中有宣扬东正教的国教地位以及优于其他宗教或无神论之嫌疑，这些是违反国家世俗性及宗教组织法律面前一律平等的宪法原则的。"[1]

教科书出版后引起了学术界的一片批评之声。库拉耶夫在其个人网站[2]上登载了一些学界人士对教科书的正面评价，其中包括两位莫斯科大学心理学系教授、科学院院士阿·阿斯莫洛夫（А. Асмолов）和阿·基谢廖夫（А. Киселёв），俄罗斯赫尔岑国立师范大学哲学及心理人类学教研室主任、科学院院士阿·科罗利科夫（А. Корольков）等人。阿斯莫洛夫和基谢廖夫称赞库拉耶夫编写的教科书是一种开拓性的尝试，向孩子们打开了一扇介绍东正教文化及伦理知识的大门，用一根红线——基督教的本质特点是寻求人自我完善的路径——贯穿始终；编写中作者考虑到了学习者心理、智力的特点，最大限度地用符合该年龄段孩子接受能力的方式解释复杂的概念，包括采用了交谈、对话、询问老师、引用传说和文学作品等方式展开内容；编写语言规范、清晰明了、内涵丰富。科罗利科夫也肯定了教科书在内在逻辑、创造性习题、插图配置等方面的长处。从这些正面的评价中不难看出，教科书依据教科院的鉴定在内容和形式上都做了相应的调整。然而，这些人在总体上对教科书给予肯定的同时，从字里行间

---

① Кураев А. В. *Сообщение в личном блоге автора：Как атеистическая цензура изуродовала учебник*，http：//diak－kuraev.livejournal.com/81671.html.

② 该网站地址：http：//kuraev.ru/.

仍旧能听出他们批评的声音，只不过这些声音较那些刺耳的不折不扣的批评听起来温和了一些。阿斯莫洛夫认为，一些课后习题不仅对孩子，甚至有时对具有成熟世界观的人来说也是难以回答的。比如课本第 25 页的"以恶报恶会使世界越来越美丽还是越来越丑恶？"这种问题极易导致说教。因此阿斯莫洛夫在文末写道："该书只能作为教师的参考用书，而不能作为教科书。"科罗利科夫则针对课本的仓促编写指出了具体问题，包括课本部分段落过于冗余，建议移至教参中；课本中有不少拼写错误，需要出版社进一步校对，等等。

应《教育》出版社的要求，俄罗斯科学院于 2010 年 6 月对包括"东正教文化基础"在内的"宗教文化及世俗伦理基础"的六本教科书进行了专家评定，评语中充满了严苛而犀利的批评之词。首先，教科书中充斥着诸多严重违宪的内容，违反了包括宪法第 14 条中所宣布的国家世俗性质及第 13 条中规定的禁止强行灌输任何意识形态思想。教科书带有攻击性、布道性，粗暴地向学习者强加宗教思想，公开敌视国家的世俗性。其次，教科书不具有科学性。且看名称："世俗伦理"，众所周知，就像不存在"宗教几何学"和"世俗几何学"的区别一样，伦理学属哲学分支，其概念不存在"宗教伦理学"和"世俗伦理学"的差异。在四门传统宗教伦理之外硬塞一个"世俗伦理"不伦不类。教材的编写也无任何学术性可言，编写过程已蓄意将科学界人士排除在外。安·斯米尔诺夫（А. Смирнов）[1]在接受采访时进一步印证了这一点："涉及具体宗教文化模块的教科书全部交由相应的宗教界人士编写，完全排除学者的参与。其内容同世俗教育完全无法相容：这本教科书大量篇幅描写的不是宗教文化，而是如何进行祈祷等宗教仪式，它比任何其他几本都具有更强的目的性，那就是让人基督化并皈依东正教。"[2]

一位普通教师杰·萨哈尔内赫（Д. Сахарных）发表文章，对教科书进行了客观详尽的分析。作者首先并没有完全抹杀教科书的长处，在开篇

---

① 安·斯米尔诺夫：科学院哲学院副院长、哲学博士、通讯院士，"宗教文化与世俗伦理基础"科学院评定组成员之一。

② Черноиванова А. *Новый школьный предмет*：《*РПЦ выпускает джинна из бутылки*》，25. 05. 2010，http：//infox. ru/authority/state/2010/03/24/intyervyu_ print. phtml.

即提到:"相对于其他五个模块的教科书,'东正教文化基础'是内容最丰富的;书中的体系、结构内容及修辞用语显然都经过作者的精心编排;课本达到了内容与思想的逻辑统一。毫无疑问,库拉耶夫的教科书为俄罗斯道德及宗教教育事业做出了显著的贡献。"但接下来作者笔锋逆转,从两大方面分析了教科书存在的瑕疵与缺憾。首先,"东正教文化基础"课本可以称作"东正教教义基础"。事实上,课本是否与普通教育世俗性相容变成了只是个修辞用语的问题。"宗教文化与世俗伦理"综合课程的目的被规定为:"使少年儿童在了解与尊重俄罗斯多民族文化与宗教传统的基础上形成自觉道德行为及与其他具有不同文化与世界观的人进行对话的动机。(注:着重号是作者加上去的)"而库拉耶夫显然极不情愿触及东正教民族中的宗教文化传统,唯一的例外是在第8课,"复活节"及与此相关的民间风俗得到了鲜活生动而详细的描述。而在介绍诸如"教堂"、"圣像"等主题时着笔就吝啬多了。比如在第53页引入"圣像"主题时用了这样的开场白:　《Иконописец внутреннюю гармонию святого передаёт через гармонию внешнюю. На иконе, в отличие от картины, нет заднего плана и горизонта. Когда смотришь на яркий источник света(солнце или прожектор), то теряешь ощущение пространства и глубины. Икона тоже как бы светит нам в глаза, и в этом свете всякая земная даль становится невидимой》[圣像画家通过外在的协调传递圣者内心的和谐。在圣像画上,与普通画作不同,没有背景与景深。当看着明亮的光源时(太阳或聚光灯)就会失掉空间感与深度感。圣像画就如射入我们眼睛的光芒,在它的照耀下地平线都看不见了]。姑且认为它是真的,但为什么对一个4、5年级的孩子说这些呢?为什么不取而代之以从古罗斯时期人们都崇拜的某个具体的圣像,或者从那些人们最喜闻乐见的圣像画的介绍开始呢?课本中诸如此类不胜枚举。

其次,从体裁上看,本书更像是库拉耶夫面对军校士官生的公共讲座,而不是给普通教育学校的教科书。作者将每一课的绝大多数篇幅用来进行道德说教,甚至可以说,说教材料构成了教科书的全部。正是作者这种道德说教的偏好,乃至所用的一种极为圣洁崇高的论调使它与其说是小学生的课本,不如说是写给专门人士的,且这些人士对东正教作为一种文化及历史现象(注:着重号是作者加上去的),作为在各族人民的传统中体现的、曾经被俄罗斯人民广泛信奉的宗教并以各种形式等同于一种文化或亚文化等丝毫不感兴趣，而只关心有关道德伦理的基本教义。想象一下，这样说教式的长篇大论对于4、5年级的孩子是否受用？还应提到，库拉耶夫力图避免课文中充斥过多的宗教专业术语，为此引入了一些简单明了、易为学生及教师接受的新概念。殊不知，这些概念极易产生误导。

作者在文末给出了结论："有鉴于此，库拉耶夫的教科书不适用于世俗学校的世俗科目，只能作为东正教教学机构、补充教育中心，或者多多少少已经了解教义的听众的参考用书或者'东正教文化基础'课的补充材料。普通教育需要的是文化学而不是教义问答的方法，教科书需要的是符合孩子心理特点的编写方式及充满国情民风的内容。"[①]

在经历了如此多的批评之后，教科书还是按计划搬进了课堂。在经过实际使用之后的效果又如何呢？2010年10月，教科部社会委员会针对课程试行第一阶段举行了总结报告会。俄罗斯科学院通史研究院（институт всеобщей истории РАН）院长阿·丘巴里扬（А. Чубарьян）认为，教科书的内容过于专业，对于4—5年级学生来说充斥着太复杂的术语，理解上有诸多困难，无法适应学校教学；编写者不具备同该年龄段学生沟通的经验，课本更适合8—9年级的学生。[②] 会上还同时公布了一份于2010年5月对学生所作的社会调查的结果。针对"如果新课程在课堂上不能引起你的兴趣，原因是什么"的问题，大多数学生的回答是课堂内容枯燥，老师的讲解充斥过多的术语；教科书内容晦涩难懂。[③] 2011年由教科部与联邦教师进修与职业再培训学院联合发布的"2009—2011学年'宗教文化与世俗伦理基础'综合课程总结报告"，对教科书的评语为：1/3的学生对教科书感觉理解困难。教科书内容过难、篇幅过多，插图也和内容不对应，超出该年龄段孩子的理解和接受能力。由于教科书中充斥太多孩子

---

① Сахарных Д. М. Рецензия на учебник Кураева А. В. Основы религиозных культур и светской этики Основы православной культуры. 4—5 классы. М.：Просвещение，2010. – 95 с.：ил. //Педагогический родник，2010（№3），С. 35 – 38.

② Общественный совет обсудил первые итоги апробации комплексного учебного курса 《Основы религиозных культур и светской этики》，12，10，2010，http：//mon. gov. ru/press/reliz/7801/.

③ Зиганшина Н. Основы рекомендовано не расширять，13. 10. 2010，http：//www. gazeta. ru/social/2010/10/13/3428207. shtml.

们难以理解的复杂的定义和概念，教师们不得不在课堂上花大量的时间进行解释。① 2015 年，俄联邦教科部普通教育国家政策司的达·叶尔马科娃（Д. Ермакова）在对课程进行的数据分析中提到，教材中的语句复杂、内容晦涩难懂依然是教师和学生们反映最多的问题之一。②

从教科书的酝酿和出版过程不难看出，它的内容不可避免会存在宗教倾向，包括布道及教权化的宣传；而过短的出版周期则使教材的质量难以保证，包括最起码的校对工作都存在大量粗糙的疏漏。教科书的严肃性是必须得到保障的，尤其是当它的使用对象为尚无很强分辨能力的十岁左右的孩子时，而在遭到从专家、普通教师到孩子们自己对教科书的批评及负面评价之后，教科书还依然能堂而皇之地进入课堂，这不能不说是个值得深思的现象。

第四节　关于师资问题

梅德韦杰夫总统于 2009 年 7 月 21 日与传统宗教领导的见面会上确定了包括"东正教文化基础"在内的课程在联邦层面的试行，同时也特别指出，为保持课程的世俗性、避免向学生强行灌输某种宗教学说或文化观念，该课程不能由神职人员而是应由世俗的普通教师讲授。从梅氏的讲话至课程的试行，准备期限不足 10 个月，教科部称，依据课程试行的规模，大约需要 15000 名教师。在高校现开设一门为此课程培养师资的专业显然解决不了燃眉之急，为此，教科部责成联邦教师进修及职业再培训学院（以下简称进修学院）负责先培训一千名教师，由获得培训师资格的教师对本地区教师进行再培训，即每名培训师再负责培训大约 15 名教师。借助这种方式，自 2010 年 1 月初至 3 月底完成了对担任此课程教师的培训

---

① Министерство образования и науки РФ; Академия повышения квалификации и профессиональной переподготовки работников образования: Анализ апробации курса ОРКСЭ в 2009—2011 годах. http：//chipkro. ru/dfiles/93c9f0c27549645d7c77038cba6cd5da. docx.

② Ермакова С. Д. *Информация по вопросу изучения комплексного учебного курса 《 Основы религиозных культур и светской этики 》 в системе общего образования*, Материалы научно-практической конференции: Внедрение комплексного учебного курса 《 Основы религиозных культур и светской этики 》 в образовательных учреждениях в 2014—2015 году. 6—8 июня 2015г. Москва，ФГАОУ АПК и ППРО.

工作。同教科书的编写一样，在如此短的时间内完成教师的培训工作，无论是培训内容、培训质量还是培训效果都不能不大打折扣。这些仓促上阵的教师在课堂上的表现和教学效果也不禁让人怀疑。师资问题同样引起了社会人士的诸多质疑。

哪些人将担任该课程的教师？既然不能由神职人员担任教师，又缺乏成规模的神学或相关专业的高校毕业人才，各个学校只能就地取材。前来参加联邦进修学院培训班的绝大多数是小学的历史、语文、文学、音乐、美术课的教师，甚至还有体育教师以及教学任务不重的闲散教师或者不承担教学任务的小学校长、教务长以及地区教育管理部门的人员。由这些人士组成的培训队伍接受了 8 天共 72 小时的培训。接受培训的教师面对的是这样一些教学题目：您知道哪些宗教建筑，它们为什么而建？在基督教教堂中最基本的要素是什么？什么是圣像？为什么犹太人不认为犹太会堂（синагога）是他们的教堂？犹太会堂是按什么规则修建和装饰的？东正教与天主教教堂的区别是什么？据培训项目负责人奥·克鲁托娃（О. Крутова）称，培训现场人声嘈杂，前来参加培训班的并不是依据教科部要求的"应是国家专项教育项目中的优胜者"或者"具有多年教学经验的高年级教师"，很多人对来此的目的一无所知，甚至分不清"伦理"（этика）和"礼节"（этикет）的拼写区别，75% 的受训者缺乏对哪怕某一种宗教的深入了解。因此，以上那些题目对他们意味着什么可想而知。克鲁托娃还指出，这些人本身还带有个人宗教信仰的偏见，比如，当库拉耶夫走进课堂时，几度出现狂热的局面，现场的人争相亲吻他的手，请求得到他的祈福。克鲁托娃由此担心这些承载向学生传授文化知识而非宗教宣传的教师能否不将自己的个人信仰偏见带到课堂上。[①] 最后的考核方式分两部分：每个人要现场抽取题目讲解一堂课，同时提交一篇论文。进修学院的数据显示，940 位受训者中有 700 人通过考核获得了培训师资格，[②] 也就是说，有将近 25% 的人未通过考核。随后，这些在莫斯科刚刚

---

① Рожаева Е. *Учителя не готовы преподавать в школах «Основы религиозных культур»*，12. 02. 2010，http：//www. kp. ru/daily/24440/606394/.

② Калина И. *Не стоит преувеличивать религиозную составляющую курса " Основы религиозных культур и светской этики"*，14. 04. 2010，http：//pedsovet. org/content/view/8652/251/.

接受完培训的专家们现买现卖，又对本地区的同仁们传达了新鲜出炉的信息和知识。无怪乎有些受训者将这次培训和 4 月 1 日即将开始的课程实验比作"四月一日愚人节"一样的闹剧。尽管如此，教科部部长福尔先科在会见第一批培训师的讲话中仍对这支杂牌队伍给予了充分的支持，他甚至还主张，对于这样一个人文课程，物理和数学教师也能讲授，而且效果丝毫不亚于其他教师。[1]

这些教师是否真的能胜任？《教育》出版社的总编阿·康达科夫本人就曾有过十年讲授"世界宗教地理"课程的经历，他认为，这样一个涉及宗教内容的课程是极其复杂和微妙的，有极易给学校和社会带来纷争的风险。[2] 这其实对教师的知识水平和素质都提出了较高的要求。教师参考用书的责任编辑，科学院民族与人类学学院院长、院士瓦·季什科夫（B. Тишков）在接受《俄罗斯报》记者采访时称："绝大多数教师，尤其是小学教师都是非入教人士，对宗教知识了解甚少。有些人来到教堂或清真寺，知道一些祈祷词的就算不错了。"[3] 功勋教师、莫斯科第 1479 中学校长尼·库利科娃也认为："我们中大多数人对宗教既不是笃信，深入了解的也甚少。很多人来到教堂，点燃蜡烛，都只是形式而已。"[4] 因此，正如季什科夫提到的那样，"对于大多数教师来说都要从零学起。他们面对的是 350 多页的教参，没有插图、没有思考题、没有提示语和配套的课堂习题。那些晦涩的宗教术语就足够他们背一段时间的了，更别指望他们对一些概念和现象不混淆"[5]。库利科娃认为，这门课程要求教师首先不能是一位宗教狂热分子，否则，即使孩子们由于年龄关系对此觉察不到，

① Фурсенко предлагает преподавать основы религии учителям физики и математики，19. 02. 2010，http：//www. kommersant. ru/doc/1326149.

② Александр Кондаков，《В основе светской этики-Конституция России》//Русский News-week，http：//www. religare. ru/2_ 73906. html.

③ Авторы учебников рассказали 《РГ》，как будут преподаваться в школе 《Основы религиозных культур и светской этики》，26. 01. 2010，http：//www. rg. ru/2010/01/26/religiya. html.

④ Учеников нельзя делить по религиозному признаку-директор школы. 04. 09. 2009.

⑤ Авторы учебников рассказали 《РГ》，как будут преподаваться в школе 《Основы религиозных культур и светской этики》，26. 01. 2010，http：//www. rg. ru/2010/01/26/religiya. html.

家长也将会对此不满的，而精神及道德培养没有家庭的合作是不可能的。她还以自己学校的实践为例，认为普通的教师对于传授宗教性质的课程是不能胜任的："我们曾经邀请过'莫斯科演奏团'① 的福音书专家来讲座，她讲得如此生动有趣，孩子们不分民族和信仰，个个张大了嘴巴听得如醉如痴。她以自己甜美的嗓音、曼妙的语言、惟妙惟肖的阐述征服了小听众们，他们丝毫没觉得她的话里有什么强加和灌输的成分。而我们的教师就另当别论了，东正教讲完了，晦涩无味，除了对炼狱的恐惧，孩子们的记忆里什么都没留下……最好不要让上世纪 80 年代末曾经上演的闹剧重蹈覆辙，当时开设了'家庭伦理与心理学'，由于没能找到合格的、能胜任的教师，后来课程不了了之。"②

　　教育家娜·雅科夫列娃在《教师报》上撰文，认为中小学校无论在师资上还是在教学方法和教学内容上对开设此课都没有做好充分的准备。"我们过去十五年里，在造型艺术史课上将宗教作为文化与历史现象向学生们介绍。不言而喻，没有这门课是很难理解诸如'文艺复兴'、'俄罗斯艺术'等东西的。我们一直在对这门课程进行研究和修正，因为宗教课的传授需要格外小心。因此，如今这种未经深思熟虑仓促开始的课程实验，更多地让人感觉是政治噱头。"③

　　雅科夫列娃还举了一个生动的实例，介绍了一位教师依据安德烈·库拉耶夫编写的课本"东正教文化基础"在课堂上对"上帝"进行解释："'上帝'这个词汇本身表示的是一种莫名的存在。上帝创造了一切，但他却不被任何人所创造。上帝创造了世界和时间。因此，在我们这个世界开始之前是没有时间的。时间存在于事物正在发生和变化着的地方。上帝开始创造世界——这是第一个变化，也是时间初始的时刻。上帝自己是在世界和时间之外的。不依赖于时间的东西被称作永恒。上帝也不需要生

---

　　① Москонцерт：全称为国立文化组织"莫斯科演奏团"（Государственная учреждения культуры《Московская концертная организация》）。该团成立于 1931 年，当时的名称为：国立音乐、舞台表演及马戏团。它自苏联至当代俄罗斯一直是久负盛名的表演团体，团内工作着许多国内外知名的演员。

　　② Учеников нельзя делить по религиозному признаку-директор школы. 04. 09. 2009.

　　③ Яковлева Н. Эволюция отменяется//Учительская газета, 2010 （№.4）, http：//www. ug. ru/archive/30635.

命。生命要经常被塑造、被移动、被改变。有生命的地方就一定有变化，这意味着，就一定有时间。……而上帝是不需要这些的。他创造了大自然，赋予大自然以律法。因此，上帝也不受大自然律法的控制。上帝是万能的，包括他可以不仅仅为上帝。"① 总之，老师的话可以概括为：不知所云。

再看一位车臣学校的老师是如何利用普希金号召她的学生学习《可兰经》的："普希金曾被派往高加索，他非常热爱这里的穆斯林，尤其当人们告诉他，相信上帝一切就都会好起来的时候，他自己也想入伊斯兰教，但他最终没能，原因如何我就不得而知了。反正就是说，普希金也像我们的先辈一样号召我们学习《可兰经》。"老师得出了这样的结论。② 功勋教师阿·萨伊别季诺夫描写的老师的讲解则简洁得多："有一天老师突然对学生说，上帝已经存在了，不需要任何解释。"③ "老师们不会愿意去解释的，神学家们都难以解释，何况只接受了 72 小时培训的'专家'们呢。为什么数学教师和语文教师要在高校经过几年的培养，而宗教老师仅仅两个多星期就可以了呢？"④

截至 2015 年上半年，共有 68517 名⑤教师站在"宗教文化与世俗伦理"课程的一线课堂上，而据联邦教师进修学院院长叶·马列瓦诺夫（E. Малеванов）提供的数据，他们中只有约 5 千人接受了联邦教师进修学院的培训并通过了考核，⑥ 这一数字仅占到教师总人数的 7.3% 。2015

---

① Яковлева Н. *Эволюция отменяется*//Учительская газета，2010 （No.4），http：//www. ug. ru/archive/30635.

② Герасименко О. *Пушкин хотел сам взять исламскую веру，но не смог*，05. 05. 2010，http：//www. gazeta. ru/social/2010/05/05/3362767. shtml.

③ Яковлева Н. *Эволюция отменяется*//Учительская газета，2010 （No.4），http：//www. ug. ru/archive/30635.

④ Там же.

⑤ Ермакова С. Д. *Информация по вопросу изучения комплексного учебного курса 《Основы религиозных культур и светской этики》 в системе общего образования*，Материалы научно-практической конференции：Внедрение комплексного учебного курса 《Основы религиозных культур и светской этики》 в образовательных учреждениях в 2014—2015 году. 6—8 июня 2015г. Москва，ФГАОУ АПК и ППРО.

⑥ Анохин Д. *Основы православной культуры все более востребованы*// ЖМП：Цервоквый вестник，2015 （No3），http：//e - vestnir. ru/interviews/prednet_ opk_ 9093/.

年 10 月 21 日—11 月 5 日，俄联邦教师进修学院对来自全联邦 85 个主体中的教师代表做了问卷调查，调查结果显示，尽管有 94% 接受调查的教师通过各类讲习班、研讨会及网络平台参加了对课程的学习和讨论，但仍旧只有 61% 的调查者通过了各种级别的进修考核。① 俄联邦教科部普通教育国家政策司的达·叶尔马科娃在其报告中还对师资队伍的人员构成做了详尽的分析。她提到，在授课教师中，初等年级教师占到 66%，其他教师中，18% 来自历史及社会学课程教师，7% 为语文及文学教师，另有 9% 来自世界艺术文化及其他课程。报告同时指出，教师中还存在着年龄结构不合理的问题：很多学校返聘了已经退休的教师，这种情况在西北联邦区的比例高达 35%，在一系列联邦主体中，返聘退休教师的比例都在 30% 左右。② 从知识结构上看，在教科部社会委员会于 2010 年 10 月举行的课程实验第一阶段的总结报告会上，与会者一致认为，教师缺乏最基础的知识。许多教师缺少文化学、哲学及历史方面的知识。③ 2011 年 6 月由联邦教师进修学院对教师进行的调查问卷结果也显示，大部分教师感觉自己知识欠缺，尤其是对于某一具体模块的知识匮乏。④ 2015 年的各种调查报告分析依然表明，教师的知识结构没有得到根本性的改善。联邦教师进修学院从 68 个联邦主体收到了 404 份课程教学计划，这些教学计划内容充斥着各种低级可笑的常识性错误，尤其是当针对具体模块的内容时，教师知识的匮乏更显突出。能够同时讲授六个模块的教师成为师资最大的缺口，因此许多学校无法保证按模块进行授课，难以保证在课程后期综合部分的教学质量及最后考核评定的客观公正性。

---

① Анализ данных опроса：http：//orkce. apkpro. ru/.

② Ермакова С. Д. *Информация по вопросу изучения комплексного учебного курса 《Основы религиозных культур и светской этики》 в системе общего образования*，Материалы научно-практической конференции：Внедрение комплексного учебного курса 《Основы религиозных культур и светской этики》 в образовательных учреждениях в 2014—2015 году. 6—8 июня 2015г. Москва，ФГАОУ АПК и ППРО.

③ Зиганшина Н. *Основы рекомендовано не расширять*，13. 10. 2010，http：//www. gazeta. r u/social/2010/10/13/3428207. shtml.

④ Министерство образования и науки РФ；Академия повышения квалификации и профессиональной переподготовки работников образования：Анализ апробации курса ОРКСЭ в 2009—2011 годах. http：//chipkro. ru/dfiles/93c9f0c27549645d7c77038cba6cd5da. docx.

除此之外，对于每位承担课程任务的教师而言，在保证课堂教学工作量的基础上，除了需要提高自身知识结构及素质修养之外，在具体教学环节，也要为这一门新课程付出非常大的辛劳，包括为每一个模块制定详细的教学计划和教学大纲，如果每一模块按照 34 学时计算，就意味着，为了整个课程需要制定出 200 多个学时的计划和大纲，此外，还要付出精力组织课外各种实践活动。这在教师本来工作量就很大的情况下无疑是一个巨大的工作负担。因此，当各种问卷调查、访谈或总结递交上来的时候，教师抱怨最多的问题便是，该门课不仅增加了学生的课业负担，对教师来讲承担的工作量更多。在 2015 年课程官网公布的有关课程诸多负面评价中，增加学生及教师负担占到第一位就更不足为奇了。

可以看出，包括"东正教文化基础"在内的"宗教文化及世俗伦理基础"课程的师资是一个异常突出的问题。仅从目前的人员看，这支队伍普遍专业素质不高，知识修养偏低，教学专长混杂，老龄化突出，对增加的工作负担充满抱怨，缺乏足够的工作热情。而对于已经在全联邦范围展开的课程，国家对其在儿童青少年精神道德培养方面寄以厚望，其严肃性和重要性毋庸置疑。面对社会的广泛争论、专业而深奥的课程内容以及授课对象敏感而稚嫩的心灵，教师的责任尤其重大。也可以说，课程能否成功将直接取决于授课者。从这一点上看，授课教师还任重而道远。

小　结

俄罗斯国家的世俗性是受到宪法明确保护的。然而，这并不意味着宗教被完全排斥到国家之外。在宪法范围内，宗教组织依然享有组织宗教活动的权利，公民依然享有宗教信仰的自由，包括享有接受宗教教育的权利和自由，这也是由俄联邦《关于信仰自由和宗教组织法》以及《教育法》明确规定的。因此，宗教文化课程进入世俗普通教育体系，参与精神道德培养，是受到国家领导人的肯定与支持的，社会民众也是能够理解和认可的。只是，在宗教参与教育的过程中，由于过分强调传统宗教，而"传统宗教"的表述又缺乏明确的法律依据，还由于模块授课方式有将孩子们按不同宗教信仰区分之嫌，更由于课程的推进及教科书的编写加入了过多的宗教化色彩，所以在具体操作和实施中，民众感受到宪法的"任何宗教不得被确立为国家的或必须遵守的宗教"以及"宗教组织在法律面前一律平等"的宪法原则一次次遭到践踏，这样的问题不能不引起国民的质疑和争议。

同时，对于尚处在转型时期的俄罗斯社会，对于改革中的学校道德教育，如何借力传统宗教文化，挖掘其道德与价值体系中的有益成分，同时建构有效的结合机制，都处于理论与实践探索中。民众对授课方式及授课对象行为心理问题的讨论、对教科书编写者身份的质疑以及对教科书内容的详尽解读与剖析、对承担授课任务的教师文化与知识素养的忧虑，无不表现出他们对国家民族未来接班人思想精神道德教育问题的关切。各种问题的暴露，各种声音与观点的碰撞，这正是探索的意义之所在。

第四章　探索中前行：作为宝贵德育资源的传统东正教文化

第一节　虚无的一代：俄罗斯儿童及青少年精神道德现状

当代俄罗斯社会经历了苏联解体之初的巨大动荡，共产主义道德观念遭到抛弃。苏联时期人们普遍具有的集体主义价值取向越来越被个人主义、享乐主义、虚无主义所替代，社会的道德伦理观念越发淡漠，贪污受贿、投机倒把、杀人、自杀、酗酒、卖淫、吸毒、精神疾病、家庭暴力等现象层出不穷。俄罗斯科学院心理研究院的研究结果表明，俄罗斯社会自苏联解体以来的 20 多年间，社会道德状况呈现下滑的趋势，其中在 1998 年左右达到最低值，随后的十几年间呈现一个低水平波动的状况。1990—2008 年俄罗斯社会整体道德状况动态如图 4—1。

1997—2010 年间，俄罗斯腐败指数从世界第 49 位急剧变化为第 154 位（2010 年排名中共有 178 个国家），随后的 2011—2015 年五年间，腐败程度虽有所改善，但仍旧处于世界最腐败国家之列。① 2006 年，俄罗斯社会状况的一些指数中，"死于凶杀"、"死于意外酒精中毒"、"堕胎率"及"离婚率"这四项指标，在欧洲及独联体均排名第一。② 2008 年针对中

---

① 参见维基百科"Список стран по индексу восприятия коррупции"词条，http：//ru. wikipedia. org。俄罗斯清廉指数排名 2013 年列世界第 133 位，2014 年第 136 位，2015 年为第 119 位。

② Юревич А. В. *Нравственное состояние современного общества*，Социологическое исследование，2009（No10），С. 70—79.

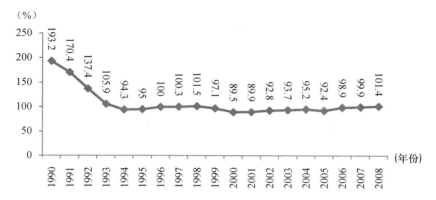

图4—1   当代俄罗斯社会道德状况发展指数（1996 年指数值设为100%）

数据来源：*Юревич А.* "*Асоциальная социализация*" *как основа нравственной деградации общества // Вестник РАН. Т.* 81. 2011. №1. *С.* 5.

东欧主要国家进行的社会道德状况调查的数据依然显示，俄罗斯社会整体道德状况在这些国家中处于最低水平（详见图4—2）。俄罗斯国立社会大学校长、科学院院士瓦·茹科夫（*В. Жуков*）称，俄罗斯每年堕胎数达300 万—400 万；与此同时离婚率也居高不下，结婚与离婚的平均比例为100∶60。① 2012 年初，东正教牧首基里尔在接受俄罗斯国家电视台采访中也指出，到目前为止，俄罗斯的堕胎率和离婚率依然居欧洲之首。②

科学院心理研究院副院长、通讯院士安·尤列维奇（*А. Юревич*）痛心地指出："俄罗斯是一个'好人—坏社会'的怪异国家，任何一个个体都可以做出令人嫌恶的行为，其他社会成员尽管对此进行谴责，却不能予以制止。社会表现出来的不仅仅是尖锐的道德问题，还有大多数成员对这个社会的冷漠以及对非道德行为抵抗力的降低。""俄罗斯社会正在形成一个'罪恶的财团'，其成员不仅包括那些一贯违反道德准则的人，还包括了那些为这些行为辩护、蛊惑社会意识、赋予其正当理由的所谓的思想家们。这里正在进行的是一场'罪恶的极端化'进程：它以一切最极端

① В. России совершается 3—4 млн. абортов ежегодно, и более половины супругов разводятся, 29. 07. 2011, http：//www. interfax – religion. ru/? act = news&div = 41290.

② Рождественское интервью Святейшего Патриарха Московского и всея Руси Кирилла телеканалу "Россия-1", 09. 01. 2012, http：//www. religare. ru/2_ 91662. html.

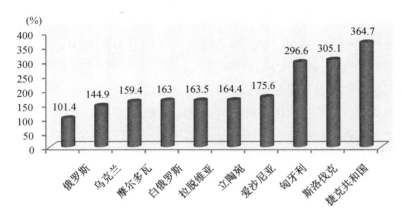

**图4—2 2008年俄罗斯及中东欧国家社会
道德状态指数（设定俄罗斯1996年指数值为100%）**

数据来源：*Торгашев А. русская нравственность оказалась хуже украинской*, 28. 11. 2010. *htt p：//vlasti. net/news/*110928.

的形式表现出来，还要加上不仅以违反道德规范、而且以摧毁原有的道德体系为其目的的反道德行为。"① 尤列维奇断言："可以毫不夸张地说，当今的俄罗斯在道德伦理上正经历着整个国家历史上最艰难的时期之一。"也有社会心理学家们将今日的俄罗斯社会概括为：一个半传统、部分现代化和部分崩溃的社会。俄罗斯民众的社会心理状态则可以概括为三个词：贪婪、功利和自私。俄罗斯社会的"道德蒸发"与民众的"倦怠与冷漠"对儿童、青少年，乃至青年一代人的影响已经产生了严重的社会后果。

俄罗斯科学院心理研究院在2012年出版的《当代俄罗斯社会道德性——心理学研究》一书中列举了一系列当前俄罗斯社会精神道德状况对青少年一代造成的影响：在当代俄罗斯，每年有2000多名儿童成为杀人犯罪案件的受害者从而导致身体上的严重伤害；2009年后，俄罗斯未成年人的"自杀率"排在世界第一位；有200多万儿童受到父母的虐待，5万多儿童离家出走，2.5万未成年人失踪；有12%的青少年吸食毒品；

---

① Журавлев А. Л. , Юревич А. В. , *Нравственность современного российского общества-психологический анализ*, Издательство 《Институт психологии РАН》, М. : 2012. С. 6—7.

世界传播的儿童淫秽作品中，20% 多的产自俄罗斯；约 4 万学龄儿童辍学，有 400 万儿童及青少年处于社会底层。[①] 15 岁以上儿童获得初等及基础普通教育的人数从 20 世纪 50 年代末至 2010 年分别减少了 54% 及 83%（详见图 4—3），抛开人口自然减少的因素，这一比例值差依然相当大。儿童犯罪率增长速度是社会总犯罪率上升速度的 15 倍；约 5 万少年犯在押，是 20 世纪 30 年代苏联时期的 3 倍还要多。[②] 2000—2008 年未成年人犯罪比例均占总犯罪数的 10% 以上，其中 16—17 岁的少年犯罪占到未成年人犯罪总数的 70% 以上（详见表 4—1）。

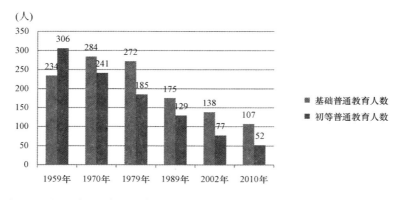

图 4—3　俄罗斯 15 岁以上青少年获得初等及基础普通教育的人数（每千人）

数据来源：*Российский статистический ежегодник*, 2015. *http*：//*www. gks. ru.*

表 4—1　　　　　　　　　未成年人犯罪情况（2000—2008 年）　　　　　　（人）

	2000 年	2005 年	2008 年
未成年人犯罪总人数	177851	149981	107890
占犯罪总人数的比例	10.2%	11.6%	8.6%
按照年龄			

---

① 以上数据综合引自：Журавлев А. Л.，Юревич А. В.，*Нравственность современного российского общества-психологический анализ*，Издательство《Институт психологии РАН》，М.：2012. C. 6—10.

② 同上。

续表

	2000 年	2005 年	2008 年
14—15 岁犯罪人数	49293	44559	29615
占未成年人犯罪总人数的比例	27.7%	29.7%	27.4%
16—17 岁犯罪人数	128558	105422	78275
占未成年人犯罪总人数的比例	72.3%	70.3%	72.6%

数据来源: Дети в России. 2009. Статистический сборник. М. : ФГБНУ 《Росинформагротех》.

　　科学院心理研究院的尤列维奇还列举了其他典型现象:毒品可以在学校买到;电视和广播里充斥着各种污言秽语、脏话黑话;互联网上详细播放着学生如何殴打自己的老师;充满攻击力的少年在车上朝着老年人示威,坚决不让座位,如果有谁胆敢说上几句,那就要小心脑袋了;一群年轻人对在其身旁牺牲的人哈哈大笑……这绝不是危言耸听,在位于莫斯科西南 100 多公里的科利丘吉诺市,一伙醉酒的少年在卫国战争胜利纪念碑前,将一位试图劝说他们的人打死并就近用纪念碑旁的"永恒之火"将其焚烧。[①] 所有这一切都不是恐怖片的画面,而是真实的生活。尤列维奇对儿童青少年的道德状况表示了深切的忧虑。他认为:"如今的青年人已经丧失了将区分'善与恶'作为道德伦理意识和行为的根本。"尤列维奇借用俄罗斯杰出的哲学家索洛维约夫描述非洲部落对于区分善与恶的标准来映射当今的俄罗斯社会:"恶——就是当邻居攻击我,把我打到半死,抢走我的牲口和妻子。善——就是当我去攻击邻居,把他打个半死,抢走他的牲口和妻子。当今的俄罗斯社会区分善与恶的标尺丝毫不逊色于非洲部落。然而,我们的 90 后和 00 后甚至将这样的标准也抛弃了,他们的标准很简单:'有利可图还是无利可图'、'酷还是不酷'。"[②] 美国著名的俄国文化史学家、俄罗斯问题专家詹姆斯·比灵顿这样概括:"俄罗斯年轻人实际上是'虚无的一代',这种源于'个人至上的'、西方正散布着的

① Юревич А. В., *Нравственное состояние современного российского общества*// Социологическое исследование, 2009 (№10), С. 70—79.

② Журавлев А. Л., Юревич А. В. *Нравственность современного российского обществапсихологический анализ*, Издательство 《Институт психологии РАН》, М. : 2012. С. 7.

'利润至上的传道书'的全球虚无主义，正一点点掏空俄罗斯民族的灵魂。"①

　　正是基于俄罗斯社会、俄罗斯青少年一代严峻的道德伦理状况，俄联邦于 2008 年出台了《俄联邦儿童精神道德培养与道德保护国家政策构想》，2009 年又出台《俄罗斯公民个性精神道德发展与教育构想》和《俄罗斯中小学生精神道德培养构想》。2010 年，推出《关于儿童健康发展信息保护法》，2012 年继续推出《2012—2017 年为了儿童的国家行动战略》。与此同时，无论是普京还是梅德韦杰夫，在任职总统期间都不止一次地强调用爱国主义和传统价值观来加强国民的精神道德水平和俄罗斯民族与国家的凝聚力。为此，2001 年迄今，连续出台了四个有关公民爱国主义教育的国家纲要：即《俄罗斯联邦公民爱国主义教育国家纲要（2001—2005 年）》《俄罗斯联邦公民爱国主义教育国家纲要（2006—2010 年）》《俄罗斯联邦公民爱国主义教育国家纲要（2011—2015 年）》和《俄罗斯联邦公民爱国主义教育国家纲要（2016—2020 年）》。

　　另外值得注意的是，普京于 2000 年在上任后的第一个圣诞节祝辞中着重突出了东正教对俄罗斯国民的道德伦理建构方面的作用："东正教在俄罗斯历史上一直起着特殊作用。它不仅是每个信教者的道德准则，也是全体人民和国家不屈不挠的精神核心。以博爱的思想、良好的戒律、宽容和正义为本，东正教在很大程度上确定了俄罗斯文明的特质。"②梅德韦杰夫任总统伊始，就把儿童及青年的精神道德培养提上日程，同时也特别强调了宗教道德伦理价值体系在完成这一任务时的特殊意义。在会见俄罗斯各传统宗教代表时梅氏提到："俄罗斯各民族的宗教传统及其人道主义倾向就是我们社会的道德源泉。不同文化之间的人们彼此尊重，相互热爱，患难与共，同时充满了对祖国和家庭的热爱，用诚实的劳动创造生活——多少世纪以来在俄罗斯这片土地上无数宗教苦修者为我们树立了公民社会

---

① ［美］詹姆斯·H. 比灵顿：《俄罗斯寻找自己》，杨恕译，兰州大学出版社 2007 年版，第 137 页。

② 俄罗斯《消息报》，2000 年 1 月 4 日。转引自国家宗教事务局宗教研究中心编写《当代世界宗教问题》，宗教文化出版社 2007 年版，第 234 页。

的典范。"① 他随后也多次着重指出："我们国家的发展任务要求对青少年一代的教育与培养问题给予经常的关注，这种教育与培养要以尊重传统道德价值观和爱国主义理想为精神。"② 与此同时，学术界、政界、文化界等社会各阶层，也都积极探索使社会的精神道德建设走出困境的道路。在为儿童及青少年一代选择精神及道德培养的基础时，东正教作为传统文化资源和最优选择之一走进人们的视野。

第二节　由"苏联人"变为"俄罗斯人"：东正教与俄罗斯国民的文化认同

针对东正教文化参与学校的德育改革，政教双方尤其热衷于强调绝大多数俄罗斯国民的东正教信仰，并拿东正教与俄罗斯民族认同的密切关系说明借助东正教传统文化加强国民的精神道德水平建设具有广泛的国民基础。那么，当代俄罗斯国民信仰及民族认同状况究竟如何呢？

随着 1991 年国家的解体，苏联已不复存在。苏联社会主义制度存在的近 70 年里，俄罗斯人的心理意识、民族及文化认同观都发生了极大的变化。正如两位社会学家基·卡利安涅恩（К. Каариайнен）和德·弗尔曼（Д. Фурман）所言："如果说在十月革命前俄国人认为自己是俄罗斯人，那么十月革命后则变成了认为自己是苏联人；如果说在十月革命前俄国人认为自己的文化是东正教文化，十月革命后则认为自己的文化是苏联社会主义无神论文化了。然而，1991 年国家的解体使情况再次发生了戏剧性的颠覆：如果说在苏联时代，俄罗斯人认为自己是苏联人，自己的文化是无神论文化，那么 1991 年以后的俄国人则认为自己是俄罗斯人，自己的文化是东正教文化了。这里，相信自己的文化是东正教文化并不意味着这些人信仰东正教。也就是说，在这个问题上，东正教并不意味着一种信仰，而是意味着一种民族认同感：如果说在苏联时代，苏联＝俄罗斯，

① Медведев призвал искать истоки общественной морали в религиозных традициях народов России. 12. 03. 2009，http：//classic. newsru. com/religy/12mar2009/gossovet. html.

② Приветствие Президента России Д. А. Медведева участникам XX Международных Рождественских образовательных чтений，22. 01. 2012，http：//www. patriarchia. ru/db/text/1971995. html.

那么在后苏联时代，俄罗斯＝东正教。"① 美国观察家威廉·沃特斯
（William Swatos）认为，苏联解体后，俄罗斯和前苏联各加盟共和国都发
生了各种不同的宗教复兴，这不能不为人们所关注。思考宗教复兴的意
义，对俄罗斯人来说，正是一个把宗教作为社会认同因素的过程。②

　　俄罗斯国民的信仰及民族认同是否正在发生变化？卡利安涅恩和弗尔
曼在《俄罗斯 90 年代宗教性》一书中这样描述国民对"您是否相信上
帝"这一问题的回答：1991 年肯定回答者的比例为 23％，1999 年则为
40％。此间宣称自己为无神论者的比例从 35％降至 5％（他们其中一部分
人转为选择比较折中的选项"不信教者"，而该选项在 1991 年的比例为
7％，1999 年为 22％）。③ 全俄社会舆论研究中心（ВЦИОМ）于 2010 年 3
月公布的统计数据表明，2005—2010 年俄罗斯国民信教者的比例自 80％
增至 83％左右，不信教者的比例由 13％降至 8％。④ 而另一项由俄罗斯尤
里·列瓦达调查中心（Аналитический центр Юрия Левады）于 2011 年 9
月进行的调查显示，俄罗斯国民信教者由 1991 年的 32％升至 2011 年的
75％左右；与此同时，不信教者的比例由 61％降至 22％左右。⑤ 综合来
看，2005—2010 年俄罗斯国民东正教信仰者的比例由 72％增至 75％；而
自苏联解体的 20 多年来，俄罗斯东正教信仰者的比例由 31％增至 69％。
由此可以得到一个大致的图谱，即苏联解体后，俄罗斯国民信教者正在不
断增加。随着信教者人数的增加，东正教信仰者的比例也呈上升的趋势。

　　然而，事实并不像数据显示的那么简单。由于判定一个人到底是不是
"信徒"（верующий），或者说是否"入教过宗教生活"（воцерковление）

---

　　①　Киммо К.，Фурман Д. *Старые церкви，новые верующие-Религия в массовом сознании
постсоветской России*，Летний САД. М.；СПБ.：2000，C. 15.

　　②　William H. Swatos，Jr.，ed.，*Politics and Religion in Central and Eastern Europe Traditions
and Transition*，Pracger，Westport，Connecticut，1994，pp. 85 – 86.

　　③　Фурман Д. Е.，Каарилайнен К. *Религиозность в России в 90-е годы XX-начале XXI
века*. РАН. Ин-т Европы. М.：Издательство "ОГНИ ТД"，2006，C. 19.

　　④　ВЦИОМ，Пресс-выпуск №1461，30.03.2010：http：//wciom. ru/index. php？id　＝
515&uid ＝ 13365.

　　⑤　Религиозная вера в России：26.09.2011：http：//www. levada. ru/26 – 09 – 2011/reli-
gioznaya – vera – v – rossii；另可参见 В России 69% православных и 5% мусульман-опрос，
08.11.2011，http：//www. interfax – religion. ru/？act ＝ news&div ＝42137.

的标准很难界定，一些社会学家认为，只要被调查者自己认为属于哪个宗教就可以了，而另一些社会学家则认为，考虑的因素不仅仅包括信教者的自我认同问题，还应包括他们对相应宗教学说、教义的认知程度、参与宗教生活的积极程度等。根据不同的标准，俄罗斯东正教信仰者的比例会形成 4%—6% 至 70%—80% 的巨大浮动范围。卡利安涅恩和弗尔曼称，绝大多数称自己为"东正教信仰者"的都只是停留在口头上：1999 年，只有 1% 的受调查者经常同神职人员交流。79%（其中 61% 称自己为信教者）的人回答"从不与任何神职人员交流"。完全遵守斋戒的只有 4%，44% 的人称从未打开过《圣经》。基于这样的调查结果，两位社会学家不得不将"传统的信徒"（традиционный верующий）和"当前的信徒"（настоящий верующий）区别为两个不同的范畴。属于前者的东正教徒包括：①将自己认同为信教者；②相信上帝；③认为自己是东正教追随者；④或者每月光顾教堂不少于一次，或者经常祈祷。这样的人 1996 年为 6%，1999 年为 7%。如果再加上更严苛的条件，诸如遵守斋戒、经常领圣餐、读过哪怕《新约》的某部分等，那么所谓"传统的信徒"将不复存在。① 尤里·列瓦达调查中心在调查中同样证明了这一点。每周都去教堂的，1991 年占被调查人数的 1%，2007 年占 2%；从不去教堂领取圣餐的人 1998—2007 年从 68% 升至 78%；另一个调查数据更耐人寻味：在宣称自己是东正教信仰者的被调查者中，1991—2011 年每周去教堂领圣餐的从未超过 1%，而从未领取过圣餐的 1991 年为 86%，2011 年为 65%。从不祈祷的人数在 2008 年占被调查总人数的 34%，每周都坚持祈祷的人只占 3%。② 全俄社会舆论研究中心的调查数据也同列瓦达的数据基本吻合：2006—2010 年，每天都完成宗教仪式的人数在 3%—4%，而从不完成任何宗教仪式的占 32—37%。③

很显然，当代俄罗斯国民宗教性的内涵是值得深入探究的。许多社会

---

① Фурман Д. Е.，Каарилайнен К. *Религиозность в России в 90-е годы XX-начале XXI века*. РАН. Ин-т Европы. М.：Издательство "ОГНИ ТД". 2006，С. 20.

② Религиозная вера в России：26. 09. 2011：http：//www. levada. ru/26 – 09 – 2011/religioznaya – vera – v – rossii.

③ ВЦИОМ，Пресс-выпуск №1461，30. 03. 2010：http：//wciom. ru/index. php？id = 515&uid = 13365.

学家认为，这种现象只能说明，人们在给自己作宗教定性的同时往往将其与民族及文化认同密切相联。卡利安涅恩和弗尔曼还揭示了一个非常有趣的现象：在 1999 年，82% 的受调查者宣称自己是东正教追随者（православный последователь）。他们中包括 98% 的信教者（верующий），90% 的摇摆人士（колеблющийся），50% 的不信教者（неверующий），42% 的无神论者（атеист）。也就是说，宣称是东正教追随者的多于信仰东正教的人。这显然不符合"正常"的逻辑，但这是事实：在当代俄罗斯，"东正教追随者"的概念不包含在"信教者"（верующий）概念里，恰好相反，"信教者"的概念成为"东正教追随者"概念的一部分。两位社会学家还认为，俄罗斯社会在第二个千年来临之时已经形成了真正的"亲东正教共识"（проправославный консенсус）：1999 年有 94% 的受调查者称，他们对东正教的态度为"友好"及"非常友好"。①

尽管各种调查数据之间存在些许的差异，信教者的界线与标准也未成定数，但一个总的趋势是明显的：俄罗斯国民信教者的数量在增加；对那些宗教生活表面和仪式上的东西人们基本上是淡漠的，他们更注重的是宗教所承载的民族及文化的内涵与外延。东正教追随者的增加从一个侧面反映了一个事实，即国民对于东正教的民族及文化认同越来越趋于一致。这正是对民族文化延续性的一种回归和传承。无论如何，东正教在俄罗斯的历史同这个国家和民族的历史几乎同样悠长，这是无法否认和割裂的。在审视俄罗斯精神与思想的内涵以及与此密切相连的俄罗斯民族认同感及价值观时会发现，东正教不仅仅代表着一种宗教信仰，在同俄罗斯民族共生的千余年来，它已深深融入俄罗斯民族心智与价值体系中了。别尔嘉耶夫曾经这样指出俄罗斯民族与东正教的密切关系："俄罗斯民族，就其类型和精神而言，是一个信仰宗教的民族。俄罗斯的无神论、虚无主义、唯物主义都带有宗教色彩。"② 如此看来，东正教与俄罗斯民族认同的关联性

---

① Фурман Д. Е. , Каарилайнен К. *Религиозность в России в 90-е годы XX-начале XXI века*, РАН. Ин-т Европы. М. : Издательство "ОГНИ ТД" . 2006，C. 32.

② ［俄］尼·别尔嘉耶夫：《俄罗斯思想》，生活·读书·新知三联书店 1995 年版，第 245 页。

也的确为东正教文化课程进入世俗普通教育体系、参与德育改革提供了一个绝好的文化前提与民众基础。但同时，普通民众对于东正教信仰及东正教民族认同问题的模糊与混淆也正是东正教课程开设存在各种争议的原因之一。

第三节　民族凝聚力：东正教与爱国主义

爱国主义对于像俄罗斯这样一个拥有广袤疆域、地理和气候条件严酷以及居住着如此多来自不同民族、宗教和种族的居民的国家，具有非常独特的现实意义。俄罗斯教育科学院院长尼·尼康德罗夫院士认为，东正教在俄国历史上所表现出来的对于国家统一和完整的卓越贡献以及对祖国强烈的热爱，对于当代俄罗斯是最宝贵的教育资源之一。东正教教诲教徒们热爱自己的祖国和人民，并以实际行动展现这种伟大的爱。依照基督耶稣的训诫："如果一个国家自己分散了，就不可能再成为一个国家；如果一个家散了，就不能再是一个家。"同时，东正教所诠释的爱国主义绝不仅仅体现在对教徒的训诫上，在整个俄国历史发展中，东正教成为俄罗斯民族爱国主义的最坚强的力量和最有力的象征。东正教逐渐成为俄罗斯人民对抗外族入侵、挽救国家于危难、维系民族团结与国家统一的一面旗帜和精神纽带。

在13—15世纪罗斯人对抗蒙古—鞑靼人统治以及在驱逐周边民族入侵的过程中，东正教的教士们以布道的形式安慰国民，为罗斯祈祷，呼吁罗斯王公结束内讧一致对外，号召罗斯人民团结起来同仇敌忾。1240年，正当鞑靼人的铁蹄践踏罗斯土地之时，瑞典人乘虚入侵诺夫哥罗德公国，诺夫哥罗德王公"涅瓦王"亚历山大·雅罗斯拉维奇（1220—1263）率军击退了敌军，捍卫了公国领土的完整；两年之后，他再次率军对抗日耳曼条顿骑士团，取得了楚德湖畔战役的胜利。东正教会为此将涅瓦王亚历山大封为圣人，他的名字和功绩通过东正教会的传播深入罗斯人民心中，鼓舞和激励着罗斯人民忍受暂时的苦难，为民族尊严和东正教信仰而斗争。正是在这种信念的支撑下，罗斯人于1380年在顿河畔的库里科夫原野上首次战胜了蒙古军队。而这次战役的挂帅者、莫斯科大公"顿河王"季米特里·伊万诺维奇（1350—1389）和他的士兵们在临行前接受了圣三一修道院院长、圣谢尔吉长老的祈祷和祝福。当顿河王同他的军队打败蒙古人凯旋而归的消息传遍罗斯大地，人们认为这正是"神的恩赐"。谢尔吉被后人视为民族英雄，顿河王也因此得到东正教会的封圣，他的光辉战绩再次激发了罗斯人的爱国热情，坚定了罗斯人摆脱蒙古统治的信心。一个世纪之后，罗斯人民摆脱了异族奴役的枷锁，走上了民族独立的道路。

在16—17世纪初的混乱时期，俄国僭称王当政，波兰和瑞典干涉军大敌压境，国家处于生死存亡之际，东正教会再次扛起民族团结大旗，成为俄国爱国力量和民族解放力量的主要参与者。全俄第三届牧首格尔莫根（Гермоген，1606—1612年任职）向全国各教区发布倡议书，号召人民将侵略者赶出莫斯科，他自己也因拒绝为波兰统治者效忠而在幽禁中绝食自尽。位于莫斯科郊外的圣三一谢尔吉修道院被波兰军队包围，在院长的带领下成为抗击侵略者的坚强堡垒。许多修道院还为由商人米宁和波扎尔斯基公爵组织和领导下的民军（народное ополочение）慷慨捐资。在"把莫斯科从波兰人和异教徒手中解放出来"[①] 的号召下，1612年10月22日[②]俄国民军终于突破了莫斯科的中国城，波扎尔斯基手捧喀山圣母像庄严地进入城内。6天后，波兰人被赶出克里姆林宫，俄国国土解放。为感谢圣母对俄国人民的保佑和庇护，沙皇阿列克谢·米哈伊洛维奇于1649年下令，将10月22日定为喀山圣母纪念日并宣布它为全国性的节日。这一节日在俄罗斯隆重庆祝了三百多年，直至1917年。[③]

卫国战争期间，尽管东正教会受到当局的排挤和迫害，它仍旧为抗击法西斯侵略、保卫国家做出了不可磨灭的贡献。卫国战争伊始，都主教谢尔吉随即发表告全国东正教教徒书，号召人民为保卫祖国而战，积极参军、参战和捐款。战争期间，许多神职人员和教徒的身影活跃在战争的前

---

① ［苏］波克罗夫斯基：《俄国历史概要》（上册），贝璋衡、叶林等译，生活·读书·新知三联书店1978年版，第101页。

② 这是按照儒略历的日期，按格里高利历这一天是11月1日。儒略历与格里高利历每400年差3天，即在21世纪这一天将是11月4日。这一日于2005年再次成为全国性的节假日，即"民族团结日"，定在11月4日。

③ Ананичев А. *Казанская икона Божией Матери*, М.：ООО "Издательство" РОСМЭН-ПРЕСС"，2004，С.3.

线和后方。他们或者参加游击队直接打击敌人，或者为游击队提供援助，或者组织救援队救死扶伤，或者为前线输送食品和军需物品，或者对参战将士家属进行慰问。东正教会还募集了3亿卢布的捐款，组建了"顿河王"季米特里坦克纵队和"涅瓦王"亚历山大飞机作战队。

正是基于这样的历史传承，东正教成为一种形象和精神，无论人们的立场和政治观点有多么不同，无论人们身在何处，它都是俄罗斯民族的一种团结和普遍的力量，这一点即使在苏联时代也没有变化。那些身处异乡的俄罗斯人在区分"我们"和"他们"的时候，东正教总是成为"我们"这个社团的标志物。正如已故的阿列克谢二世牧首在进入第21个千禧年之际所表述的："俄罗斯东正教会曾经是，也将继续是促进俄罗斯民族精神的力量，是创造俄罗斯精神文化、维系国家统一与完整的力量。"①

第四节　民族之魂：东正教与俄罗斯民族价值观

价值观在民族文化中处于核心地位。"一般来说，价值观是由一系列价值原则组成的。价值原则凝聚了人们对善恶、美丑的最基本的看法。正是相互关联的价值原则，构成了文化的价值系统。"② 在人的思维模式及价值取向形成过程中，宗教伦理作为一种潜在的因素，发挥着重要的作用，其社会功能可以通过对人精神与行为方式的影响来影响现实社会。俄罗斯民族在其历史发展过程中形成了体现其价值观的独特伦理道德体系。俄罗斯历史与基督教历史是分不开的，自罗斯受洗以来，东正教逐渐铸就了俄罗斯传统伦理道德观念的基本精神，构成了俄罗斯民族价值观的内核与整个社会的精神支柱。直至当今的俄罗斯社会，在人们的意识中，东正教与俄罗斯人的伦理道德生活依然密切相关。列瓦达调查中心的数据也显示，42%的国民认为宗教首先能给人日常的伦理及道德生活提供一个规范，起到净化人心灵的作用。③

---

① Никандров Н. Д. Духовные ценности и духовно-нравственное воспитание в современной России//Педагогика，2008（№9），С. 6.

② 张岱年等：《中国文化概论》，北京师范大学出版社2004年版，第258页。

③ Религиозная вера в России：26. 09. 2011：http://www.levada.ru/26 – 09 – 2011/religioznaya – vera – v – rossii.

在东正教美学中保留着人类最古老和最美好的道德伦理价值观，如：和平与博爱、互助与友善、公正与平等、良心与良知、慷慨与热情、感恩与感念、宽容与仁慈、忠诚与衷心，良知与忏悔、忍耐与顺从、谦逊与善良、爱与真理、舍己与奉献、劳动与无私等。除此之外，历史上东正教的节日和仪式还与俄罗斯人的日常生活、家庭、社区都紧密地联系在一起。米罗诺夫在《俄国社会史》中将俄罗斯农民的村社生活原则概括为 17 条，在将这些原则与圣经戒律加以对比时，他得到了一个极富深意的发现："在村社生活的原则中，我们极易找到摩西十诫的影子。第一条原则规定，村社农民不能指望自己，而要信赖上帝和上帝的无限仁慈。第二条则写道，村社反对农民对财富、美食、权利、骄傲和虚荣顶礼膜拜。以上帝的名义发誓，在村社的各项事务中起着举足轻重的作用。而违背誓言与承诺会被视为犯了第三条和第九条戒律中所说的大罪和罪孽。严禁在节日和斋戒日工作的第四条原则与摩西戒律中严禁在礼拜天和其他节日工作一致。第五条原则中要求孝敬父母（牢记，沙皇被尊为父亲）与摩西戒律中服从老人和父母的决定一样。第七条原则对夫妻背叛持严厉的否定态度与摩西戒律如出一辙。而第七和第八条坚决反对杀人和偷窃与摩西戒律也无二样。要知足的第十条也无异于摩西对其信徒的训诫。"① 值得注意的是，村社制度是俄罗斯人民在历史上形成的基本组织和社会基石，人们的伦理原则以村社为本位，正是由于东正教道德与村社伦理原则的高度契合，才使东正教伦理道德能深入俄罗斯民众心中并具有顽强的生命力。

与基督教的其他教派相比，东正教伦理观还具有自己的独特性，其中最突出的特点之一是强调集体意识。集体观也是俄罗斯人民价值观体系的重要组成部分。俄罗斯的传统集体观与村社和村社精神紧密相连，但更受东正教精神的浸润。东正教强调共同的宗教信仰和共同的宗教生活，注重"共同"的心理感受。正如斯拉夫派的代表人物阿·霍米亚科夫（А. Хомяков，1804—1861）在提出俄罗斯东正教文化中的"聚合性"（соборность）原则时所指出的，它是"教徒们在共同领会真理和共同探索拯救之路的事业中以教会为基础的自由统一，是建立在对基督和神规的

---

① *Миронов Б. Н.* Социальная история России периода империи，2-е изд.，Т. 1. СПБ.：2000，С. 454 – 455.

共同之爱基础之上的统一"。①"聚合性"原则是俄罗斯民族"群体意识"产生的主要思想根源,而促使它成为一种现实的社会实践的正是组织宗教生活和宗教节日庆典的村社。可以说,俄罗斯传统的集体观是教会集体主义与村社集体主义彼此融合的产物。这种集体观崇尚共同性,注重整体的和谐与个体间的平等、平均与互助。即在共同的宗教信仰、共同的生活和共同的参与基础上个人对集体的认同与归宿,在承认整体的绝对权威和绝对话语权的前提下提倡同心协力、和谐友爱、平等平均。

在挖掘东正教价值体系对于提升社会精神道德水平的建设作用时,尼康德罗夫尤其指出了东正教中的劳动价值观。俄罗斯民族劳动价值观的形成同其所处的自然条件有着密切的关系。俄罗斯历史学家克柳切夫斯基曾这样描述:"俄罗斯人深知,必须珍惜夏日里晴朗的劳作时间,大自然给他们适合耕作的时间很少,而且,俄罗斯短暂的夏天还会因为反常的阴雨天气而缩短。这就迫使俄罗斯农民抓紧时间干农活,在短时间里干出更多的活,及时地收割田里的庄稼,之后,等待俄罗斯人的就是无所事事的秋天和冬天。"② 因此,俄罗斯人擅长在短时间内快速、热烈而紧张的高强度劳动。与此同时,人们对劳动的态度则受到东正教传统教义的影响,无怪乎俄语中有句谚语:"嘴里常祈祷,手中常有活。"东正教中最重要的问题就是人的救赎,东正教的劳动伦理也基于这一主要问题,即劳动或者有助于或者有碍于人的救赎。人类的罪恶或放纵都有碍于救赎,如果劳动成果加倍了人的罪恶和放纵,这样的劳动被视为恶的,不予以鼓励。反之,则是提倡的。东正教中存在着"合乎神意的事业"以及"不合乎神意,即非善事"的概念。当一个人的劳动目的仅仅是为了享乐、纵欲和狂欢等,这就"非善事",那些以烟草、酒精、性交易为目的的生产也是"非善事"。而"合乎神意的事业"是那些有益于人和社会、具有社会意义的事业。对大自然及自然资源怀有敬畏及珍爱之心的事业也属于"合乎神意的事业"。所以,东正教的劳动伦理总是让人将注意力首先关注那些具有社会意义、关切人与自然的事业,哪怕在这一过程中会有所损失,减少

---

① ［俄］尼·洛斯基:《俄国哲学史》,贾泽林等译,浙江人民出版社1999年版,第34页。

② ［俄］克柳切夫斯基:《历史的肖像》,莫斯科,真理出版社1990年俄文版,第57页。转引自荣洁《俄罗斯民族性格和文化》,《俄罗斯中亚东欧研究》2005年第1期,第68页。

利润。东正教劳动伦理从未将利润放在首位，只是将其看作劳动过程的一部分，只有用干干净净的良心换得的利润才有救赎的意义。就个体而言，劳动与精神相连，每个人应该尊重并意识到其他人参加劳动的价值，每个人都应该不损害他人利益，在劳动中尽可能对他人提供帮助和支持，分享经验，充满仁慈之心地使用和支配财富。每个人都不能被看作是"挣钱的机器"，相反，劳动是实现个人潜质的能力，要使自己的劳动成为美的精品。

对现代精神道德教育尤其具有重要意义的是东正教关于家庭的价值体系。著名东正教神学家尼·费罗列托夫（Н. Филолетов）指出："在东正教价值观念中，婚姻和家庭不仅仅是某种生活组织和联盟，它还是人们精神上的至高纽带，是一个'小教会'。家庭联盟就像耶稣与教会的联盟。丈夫爱妻子，就像耶稣爱教会并为其献身一样。"① 东正教传统倡导和睦和多子女的家庭，宣扬建立和巩固家庭，认为婚姻和生育是神圣的事业，子女是上帝的恩赐，无论以何种方式终止妊娠和生育都是罪过，没有子女的婚姻不合乎上帝的旨意。俄罗斯民族传统中，追求纯正永恒的爱情、崇尚稳固和睦的家庭生活的爱情观、婚姻观和家庭观均受东正教的极大影响。

在这个受转型与变革纷扰的社会，许多人面对生活与生存的压力，经常会有暴力、欺骗与功利等反道德的行为，内心失去了平和、平静与平衡，而在这浮躁与喧嚣声中，教会则如一片净土，帮助人们安抚心灵，关照内心，自我反省。毫无疑问，东正教价值观中的爱国主义、崇尚权威有助于国家权威的树立，加强民族凝聚力，调动社会力量参与国家的建设和发展。平均主义则有利于促进社会和谐，同时有利于解决和防止俄罗斯社会自 20 世纪末以来贫富分化形势的进一步发展。东正教关于劳动的价值伦理对于遏制社会腐败、倡导奉献、开展慈善事业、关爱生命与自然、发挥个人才华为社会创造财富等都无不具有建设性意义。而东正教的基本道德伦理观对于俄罗斯国民的心灵净化和道德水准的提升无疑也会产生积极的作用。在俄罗斯人口问题严峻，离婚率、堕胎率居高不下的情况下，东

---

① Филолетов Н. Н. *Очерки христианской апологетики* // Бойко В. В. Православие в культуре России. М. ：Агентство 《Издательский сервис》, 2004. С. 30.

正教所保存的传统的婚姻及家庭观念就显得尤其宝贵。在联邦"精神道德文化"教育大纲中，"家庭"成为重要的一部分，目的是使儿童及青少年形成健康积极的家庭、婚姻、生育等观念，提高家庭的威信，同时学习健康生活理念、生命安全知识与社会知识，培养其对自己、家庭及社会的责任心。

因此，在追溯本民族文化传统的过程中，俄罗斯的决策层意识到信仰的凝聚力对于国家振兴的意义非常重大。在 1997 年通过的俄联邦《信仰自由及宗教组织法》的第一页即开宗明义，特别强调了"承认东正教在俄罗斯历史上、在俄罗斯精神和文化形成与发展中的特殊作用"。[①] 从上面的介绍中不难推断，"民族统一日"（День народного единства）的确定也绝非偶然。俄罗斯联邦于 2004 年公布了修订后的《劳动法》，规定 11 月 7 日的"和谐与和解日"（День согласия и примирения）[②] 取消，自 2005 年起，11 月 4 日的"民族统一日"为全国性节日。这意味着那个与东正教有着密切渊源、在俄国庆祝了三百多年的重大节庆日又得以恢复。时任总统梅德韦杰夫曾毫不掩饰地表示："俄罗斯尽管是一个世俗国家，但国家对吸引东正教会参与对儿童、青少年的培养，树立新的可效法的榜样，捍卫祖国等事务上有着极大的兴趣，以东正教为核心的俄罗斯民族价值体系永远都是俄罗斯这个多民族、多信仰国家保持和谐发展的基础。"[③]

第五节　孰是孰非：世俗教育与宗教教育

一　世俗教育与宗教教育

论及世俗教育（светское образование）和宗教教育（религиозное

---

① 《关于信仰自由和宗教组织法》，1997 年 9 月 26 日，俄罗斯《联邦法》，第 125 号。参见 http：//base.garant.ru/171640/。

② 11 月 7 日是原苏联时期的重大节日"十月革命纪念日"，自 1996 年 11 月 7 日起，依据总统令，"为缓和对抗和俄罗斯社会各阶层的和解"更名为"和谐与和解日"，它作为国家最重要的节庆日之一持续至 2004 年。

③ Встреча с представителями Русской православной церкви，05.11.2011，http：//www.kremlin.ru/news/13374.

образование），首先要对两组概念进行界定，第一组是对世俗性的解释，包括国家的世俗性、教育的世俗性、文化的世俗性等；第二组则涉及教育过程中学习宗教、掌握有关宗教知识的不同形式和种类的一系列概念，包括宗 教 教 育、宗 教 教 学、宗 教 学 教 育（религиозное образование，обучение религии，религиоведческое образование）。由于俄罗斯学术理论界及国家法律法规对这两组概念的理解和阐释莫衷一是，不仅导致社会各界无休止的争论，也给在世俗普通教育领域实现东正教教育的实践造成了诸多问题。

在乌沙科夫《详解辞典》中，"世俗的"意思为："非宗教的，尘世的，与教会及宗教相对的。"① 俄罗斯联邦宪法第 14 条中规定："俄罗斯是一个世俗国家，任何宗教均不得被确立为国家的或必须遵守的宗教。"科济列夫认为，宪法关于国家世俗性的描述过于模糊，会导致诸多理解和应用方面的问题。他认为，世俗性（светскость）最早于 9 世纪在法国使用时指的是"国家的性质"，即保障公民在信仰上的完全平等和完全自由。它不仅指广义上的信仰自由，还包括思想自由，对宗教信仰和非宗教信仰一视同仁，允许对任何主流的或完整的思想体系进行批评，保证为进行批评而获取知识的途径。② 以伊·波金（И. Покин）为代表的学者则持另一种观点，这种观点认为，"世俗性"是同"教权主义"相对的思想宽容主义，其最主要的理念和本质就是自愿接受或坚持某种世界观，禁止将世界观或意识形态强加于人，它意味着信教自由、信仰自由、观点自由、思想自由。在法律制度中，以具备如下规定为确定国家世俗性的必要条件：一是承认宗教是每位公民的个人私事；二是政教活动范围完全分离；三是宗教组织与国家分离。法律条文中须完全明确宗教组织的法律功能，国家不给予教会以任何经济上的扶持，教会的活动范围仅限于膜拜。③ 门特利克与科济列夫同时对这种观点持批判态度，他们认为这种观点是对世俗性概念的过度强化，它将导致世俗性等同于无神论并由此产生对宗教的

---

① Толковый словарь Ушакова，http：//dic. academic. ru/contents. nsf/ushakov.

② Козырев Ф. Н. *Религиозное образование в светской школе*，СПб. : Апостольский город，2005，С. 31 – 32.

③ Покин И. В. *Правовые основы светскости государства и образования*，М. : Про-Пресс，2003，С. 77 – 78.

敌视，也会导致世俗国家等同于无神论国家，宗教相应地被排挤在社会生活之外，同时被视为国家意识形态的潜在竞争者。与对世俗性概念过度强化相对的是对其过度弱化。这种观点认为，世界上只有完全的教权国家才是世俗国家的真正对立者，因此，只有梵蒂冈才是当今唯一的教权国家，其他国家，只要不是专制国家，几乎都属于世俗国家，包括 1905 年以前的俄国、历史上的拜占庭帝国、当代以色列等。如果按照这种对世俗性的宽泛理解，那么世俗性本身则完全失去了最初的本意，也就没有存在的必要了。实际上，世俗国家与神权国家的对立只能是一种假设，由于世界各国的政教关系千差万别，在对立的两极之间存在着多种政教关系的模式，比如英国、希腊、意大利和比利时等国家具有国家或官方宗教，但在世俗学校中同样保障公民信仰、信教自由及自由选择和表达观点和见解的权利。因此可以说，世俗国家的模式是多样的，用哪些国家的模式偏于世俗、哪些偏于神权的表述来分析国家性质，似乎更为合理些。

门特利克指出，俄罗斯社会对世俗性及相关概念存在误解和曲解。"对于世俗性，迄今还存在着这样的理解，即世俗国家应该与宗教相分离。相应地，世俗学校也应与宗教相分离。但我们国家的宪法所表述的是，宗教组织与国家分离。它的含义与内容完全是另一码事。国家同宗教分离，就如同国家同哲学、艺术、科学分离一样，国立学校同宗教的分离也属该范畴，这是将两个完全不同性质的概念——宗教与机构——放在对等的位置上。这些说法不仅荒谬，而且同真理风马牛不相及。我们这个社会还逐渐形成一个这样的理解，即国家的世俗性等同于它的世俗化。世俗化的概念主要指将教会财产，最主要的是土地，变为世俗财产；这个词的另外意思为：脱离教会，社会与个人思想摆脱教会的影响。在苏联时期这些概念混为一谈，但它没有任何依据，包括科学上的依据及法律上的依据。世俗化，或者说脱离教会影响——它是限制宗教及宗教组织对国家和其他社会生活领域，包括对家庭和学校影响的过程。"① 我国出版的《宗教词典》对"世俗化"也有类似的解释："世俗化，指现代社会发生的一种变化，即宗教逐渐由在现实生活中无处不在与深远影响的地位退缩到一

---

① Метлик И. В. Государство и церковь: к единому пониманию условий и содержания взаимодействия в области образования, http://www.verav.ru/common/mpublic.php? num = 119.

个相对独立的宗教领域，政治、经济、文化等领域逐渐去除宗教色彩。"①

门特利克还指出了被混淆的世俗文化和宗教文化的问题。他认为，两者不是彼此矛盾的。完全没必要在世俗性、国家、文化的概念里强加入某种世界观的、思想意识方面的内容，这是以前用来反教会及异教的做法。世俗文化目前包含了多元的世界观，包括宗教的和非宗教的元素和现象：各种非宗教的（自由主义、共产主义、自然主义、各种哲学学说和概念等）及来自不同宗教派别的宗教的。对于俄罗斯文化是世俗文化还是宗教文化的问题，他认为俄罗斯文化中包含了宗教的和非宗教的世俗的元素，这是一种民族文化，不能硬性地说它是绝对东正教的或非东正教的。

对国立及市立学校的教育世俗性问题，在俄联邦《教育法》及《信仰自由及宗教组织法》中都有所表述。《教育法》第一章总则第 2 条第 4 款规定："国立及市立教育机构的世俗性是国家教育政策的基本原则之一。"②《信仰自由及宗教组织法》第一章总则第 4 条第 2 款也有相关的规定："国家保证教育在国家和市立教育机构中的世俗性。"③ 然而，两部法律对教育世俗性的内涵却没有给予进一步的揭示。关于世俗教育，俄罗斯学者大致达成的共识是：不以强行灌输宗教或非宗教意识形态、包括教权化的伪宗教为教学内容，不是为培养从事宗教服务的专业神职人员，不是进行教义问答和入教宣传，教学过程不是为吸引受教育者加入宗教组织，不进行礼拜等祈祷仪式，凡是这样的教育都是世俗教育。④ 显然，这一界定过于粗略和笼统。科济列夫将学校教育的世俗性具体概括为：首先，解释、理解和评价教育世俗性的关键基础是，教育是为实现公民信仰自由服务，包括信仰的私密权，公开信仰某种宗教或不信仰某种宗教的权利，自我确定世界观、思想与信仰的权利。其次，教育世俗性具有公众性质。包括教育的公开性，社会监督的透明度；普遍公民价值观，即为大多数公民普遍接受的价值观具有优先地位，如果教育从属于同公民社会法律法规

---

① 任继愈主编：《宗教词典》，上海辞书出版社 2009 年版，第 237 页。

② Закон Российской Федерации《Об образовании》，Издательство：эксмо，2009，С. 3.

③ 乐峰主编：《俄国宗教史》（上卷），社会科学文献出版社 2008 年版，第 218 页。

④ Покин И. В. Правовые основы преподавания православной культуры в государственных и муниципальных образовательных учреждениях в вопросах и ответах，Ин-т государственно-конфессиональных отношений и права，М：. 2003，С. 256.

相背离的生活方式或价值体系,这样的教育就不再是世俗教育。再次,不能将"世俗的"与"非宗教的"画等号。任何侵犯个人信仰自由,无论是以教权化形式还是以非宗教的思想意识的绝对主义的形式,都是同"世俗性"相对立的。最后,在教育中遵从世俗性原则意味对各种基本的民主权利冲突细微的动态的平衡,这些基本的民主权利包括宗教自我表达的权利,依据家庭和信仰、信教自由接受教育的权利。①

门特利克以俄联邦现行法律法规中的解释为依据,将俄罗斯国立及市立教育机构中教育的世俗性概括为:①国立及市立教育机构在组织及法律上独立于宗教组织,包括当在宗教组织的参与下对某一具体宗教进行深入研究的情况下。②保障学习者、教学工作者及其他教育过程的参与者信仰及信教自由、自由选择并表达观点与见解的权利,但其权利应以不与国家教育领域政策的基本原则相冲突并不违背法律所确定的对教育内容的要求。③不存在全体学习者必须学习的国家宗教或非宗教意识形态,因此以可选的方式对宗教或任何非宗教思想的深入研究具有自愿性质。④教育内容的制定者及教学、教育过程必须考虑到俄罗斯社会各界世界观的多样性。向学习者介绍有关宗教知识不能以必修课的方式。⑤国家教育管理机构必须创造条件,促进在教育体系中保护和发展俄罗斯文化的传统和价值观,保护和发展在各地区及各民族当中俄罗斯联邦各族人民的文化及传统。这应是不向社会强加某种意识形态或向教育体系灌输非建设性的宗教及伪宗教膜拜的一种保障。为此要遵循各宗教组织及其追随者法律面前平等的原则。②

关于宗教教育,在俄罗斯联邦的法律文件中也有提及。比如,在俄联邦关于《信仰自由及宗教组织法》第一章总则第 5 条中,包括 4 款对宗教教育的规定。其中表明,俄罗斯公民有接受宗教教育的权利,宗教组织也有建立教育机构的权利。对于在国立及市立教育机构中宗教教育的实践则规定为:"应父母或监护人的请求,经在国家和市立教育机构就读的儿

---

① Козырев Ф. Н. *Религиозное образование в светской школе*, СПб. : Апостольский город, 2005, С. 40 – 41.

② Метлик И. В. *Религия и образование в светской школе*, М. : Планета, 2004, С. 296 – 297.

童本人同意，上述机构的管理部门同相应的地方自治管理机构协商，可以允许宗教组织向儿童进行普通教育大纲以外的宗教教育。"① 从条文中可以看出，宗教教育的内涵没有得到进一步的揭示。这使得许多人在没有搞清楚什么是宗教教育、什么形式的教育算宗教教育时就确信，世俗学校中不可能有宗教教育。

关于宗教教育的概念目前在俄罗斯已经有了一些研究。首先不可否认的是，所有形式的宗教教育，包括职业宗教教育，都是在同国家这样或那样的合作中实现的。教会的教育体系、其他宗教派别的教育体系都不可能脱离俄罗斯社会，因此宗教教育也成为整个俄罗斯国民教育体系不可分割的一部分。俄教科院以现行法律中的内容及措辞为依据并在同法学家们协商的基础上对宗教教育给予了如下解释：宗教教育是以为实现个人、家庭、宗教组织、社会及国家的利益为目的进行的教学及培养过程，该过程以一定的宗教世界观为基础并同一定的宗教组织合作。宗教教育的目的是为满足个人对个性发展、精神道德教育的需求；是宗教组织培养相应的神职及工作人员的需要；是社会及国家在整体上保存和发展俄罗斯文化、保存和发展俄联邦各民族文化传统和独特性的需要；同时使学习者掌握一定的宗教、宗教传统和文化方面的知识。依据俄联邦承认的基本原则、国际法规范及俄联邦法律，俄联邦公民有权自己选择独自或同他人一起接受宗教教育。国立和市立教育机构的宗教教育建立在对教育世俗性的考虑及自愿基础之上。宗教教育在实现教学大纲、教学及培养过程中以哪种宗教世界观为基础、同哪一个宗教组织进行合作等特征还可再细划分。确定教育活动是否属于宗教教育的最主要的标准就是，是否有宗教组织的参与。如果同宗教组织的合作在法律法规文件中以任何形式加以确立、规定、调整并在实践中实施，那么在任何教育机构，包括在国立和市立教育机构，对宗教的学习就可以被认为是宗教教育。② 以东正教会进行的宗教教育为例，门特利克将其主要形式概括为四种：第一，职业宗教教育，旨在培养从事宗教礼拜仪式的神职人员和教会工作人员；第二，在教会社区、星期

---

① 乐峰主编：《俄国宗教史》（上卷），社会科学文献出版社 2008 年版，第 219 页。

② Метлик И. В. *Государство и церковь: к единому пониманию условий и содержания взаимодействия в области образования*, http://www.verav.ru/common/mpublic.php? num = 119.

日学校从事教义、教理问答;第三,依据教育部 2003 年 7 月 1 日第 2833 号文件的规定,在国立和市立中小学校内为传授参加教会祈祷仪式进行的"宗教教学"(обучение религии);第四,在世俗中小学校进行的宗教文化研究以及为全面、成体系地掌握教会历史及传说而进行的宗教文化学教育(религиоведческое образование),包括在职业宗教学校、神学院、宗教大学进行的专业教育或神学方向的培养和在中小学校进行的东正教文化课程。①

从教科院对宗教教育的解释可以看出,俄罗斯的宗教教育特别强调两点:宗教教育中宗教组织直接或间接的参与及其内容的宗教世界观基础。对于世俗教育,只要充分考虑自愿原则就不排斥宗教教育。门特利克对此还补充道:"教育的世俗性作为在国立和市立教育体系中宗教研究的基本前提,不意味着教育内容同宗教分离,不意味着禁止在国家普通教育学校传授关于宗教的知识或者这些知识的介绍仅仅限于科学界或非宗教世界观人士。"只是,世俗教育中的宗教教育"需要划分国家教育管理部门同宗教组织间在国家普通中小学校进行宗教知识学习时的权限和功能,确保国立和市立教育机构独立于宗教组织实现教学培养活动具有组织及法律保障"。② 而对于宗教教育的世界观基础问题,门特利克则提出了另外的看法,他认为不能将宗教教育等同于以该宗教世界观为基础的教育,由于是否真正以该宗教的世界观为基础进行教育总是存在分歧,甚至是在该宗教信仰追随者之间也会存在分歧,因此这一问题只能由该宗教的官方代表来确定。

目前,"东正教文化基础"课在包括塞尔维亚、罗马尼亚等中欧及波罗的海国家、格鲁吉亚及亚美尼亚等国的世俗普通中小学校也广泛开设。欧洲大多数国家也都有宗教课程在世俗普通教育领域开设的传统。在德国、芬兰及挪威,宗教基础课程是世俗普通中小学的必修课。在英国,中学一年级开设的包括宗教史在内的通识人文课程也是必修课;英国大多数的私立学校都设有小教堂,学生每周在此举行 2—3 次的礼拜仪式。法国

---

① Метлик И. В. *Религия и образование в светской школе*,М.:Планета,2004,С. 211.

② Метлик И. В. *Государство и церковь*:*к единому пониманию условий и содержания взаимодействия в области образования*,http://www. verav. ru/common/mpublic. php? num = 119.

在 1882 年取消了世俗学校的宗教课程，但 2002 年又恢复了。美国自 1962 年经最高法院宣布，在国立学校开设宗教课程为违宪，中小学图书馆里不允许有宗教书籍；但目前美国的中小学校可以以选修课的方式开设宗教类课程。在西班牙，宗教课也允许作为世俗国立学校的选修课开设；2003 年，西班牙还尝试将天主教课程纳入大学考试科目，此举在社会上引起轩然大波，争议一直未断。

科济列夫以世界各国的实践为依据，将世俗学校中宗教教育的教学组织和传授方式大致归纳为两种模式，即依宗教信仰进行的宗教教育和不分宗教信仰进行的宗教教育，其中后者也可称作世俗性的宗教教育。前者属传统方式，后者则要求社会达到一定的世俗化水平并且具备较为成熟的宗教教学模式。世俗性的宗教教育也是当今世界最为动态的一种教育方式。

按宗教信仰进行宗教教育，是一种针对单一信仰者的教育，前提是学习者拥有同一宗教信仰。这种教育具有教义、教理解答的性质，教育的目的和任务包括加强学习者的宗教认同，为学习者的宗教生活（如祈祷仪式、坚振礼等）做准备，并依据宗教社团接受的伦理规范实现培养过程。同时，这种教育在不对普通教育目的造成破坏的情况下，在教育过程中还可包括共同的祈祷、进行礼拜仪式、膜拜圣物等。该模式在学习者的信仰问题上宣扬单一的思想和情感。如果能保障对两种或多种宗教传统或宗教信仰的学习，这种教育体制称为多宗教信仰教育体制；如果能保障对一种宗教传统或信仰的学习，则称为单一信仰教育体制。在世俗国家中，这种教育模式只有在不破坏信仰自由、自愿的基础上进行才不违背世俗性原则。为此必须提供选择的可能性：不仅提供多种并行的课程，还应提供拒绝接受宗教教育的可能性。

不分宗教信仰进行的宗教教育，也称作非宗教信仰的宗教教育或世俗性的宗教教育，它是一种针对全体学习者的教育。这种教育是基于承认学习者信仰选择的自由及其宗教信仰的私密性。在这种教育中，个人宗教活动既不是教学培养过程的条件，也不是教育过程的组成部分。在教育内容上不传授教义和教理，信仰不是毋庸置疑的真理，宗教虔诚不是必需的规范，不需要学习者任何形式的宗教自我认同。它要求教育者在教学活动中不掺杂某一宗教社团的利益，在教学活动中拒绝祭祀行为和公开的宗教膜拜仪式。这种教育尽管推行起来有各种难度，但它相对于第一种模式有一个最大的优势，那就是在不需要将学习者按宗教信仰归属分开的基础上可以作为必修课列入世俗学校的教学大纲。

科济列夫认为，能否区分这两种模式与一个国家的法制文化水平密切相关。因为必须明确界定哪种学校宗教教育的形式被承认是世俗的，哪些不是世俗的。由于该问题还会同人权以及遵守宪法问题相关，因此世俗宗教教育的特性通常以司法先例为基础被确定。俄罗斯在 1990 年 12 月 25 日颁布的《信仰自由法》中对国立学校中的世俗性有过明确而详尽的规定，但在随后 1997 年的《信仰自由与宗教组织法》中却使用了模糊笼统的宗教教育的表述，没有进一步对其概念作具体的界定。这种模糊用词因而给教育实践带来了不少负面问题。① 从俄罗斯的教育实践可以看出，它选择的是一种介于两种宗教教育模式之间或者说两者兼备的模式，即在教育方式上选择了以第一种模式为主，而在教育内容上又预兼顾后者并力图达到后者的成效。

二　自然科学观与宗教世界观

世俗普通教育中的宗教教育引起了诸多的争议，除了因为一系列概念的模糊界定外，还有一个最主要的问题，那便是几个世纪争论不休的科学与宗教的关系问题，具体地说，是世俗教育中所主导的自然科学、唯物论价值观与以上帝中心论为主导的宗教价值观之间能否相容、如何相容的问题。

试看一场如何在中小学讲授生物学的社会讨论。全俄社会舆论研究中心的调查结果显示：24% 的受调查者支持达尔文主义，支持人的"上帝起源"的同样为 24%，还有不到 5% 的被调查者支持人的宇宙起源论。但有 35% 的俄罗斯人对上述三种学说都持怀疑态度。这些人认为，现代科学迄今还无法回答人类起源问题。一个有趣的现象是，年龄越大的人，对达尔文主义的支持率越低，而对"上帝起源"说的支持率越高。24 岁以下的年轻人 31% 相信人是由猿猴进化来的，60 岁以上的人则只有 15% 相信。即使在对达尔文主义持怀疑态度的人中，也有 65% 的人认为，这不

---

① Козырев Ф. Н. *Религиозное образование в светской школе*, СПб.：Апостольский город, 2005, С. 47 – 48.

能成为将达尔文主义学说排除在中小学生物课之外的理由。63%的人选择了较为折中的方案，即同时传授自然的和上帝的起源说。70%的受调查者反对在中小学限制达尔文主义的传授，他们支持宣传人起源的自然科学观点。①

一位家长曾针对"东正教文化基础"课的开设提出过这样的质疑："我不是无神论者，但是我相信，应该培养学会批判性思考的人。关于'东正教文化基础'的课本无论宣称有多么世俗性，它都没有向学生传授如何思考。自然课的内容在改变——因为是上帝创造了大自然，上帝还创造了星星与银河。于是学校里那些能引发思考与探究的天文学、科学的学时数正逐年递减。也许，如果按照教科部部长安·福尔先科的建议，物理教师也要参加再培训成为'宗教文化基础'的教师，那么物理课也将很快从学校消失了。至于生物课就更无话可说了，达尔文在这里是最不合时宜的了。进化论难道正在改变吗？"②

从5世纪到15世纪，基督教统治欧洲整整一千年，古希腊的哲学与科学都被用来为宗教作论证从而成为"神学的婢女"。不仅一切与教义不相符的科学研究被排斥，从事科学研究的人也遭受野蛮残酷的宗教迫害。自16世纪末、17世纪初，近代自然科学向宗教发起了一次次的挑战和冲击，人类理性也一次次从宗教的神话和巫术中摆脱出来。哥白尼的天体运行论打破了《圣经》中的地球中心说，牛顿的万有引力学说以及拉普拉斯的《天体力学》再一次冲击了宗教关于天堂和地狱的说教，达尔文的进化论几乎推翻了上帝创造亚当与夏娃以及上帝创世的全部教义体系的基础。西方18世纪出现了反神权的思想启蒙运动，百科全书派又从哲学上批判了宗教，资产阶级革命胜利后，各国普遍实施政教分离政策，科学得到独立发展的话语权。但关于科学与宗教的争论与斗争都还远未结束。

二者的区别与对立在多方面都是极为明显的。从形成的基础看，宗教形成于生产力十分低下的人类社会早期，体现了人类以幻想的方式把握世界的现实需要。而科学虽然在古代已有萌芽，但其真正的形成是在生产力

① Церковь и Общество：14.04.2006，http：//wciom.ru/index.php? id=268&uid=2513.

② Яковлева Н. Эволюция отменяется//Учительская газета，2010（No.4），http：//www.ug.ru/archive/30635.

相当发达的近代，体现了人类对世界认识的飞跃。从对世界形成的观念上看，宗教坚信有超自然的力量、意志的存在，认为自然存在及变化隐含着神秘的目的性——即所谓"神启"。而科学不承认超自然力量的存在，认为自然存在及变化有其原因，并且是可以被认识和理解的。从认识世界的出发点和方法论上看，宗教立足于超验世界，科学则立足于经验世界。宗教信奉权威，其核心是信仰，将超自然的精神实体作为人生的终极目标和归宿，进而统摄人们的一切行为和价值取向。而科学是对客观对象的认识，具有强烈的现实性和具体性，是在观察、经验实证与理性分析基础上建立的对世界的认识。对此，罗素指出："宗教教义和科学理论不同，它自称含有永恒的和绝对的真理，而科学却总是暂时的，它预期人们一定迟早会发现必须对它的目前的理论作出修正，并且意识到自己的方法是一种在逻辑上不可能得出圆满的、最终的论证方法。"[①] 从思维方式上看，宗教因其追求的对象是超现实的绝对和无限，所以在对其合理性的论证中必然以对无限的神的信仰为基础，诉诸于人的直觉和顿悟，依赖人的情感体验和想象，其思维是非逻辑的。科学以对客观对象的真实性把握为目的，必然要求在思想上遵守逻辑规则，重视思维活动的客观性与合理性，强调概念和命题的可证实性和可证伪性。所以，科学思维与宗教思维有着本质的不同。假如神学家要以神学思想来说明氧原子的产生与存在，科学家要以科学理论来论证神的存在与否，矛盾和冲突将不可避免。很显然，这种差异如果上升至社会层面就会产生科学活动组织与宗教活动组织的矛盾，以自然科学为基础的世俗教育与以宗教世界观为基础的宗教教育的矛盾即属于此。

但是，二者的区别与对立并不意味着它们是绝对不相容的。有一种观点认为，宗教、科学、哲学、文学艺术、社会伦理学是人类文化的基本要素。伦理学是人类对善的追求，文学艺术是人类对美的追求，科学和哲学是人类对真理的追求，它们所体现的正是人类对真善美的追求。但是，这四者都囿于时间和空间，得出的是人类对自然与社会有限的相对认识。"只有宗教，特别是从各种具体的宗教中抽象出来的元宗教精神，则是超越时空界限的'全'，是人类心灵的完整状态，是超越人类理性的非理性

---

① ［英］罗素：《宗教与科学》，徐奕春、林国夫译，商务印书馆 2010 年版，第 5—6 页。

体验。是至真、至善、至美、至全的无限世界，是人类对绝对的宇宙本源的悟解。"① 从具体功用上看，科学与宗教也存在某种互补的关系。科学是功利的，它可以创造出各种财富满足人类现实的、实际的需要；宗教则是非功利的，它提供的是超越现实的精神及价值需求的满足。对任何生命个体与社会整体来说，不仅需要满足功利性的现实需求，以维持人的生存和社会存在，同时也需要满足超功利的精神及价值需求，以维持作为认知主体、道德伦理主体和信仰主体的人的存在和社会的稳定与秩序。爱因斯坦不止一次地强调指出科学与宗教"只不过是一棵树的各个分枝"而已。科学只能解决人的"是什么"的问题，却不能回答人的"应当是什么"和"为什么"的问题。因为，"终极目标本身和要达到它的渴望却必须来自另一个源泉"。也正是在这个意义上，爱因斯坦曾经十分生动地刻画了科学与宗教的辩证关系："科学没有宗教就像瘸子，宗教没有科学就像瞎子。"② 可见，科学与宗教都是人与社会需要的反映，它们不仅不是根本对立的，而且是相互补充的。它们的并存是人类不同需要的必需和必然。

　　全俄社会舆论研究中心所显示的调查结果其实也是科学与宗教这个永恒的争论话题在当代俄罗斯社会的一个真实反映。既然几个世纪以来都尚无定论，显然争论还会持续下去。但是在当下，宗教教育对于世俗教育是一种不合时宜的杂音还是建设性的因素呢？科济列夫认为，世俗教育中的宗教教育在教学层面如果选择了适当的方式，就会让宗教成为世俗教育的一种资源和财富。如果将宗教作为一种客观存在来研究，这只是一种学术视野，而如果将宗教看作人类文化发展的结晶和财富，就是一种教育视野。如果从教育视野出发，宗教教育将会扩大学习者的知识面，培养其人生品位，发展其智力，使其形成伦理道德观，获得一种新的灵感源泉和另一种教导、另一种心灵的成长和慰藉。它将不仅是观察研究的客体，更是个性发展的源泉。就像艺术和科学一样，宗教不仅能充实每个人的知识，更能发展人的才智和能力，形成对这个世界图景的完整认识，在精神问题

---

　　① 姚南强：《宗教社会学》，东华大学出版社 2004 年版，第 195 页。

　　② 《爱因斯坦文集》第 3 卷，许良英、赵中立、张宣三编译，商务印书馆 1977 年版，第 149、174、182 页。

上形成独立的辨别能力。①

小　结

　　尽管在东正教文化课程参与普通教育德育改革过程中产生了各种具体问题，引发了广泛社会争议，但将这些问题剥离出去之后，仍旧可以看到东正教文化课程对世俗普通教育体系，乃至整个俄罗斯社会的建设性意义。这首先是由于东正教同俄罗斯国民的民族认同密切关系。各种社会调查数据与研究结果表明，当代俄罗斯国民对于东正教的民族及文化认同越来越趋于一致，这不仅是东正教复兴的一种体现，也是民众发出的俄罗斯民族文化回归与传承的呼声。因此可以说，东正教课程进入世俗普通教育领域也是对这种时代呼声的一种回应。俄罗斯国民的东正教认同观不仅为课程开设提供了充足的前提条件，也使它具有了广泛的民众基础。

　　当代俄罗斯社会在经历了苏联解体与社会转型的动荡之后，国民的精神道德也每况愈下，产生了诸多的社会问题并直接影响着儿童及青少年的精神道德状况，甚至危及国家的未来发展。东正教对于俄罗斯民族来说，不仅仅代表着一种宗教信仰，在俄罗斯漫长而曲折的发展历史中还促进了民族文化的发展并深深地融入人们的生活，构成了俄罗斯民族心智与价值体系的核心。因此，东正教逐渐成为俄罗斯人民对抗外族入侵、挽救国家于危难、维系民族团结与国家统一的一面旗帜和精神纽带，成为俄罗斯民族爱国主义的最好诠释。与此同时，在东正教美学中还保留着诸如和平与博爱、公正与平等、宽容与仁慈、良知与忏悔等人类最古老和最美好的道德伦理价值观，这对于俄罗斯国民的心灵净化和道德水准的提升无疑具有积极的作用。东正教在与俄罗斯民族相融合的过程中还产生了集体主义、平均主义等独特性。集体主义对促进社会的向心力和凝聚力尤其难能可贵，平均主义则有利于促进社会和谐，同时有助于解决和防止俄罗斯社会自 20 世纪末以来贫富分化形势的进一步恶化。东正教关于劳动的价值伦理对于遏制社会腐败、倡导奉献、开展慈善事业、关爱生命与自然、发挥

---

　　① Козырев Ф. Н. *Религиозное образование в светской школе*，СПб．：Апостольский город，2005，C. 56.

个人才华为社会创造财富等都无不具有建设性意义。在俄罗斯人口问题严峻，离婚率、堕胎率居高不下的情况下，东正教里所保存的传统的婚姻及家庭观念更显得宝贵。东正教文化的这些特质无疑会对解决儿童及青少年的精神及道德培养、改善整个国民道德伦理状况起到积极的促进作用。

但同时也应看到，与东正教文化课程密切相关的一系列概念的模糊和不确定性，不仅增加了问题的复杂性，也给课程开设过程中的诸多层面带来了不少争议和问题。这些概念包括：东正教信仰及东正教民族认同；国家的世俗性、教育的世俗性以及与此密切相连的世俗教育与宗教教育；科学与宗教的关系等。其中普通民众对于东正教信仰及东正教民族认同问题的模糊与混淆成为社会对东正教课程充满争议的原因之一。而科学与宗教的关系几个世纪以来更是争论不休、悬而未解。事实上二者之间既相区别和对立，又彼此互补、互渗、互存和互动，因此应处于一个永远对话的状态。

与此相对应，基于自然科学世界观的世俗教育和基于宗教世界观的宗教教育也应处于对话状态。由于世界各国的政教关系千差万别，因此世俗国家的模式也是多样的。无论如何，世俗国家应当保障公民信仰和信教的自由。与此同时，尽管国家的世俗性意味着政教分离，但政教分离主要指国家政权与宗教组织的分离，而不是国家对宗教的完全排斥。应当充分认识到宗教作为最重要的文化要素之一对国家和社会的建设性作用。因此，对于世俗教育，只要充分考虑自愿原则，同时划分国家教育管理部门同宗教组织在国家普通中小学校进行宗教知识学习时的权限和功能，确保世俗普通教育机构独立于宗教组织、实现教学培养活动具有组织及法律保障，就不应将宗教教育置之门外。对于世俗教育中的宗教教育应该抛去成见，客观对待，小心处理。

第 五 章

何去何从：东正教文化课程前景

第一节　自上而下：从政教关系看

一　国家领导人对教会的态度

当代俄罗斯的政教关系起自苏联解体前夕。20 世纪 80 年代末，随着戈尔巴乔夫政治"民主化"改革拉开帷幕，一股对不公正的历史事件平反的热潮在全国掀起。1988 年 4 月，戈氏在接见以牧首皮缅为首的全俄东正教会圣主教公会成员时，首次承认东正教会在苏联时期遭受排挤和其他不公正待遇。1988 年，为纪念罗斯受洗 1000 年，苏联举行了盛大的庆典活动。东正教的社会影响急剧扩大。1990 年，苏联最高苏维埃通过了《关于信仰自由和宗教组织》的法律，成为确定当代俄罗斯政教关系的第一个正式法律文件。它在联盟法的级别上"第一次承认了宗教组织的法人地位，取消了以意识形态为标准来限制宗教组织权能的做法，承认宗教组织对动产及不动产的所有权"，"法令从根本上改变了苏联宗教组织的法律地位，标志着俄罗斯政教关系进入了一个新的历史阶段"。①

当代俄罗斯，叶利钦、普京、梅德韦杰夫这三位总统均有很深的东正教情结，不仅对东正教偏爱有加，而且都与牧首保持着密切的私人友谊，他们的就职仪式均邀请牧首出席并得到他的祝福。国家凡是举行重大活动都少不了东正教会牧首在场；同样，诸如复活节、圣诞节等东正教会的重大节日庆典也都离不开国家元首的身影。

---

① 戴桂菊：《俄国东正教会改革（1861—1917）》，社会科学文献出版社 2002 年版，第 248 页。

　　叶利钦本人在1991年5月23日接受《消息报》记者采访时，曾公开承认自己幼年受过宗教洗礼，指出对东正教及其教会的批评和指责是一种严重的错误和不公正："我对东正教及其历史、道德、仁慈的传统，以及它对俄罗斯精神生活所作出的贡献表示敬意。今天，俄罗斯东正教会在这些领域所起的作用与日俱增。我们有责任使教会重新恢复其权利。"① 随后，在1991年7月10日就任总统的仪式上，叶氏重申了其宗教立场："我们国家复兴的基础是人的精神解放、信仰的真正自由和完全放弃任何意识形态的强制。宗教界在这一进程中占有特殊地位。"② 1992年11月，叶利钦签署命令，将俄罗斯最负盛名的教堂——莫斯科红场上的瓦西里升天大教堂以及克里姆林宫内的其他7座教堂归还教会。在总统的影响下，俄罗斯国民也蜂拥奔向教堂，整个社会掀起了一股东正教复兴的热潮。叶氏对东正教会的倾斜政策换来了教会对他的倾力支持。在1991年和1996年的两次总统大选中，教会公开支持叶利钦，号召教徒投他的票。当时俄罗斯拥有约8千万的东正教信徒，占国民总人数的1/2左右，是一股不容忽视的社会力量，东正教会的支持为叶氏赢取两次大选发挥了举足轻重的作用。

　　普京出生后也受过洗，有很深的宗教情结，是教堂的常客。他在2000年2月接受新闻采访时向记者坦白："当我只有几个月的时候，我母亲就抱我去教堂受洗。"③ 他还十分珍惜地一直带着一枚母亲送给他的小十字架。普京曾两次访问耶路撒冷，第二次甚至带着全家以旅游者身份观光圣城。担任总统后，普京加强了同教会在国家事务中的互动与合作。1999年12月31日，在叶利钦与普京的政权交接仪式上，牧首阿列克谢二世应邀出席，成为这一历史时刻的见证人。紧接着，在新千年的第一天，普京即邀请牧首参加克里姆林宫的新年招待会；1月6日，普京向即将庆祝（东正教）圣诞节的全国东正教教徒发出节日贺电；1月7日，普京在政府官员的随同下来到"圣三一教堂"出席圣诞节庆典。在国内其他地区视察时，如果恰逢当地的宗教圣事，无论日程多么繁忙普京都会抽

---

①　转引自乐峰主编《俄国宗教史》（上卷），社会科学文献出版社2008年版，第184页。

②　同上书，第185页。

③　同上书，第205页。

空出席。在经历了戈尔巴乔夫和叶利钦两代国家领导人的铺垫之后，东正教会迎来了第三个发展的良好机遇。同样，教会为普京的兴国强国事业也是尽心尽力。自普京宣誓之日起，教会就明确表示支持普京及亲总统党——统一俄罗斯党。2004 年别斯兰人质事件发生后，教会在第一时间发表声明谴责恐怖主义者，给国家政权以道义上的援助。2007 年 5 月 17 日，境内外东正教会在经历了数十年的分裂之后实现了统一，成为普京治国大业中的重要事件。

尤其值得一提的是，2012 年初，普京在《独立报》上发表题为"俄罗斯：民族问题"的署名文章，文中首先指出了俄罗斯民族问题的重要性和独特性："在俄罗斯这样一个语言与传统多样、民族与文化多元的国家，民族问题毫不夸张地说具有最根本的性质。历史上形成的俄罗斯既不是一个民族国家，也不是像美国那样的移民国家，俄罗斯产生于并自古以来就是一个多民族国家。它是一种独特的国家文明，其核心就是俄罗斯民族及俄罗斯文化。俄罗斯人的伟大使命就是巩固和发展这一文明：用我们的语言、我们的文化，还有我们被陀思妥耶夫斯基称为'对整个世界的悲悯之心'团结俄罗斯的亚美尼亚人、俄罗斯的阿塞拜疆人、俄罗斯的德国人、俄罗斯的鞑靼人……"随后，普京又指出："国家和平与民族和谐不是一蹴而就，也不是亘古不变的图景。正相反，它是不断发展着、不断对话着的。它是国家及社会的一项细致而缓慢的工作，需要敏锐的决断、权衡而明智的政策。"普京认为，维系"多元中的统一"的钥匙"首先必需的是基于公民爱国主义的民族政策战略；其次是必须为所有人找到俄罗斯文化中的共同价值取向"。在此，普京承袭其在《千年之交的俄罗斯》的立场，重申了包括东正教在内的传统宗教的作用："对此，我们寄希望于俄罗斯的传统宗教积极参与到对话中来。东正教、伊斯兰教、佛教及犹太教——尽管它们各自不同——都包含着最基本和普遍的伦理、道德及精神价值观：仁慈、互助、真理、公正、对长者的尊重、家庭及劳动理想。这些价值取向不可能以其他的东西代替。"普京在文末尤其强调："国家、社会应该对传统宗教在教育、社会领域及武装力量中的工作表示欢迎并给予支持。"① 该文发表于普京竞选总统前夕绝非偶然，它实际上是普京的竞选和执政宣言，是对国家下一步发展的纲领性指导。虽然谈及的是民族政策问题，但字里行间不难看出，普京对于依靠东正教及其教会巩固国家统一与民族和谐发展事业寄予的厚望，其中也包括对东正教参与国家世俗普通教育的支持。

尽管梅德韦杰夫总统是在东正教复兴的过程中接受洗礼成为一名东正教徒的，但他青年时代的前半期沐浴在戈尔巴乔夫改革的春风之下，后半期则处在叶利钦对旧社会体制的摧毁与新民主国家建立的戏剧性时代，这也几乎是同东正教在社会全面复兴热潮相吻合的时期，他的世界观和价值观都深深受到东正教的影响。他的夫人也是位东正教徒，自 2007 年起还领导着由牧首恩准成立的"俄罗斯下一代精神道德文化"保护委员会的工作，并获得了牧首授予的多枚奖章。信仰的力量和浓厚的东正教家庭氛围使这位总统对东正教会也表现出特有的青睐。2009 年 2 月 1 日，在新牧首基里尔的就职仪式上，梅氏发表了感言："我们承认教会在俄罗斯国家建立过程中、在民族文化发展与确立社会精神及道德价值基础中所作的巨大贡献，我们高度评价教会在社会、教育、调解活动中以及为增强我国各教派及民族间对话、和平与和谐所作的努力。过去几百年来，东正教一直是俄罗斯民族道德力量的源泉，毫无疑问，它也将继续是我们民族发展的基础。"② 面对总统的盛誉，东正教会"投报李桃"。2009 年 5 月 7 日，在举行完梅德韦杰夫的就职仪式后，新牧首特地在克里姆林宫的报喜教堂为他主持了专门的祷告，以求上帝保佑俄罗斯在他的治理下长治久安。这是旧俄时期皇帝加冕后的宗教祝福仪式在当代俄罗斯的翻版，标志着政教和谐又上了一个新台阶。2009 年夏，梅氏力排众议，直接推动了宗教课在国立与市立普通中小学作为必修课的试行活动。2011 年 11 月 5 日，在与东正教会各界代表会谈时，梅氏指出了东正教在青少年教育和保持文化与社会精神价值方面的重要意义。他还着重强调，尤其在各种有害及危险

---

① Владимир Путин Россия: национальный вопрос, 23.01.2012, http://www.ng.ru/politics/2012-01-23/1_national.html.

② Медведев Д. Государство не будет вмешиваться в религию, 02.02.2009, http://www.vesti.ru/doc.html? id=248878.

的学说不断渗透至俄罗斯社会的背景下，东正教在德育方面的作用尤为重要。① 2012 年 1 月，在给第 20 届国际圣诞节教育系列报告会的贺信中，梅氏强调了政教双方在教育领域合作的意义："我们国家的发展任务要求对青少年成长一代的教育与培养问题给予经常的关注，他们是巩固国内和平与民族和谐的根本。在此问题上扩大国家、社会与宗教组织的合作显得异常重要。"②

二　东正教会的舆论宣传

东正教会充分利用国家领导人在个人信仰偏好及对东正教政策上的倾斜，在多方面致力于推动东正教参与国民教育的发展。最值得提及的就是由东正教会创办的两个舆论宣传机制。早在 1993 年，东正教会倡议创办了两个大型的年度论坛：国际圣诞节教育系列报告会（Международные Рождественские образовательные чтения）和世界俄罗斯人民大会（Всемирный Русский Народный Собор）。前者至 2016 年已不间断举办了 24 届，每届大会均由莫斯科与全俄东正教会的牧首担任荣誉主席。除 2012 年，2000—2016 年，每届报告会的开幕式均在克里姆林宫隆重举行③。该系列报告会于每年的 1 月中下旬举办，自 2005 年第 13 届起，每届报告会均提出一个与教育密切相关的主题。2005 年的主题为"学校、家庭与教会"，2006 年为"学校与教会——教育传统与改革"，2007 年为"信仰与教育——21 世纪的社会、学校与家庭"，2008 年为"东正教价值观与当代教育"，2009 年为"科学、教育、文化——精神道德基础与发展途径"，2010 年为"教会与国家在教育领域合作的实践经验与前景"，2011 年为"教会与国家——解决共同任务的合作者"，2012 年为"教育与道德——教会、社会与国家的关注"，2013 年为"传统价值体系与现代

---

① Встреча с представителями Русской православной церкви, 05. 11. 2011, http：//www. kremlin. ru/news/13374.

② Приветствие Президента России Д. А. Медведева участникам ХХ Международных Рождественских образовательных чтений, 22. 01. 2012, http：//www. patriarchia. ru/db/text/1971995. html.

③ 2012 年的开幕式改在了距克里姆林宫不远的中国城内的"会客宫（Гостиный двор）"举行，该地原被称作"商场"，是用于商品批发和仓储的综合建筑，建于 19 世纪 30 年代末 40 年代初。

社会"，2014 年为"至圣谢尔吉·罗斯·遗产·现代·未来"，2015 年为"弗拉基米尔大公·罗斯文明的选择"，2016 年为"传统与创新：文化·社会·个性"。可见，历届报告会讨论的议题主要围绕宗教教育、社会精神道德培养以及教会与国家在教育领域的合作等问题。

参加报告会的代表来自俄罗斯、乌克兰、白俄罗斯等独联体和世界其他国家，不仅包括东正教会的全体高级神职人员，还邀请了包括俄罗斯教科部部长在内的俄罗斯政府各部委的部长和领导、俄罗斯科学院和教育科学院的科学界及教育界人士、国务活动家、政治家、社会与文化活动家、各国东正教高校和普通高校的校长及教师代表等各界人士。参加的人数自第 2 届起就已逾千人，至 2011 年第 19 届时逾万人，至 2016 年第 24 届，与会人数已增至一万七千余人。无论从会议议题还是参加者规模上看，报告会都当之无愧地成为俄罗斯规模最大的教育峰会，受到国家的高度重视。在历届报告会开幕式上，俄罗斯总统、政府总理、俄联邦议会上院主席及下院杜马议长、莫斯科市长均会发来贺电。为扩大报告会的影响，东正教会主教区的教育部门在近几年还定期主办了州或地区级的教育系列报告会。

世界俄罗斯人民大会自 1993 年至 2015 年已成功举办 19 届，大会的主席也是莫斯科及全俄东正教牧首。它是世界上规模最大的俄罗斯民族论坛，并于 2005 年成为具有联合国专门协商员身份的国际社会组织。[1] 近 20 年来，大会逐渐成为不分政治观点、所有关切俄罗斯当下和未来命运的全世界俄罗斯人交流的平台。大会广泛吸收了各界人士参与，包括政界代表、社会组织领导人、俄罗斯传统宗教界的高级神职人员、俄联邦武装力量及其他部门的军人代表、科学与文化界人士、知名学府的教师及学生代表、俄联邦近邻国及其他国家俄罗斯人社团代表等。大会旨在推动俄罗斯国家及其人民精神、文化、社会与经济的复兴；加强东正教会在社会生活中的作用，促进教会与俄罗斯其他传统宗教间为社会道德健康、消除宗教极端主义和不宽容进行的合作。其中，建立民族学校、促进民族教育体系的形成是其主要任务之一。为此，每届大会都会涉及学校教育问题，尤其在 2008—2010 年，儿童及青少年的教育问题成为这三届大会的中心议

---

① 见世界俄罗斯人民大会官网：http：//vrns.ru/.

题。2008 年的大会主题为"下一代:俄罗斯民族财富",2009 年的大会
主题为"精神进化与青年·社会危机的精神道德原因及其克服路径",
2010 年大会的主题为"民族教育:个人价值观的形成与社会责任"。
2011—2014 年,大会的议题则主要致力于加强俄罗斯民族的团结与统一:
2011 年的大会主题为"基本价值观——各民族统一的基础",2012 年的
大会主题为"历史界限——俄罗斯界限",2013 年的大会主题为"作为文
明国家的俄罗斯·社会团结与俄罗斯民族未来",2014 年的大会主题为
"历史统一·民族统一·俄罗斯统一"。

近 20 年来,东正教会借助于这两个交流平台做了大量舆论导向方面
的宣传工作而且成效显著。论坛的级别、与会者的代表性和广泛性等条件
都使其最终通过的决议文件虽不具法律效力,但其代表性及影响力是毋庸
置疑的。

三 课程推行中的政教合作

在国家政权的支持和社会舆论的宣传之下,东正教会正在致力于进一
步扩大东正教文化课程推行的范围。事实表明,当课程进入联邦层面试行
后,东正教会已不再满足于仅仅将课程停留在普通教育的某个阶段了。
2010 年 5 月,在第 18 届世界俄罗斯人民大会闭幕时教会作出决议,提出
近期内教会在世俗普通中小学努力的方向是将"东正教文化基础"课设
定为完全课程,即建立包括自幼儿园至大学毕业各个阶段的不间断东正教
综合教育培养体系。2010 年末和 2011 年末,牧首基里尔在其年度报告中
不断重申该立场并要求将"精神及道德培养"列入新一代中等完全普通
教育国家标准中。[①] 实际上,教会自 2005 年国家开始计划制定新一代普
通教育国家标准以来就一直坚持这一立场,只不过迫于社会舆论和国家一
部分官员的压力,暂时收敛了强硬姿态,采取了分步骤逐步推进的策略。
无论在实践层面还是在立法层面教会都是步步紧逼。2010 年 4 月,"东正
教文化基础"课作为"宗教文化与世俗伦理基础"课程的模块之一正式
上升至联邦层面参加试行,尽管授课学时只有半年,但毕竟实现了课程开

---

① Религиозные лидеры и чиновники подвели первые итоги преподавания основ
религиозных культур и светской этики, 24.03.2011, http://drevo-info.ru/news/10448.html.

设 20 年来的重大突破。如今，在政教双方的共同努力下，包括东正教文化在内的"宗教文化与世俗伦理基础"已经扩大至全联邦的所有初等教育学校，并在四年级全学年开设。

与此同时，在国家 2010 年 11 月和 2011 年 2 月正式颁布的《初等普通教育国家标准》及《基础普通教育国家标准》中，教会提出的"俄罗斯各民族精神道德文化基础"课程板块均在必修课之列，其中在《初等普通教育基础示范大纲》中，对该课程的说明摆在首章，包括 8 小节，而其他必修课则作为一个整体放在第 2 章中，① 其重要地位显而易见。在 2011 年 1 月召开的国际圣诞节教育系列报告会上，主管东正教教育与教理问答部的梅尔库里主教表示，将制定适用于一切类型的普通中小学的东正教教育大纲。2011 年 7 月 27 日，《初等、基础及中等（完全）普通教育东正教教育标准》〔Стандарт православного компонента начального общего, основного общего, среднего（полного）общего образования〕出台。该标准明确提出了其实施的目的之一就是"实现统一、完整、不间断和接续性的初等、基础、完全（中等）普通教育的东正教课程体系"②。为此，借助国际圣诞节教育系列报告会及世界俄罗斯人民大会两大舆论宣传平台，基里尔牧首一直呼吁并积极向教科部申请，继续将宗教文化课程贯穿 11 年普通教育过程的始终。

2009 年末，教科部正式启动了新的俄联邦《教育法》③ 的制定工作，这又给将东正教在国家世俗普通教育领域的地位通过国家立法加以巩固提供了绝好的时机。由于该法涉及问题广泛，引起的社会争论也异常激烈，教会在最初的两年没有大张旗鼓地宣扬自己的立场。在 2011 年之初的第 19 届国际圣诞节教育系列报告会上，牧首基里尔在开幕式发言中表达了

---

① Примерная основная образовательная программа начального общего образования, http：//mon. gov. ru/dok/fgos/7195/.

② 见《初等、基础及中等（完全）普通教育东正教教育标准》绪论部分第 10 条。

③ 该草案截至 2012 年初共正式颁布了 3 个修订本。教科部首先在 2010 年 5 月将第 1 版《教育法》草案公布至官网，在经过社会大讨论、联邦议会的国家杜马及联邦委员会的听证、联邦社会院的听证及俄联邦校长协会的讨论之后，2010 年 12 月又公布了第 2 版《教育法》草案。又经过了一年多，在广泛征求社会各界意见的基础上，2012 年 1 月 17 日公布了第 3 版的《教育法》草案。最终，新的联邦《教育法》于 2012 年 12 月 31 日由普京总统签署通过，并自 2013 年 9 月 1 日起正式生效实施。

参与新教育法制定的愿望；2012 年初，在第 20 届国际圣诞节教育系列报告会上，牧首基里尔、主管宗教教育的梅尔库里主教及联邦委员会主席瓦·马特维延科（B. Матвиенко）在发言中均同时提出了该问题。基里尔表示，教会当前尤其致力于通过立法实现宗教课程在普通教育体系中的开设。梅尔库里则具体谈及了这一过程。教会成立了专门的工作组参与《教育法》的修订，并提出了一系列重要的建议。经过一年的努力，在联邦《教育法》草案原则上有可能将"俄罗斯各民族精神及道德文化基础"综合课程列入中等基础教育大纲，其中包括世俗中小学校。另外，草案中"教育和培养的内容"部分的"在全人类价值体系的基础上发展个性的优先原则"已改为"在传统的精神及道德价值体系的基础上发展个性"。梅尔库里还表示："东正教会下一步努力的方向是，使'东正教文化基础'达到它曾有的历史和文化水平。"[①] 这句话意味深长，不仅暗含了东正教曾经在俄罗斯国民教育史上的重要地位，也表明了东正教会今后努力的方向和决心。瓦·马特维延科在发言中表示："在新的联邦《教育法》草案中体现了俄罗斯东正教及其他传统宗教对个人成长及社会整体精神上的重要作用。"[②] 在最终通过的新的俄联邦《教育法》中，可以看到，并不是教会所提出的所有主张都得到采纳，但是，《教育法》用整个一个章节对公民接受宗教教育和神学教育进行了专门规定，这在以往的《教育法》中是没有的，这意味着，国家承认并支持宗教教育在国民教育体系的存在。在这一章，承认宗教文化课程在普通教育阶段的开设，允许大学开设神学教育，允许将私立宗教学校纳入整个国民教育体系，允许宗教神职人员参与学校的宗教教育，允许宗教组织制定宗教教育大纲，承认宗教文化对教育体系中精神道德文化方面的建设作用。[③] 从这些内容看，教会取得的成果是具有突破性的。

从第二章回顾课程开设的进程可以看出，东正教文化参与俄罗斯世俗

---

① Доклад митрополита Ростовского и Новочеркасского Меркурия на XX Международных Рождественских чтениях，24. 01. 2012，http：//www. patriarchia. ru/db/text/1976066. html.

② Выступление председателя Совета Федерации РФ В. И. Матвиенко на открытии XX Международных Рождественских образовательных чтений，23. 01. 2012，http：//www. patriarchia. ru/db/text/1974680. html.

③ 内容详见本书附录 1《俄罗斯联邦教育法》第 87 条的译文。

普通中小学德育的实践带有很强的官方的自上而下的政治和行政色彩。教会直接推动，总统签署命令，议会立法保障，政府部署，教科部负责并监督，地方教育部门和学校具体执行，学生、家长及教师——教育过程最主要的参加者则被置于从属的地位。正是由于教会和国家的过多干涉，在很大程度上也导致了国民对东正教课程在世俗普通中小学推行的抵触情绪，使得针对此问题的社会争论焦点过多地集中于政治或政教关系层面，而那些真正从学术的、文化的角度出发探讨课程的内涵、教育价值及推行的可操作性的专家学者、教育工作者的成果则未能引起足够的重视。因此，从东正教文化课程开展 20 余年来政教双方的合作与推动看，东正教教会在这一过程中依然会采取主动，国家政权依靠东正教文化作为最重要的传统精神道德伦理资源加强学校德育工作的政策导向也不会发生重大的转变，东正教文化课程贯穿整个普通教育的德育过程不是不可能实现的。

第二节　自下而上：从民众的接受程度看

一　民众的社会心理

政教关系的和谐发展只是为宗教课程进入世俗普通教育领域提供了一个前提和保障，东正教会的自身努力也只是体现了其主观愿望。正如 2011 年末第 6 届国家杜马的选举一样，选举的结果是否有失公允，而其后几次大规模的抗议集会又是否真实反映了民意，宗教课进入世俗普通教育领域有多大的成分是国家和教会的一厢情愿，又有多大程度是众望所归、真正反映民众的意愿呢？俄罗斯已不再是一个君主国，东正教在国家思想中占主导地位的时代已经一去不复返了。当代俄罗斯是一个致力于建设民主和公民社会的国家，是一个文化、文明和宗教交织的国家，无论从文明要素还是政治要素看，任何一种宗教都不能也不应该追求在国家事务任何领域的统治或优先地位。同时，国家和教会毕竟承担着不同的社会职能。按照总统国家行政学院的弗·奥夫西延科（Ф. Овсиенко）教授的观点，"国家同教会走得太近正是 1917 年悲剧性革命的一个致命根源——它将会导致国家和教会的双重毁灭。国家杜马的个别议员和国家官员企图证明，'宗教组织一律平等'的宪法原则并没有排除国家政权优先同东正教会合作的可能——这种企图只能是帮倒忙。社会学研究显示，国民对教会干预国家事务是持排斥态度的"①。

　　俄罗斯科学院社会政治研究院 20 多年来针对国民对社会各机制信任度的跟踪调查研究显示，东正教会在 1999 年以前社会信任度一直位于第一位，千禧年之后除了 2012 年之外，一直排在第二位。尽管如此，在信任度的比例上却呈现下降的趋势。在 20 世纪 90 年代初，这一数据介于 50%—54%，2009 年已降至 37%—38%，而至 2015 年则下降为 34%。② 由列瓦达进行的社会调查中，对"您认为，教会是否应对国家决策发生影响"的问题，肯定回答的在 2005 年为 42%，2007 年则为 30%。对"国家政权在其活动中是否应受到宗教信仰的支配"这一问题，否定者在 2005 年为 46%，2007 年则增至 58%。③ 然而，由全俄社会舆论中心所做的调查则显示，2007—2015 年间，支持保持国家宪法中关于国家世俗性、政教分离原则的受调查者比例由 54% 增至 64%。不到一半（43%，47%）的受访者认为，教会应该对国民的精神生活发挥影响力，但不能干涉政治。同样，只有不到一半（43%，47%）的受访者对当前东正教会的作用给予了肯定。④

　　与此同时，经历了 70 余年的苏维埃国家历史，迄今仍旧有大约 80% 的俄罗斯人认为苏联是他们的祖国。⑤ 社会舆论基金会于 2011 年 3 月对苏联解体 20 年来人们对这一历史事件的态度进行了调查。对"如果今天重新就是否保留苏联进行全民公决，您会投什么票"的问题，有 56% 的受调查者投"保留"票；对于"您是否对苏联解体感到遗憾"的问题，则有 59% 的受调查者表示感到遗憾（1999 年，这一数字曾达到 85%）；对于"您认为俄罗斯由于苏联解体赢了还是输了"的问题，则有 53% 的

---

　　① 　Овсиенко Ф. Г. *Политизация конфессий и клерикализация политики* // Религиоведение，2009（№2）：С. 196.

　　② 　Исследование《Ромир》：Рейтинг доверия социальным институтам в России в 2015 году，20. 05. 2015. http：//gtmarket. ru/news/2015/05/20/7162.

　　③ 　Религия и церковь — опрос/Левада-центр. http：//old. levada. ru/religion. html.

　　④ 　Церковь и общество：вместе или порознь？24. 06. 2015. http：//wciom. ru/index. php？id=236&uid=115295.

　　⑤ 　Каариайнена Киммо и Фурмана Дмитрия，*Старые церкви，новые верующие-Религия в массовом сознании постсоветской России*，Летний САД. М. ；СПБ. ：2000，С. 25.

受调查者选择了后者。① 另一个令人深思的现象是，与苏联共产党有着深切渊源的俄联邦共产党一直是当今俄政坛的主要政党之一，其领导人戈·久加诺夫（Г. Зюганов）自 1996 年至 2012 年曾四度参加总统大选，其选票一直位居第二。由此可见，尽管苏联作为一个国家在 1991 年已寿终正寝，但俄罗斯人所保持的那种苏维埃认同和与其相连的无神论思想却不会委身于政治的安排而立刻消失。70 多年的历史存在虽然沧海一粟，但对于个体的生命来说形成牢固的思想意识及世界观则足够长了。尽管如上一章所揭示的那样，人们倾向于将东正教确认为自己的民族认同，但这并不意味着对东正教信仰的认同，他们中还包括许多无神论者以及其他宗教信仰者。在今天的俄罗斯，马克思和恩格斯开创的、列宁继承并发展的马克思主义哲学虽然已不再是主流意识形态，但作为一种思想习惯对普通俄罗斯人的思维品质有着短时间内是难以消除的，甚至永不磨灭的影响。正是这种在历史长河中流淌不息的思想使得当代俄罗斯社会呈现某种两面性：社会在放弃主流意识形态、宗教观念复归及追求新价值观的同时，仍然能看到一部分俄罗斯人，尤其是中老年俄罗斯人对无神论精神的坚守和追求。

因此，正如功勋教师尼·库利科娃所言："应该清楚，后苏联时代的俄罗斯宗教不可能回到革命前的状态了，在该领域任何硬性的要求都会引起社会的排斥情绪。"② 东正教旧礼仪派的阿·穆拉维约夫也认为，当代宗教的特点之一就是宗教的非显性。这意味着，很多人将自己归属为某种宗教传统，同时他很可能将自己认同为另一种宗教或不绝对将自己归属于某种宗教。就好比在政治预选中，假定大多数人赞成民主主义者，但当正式选举时却是共和主义者获胜。宗教也一样：大家异口同声地说："是的，我们是属于东正教的"，但当面临选择的时候，大多数家长却选择了世俗伦理或世界各宗教文化。因此，要使民众对宗教及其教会介入国民普通教育体系普遍认同并接受绝不是一个简单问题。③

---

① Социальный опрос：Распад СССР：20 лет спустя, 20. 03. 2011, http：//bd. fom. ru/report/map/d111218.

② Учеников нельзя делить по религиозному признаку-директор школы, 04. 09. 2009.

③ Вильк Н. *Религия в школе-на грани провала*, 04. 02. 2010, http：//www. infox. ru/authority/mans/2010/02/01/Ekspyerimytnt_ v_ shko. phtml.

二　民众对宗教文化课程的接受程度

2005 年以前的社会调查研究显示，大多数俄罗斯国民、包括东正教信仰者对于教会涉足世俗普通教育的做法持否定态度，认为这超出了教会的职能范围。[①] 2006 年，别尔哥罗德州的网上调查结果显示，支持"东正教文化基础"为必修课的占 29%，45% 的受调查者认为不可以这样做。沃罗涅日州报《公社报》也进行过类似的网络调查，36.6% 的人支持在中小学开设"东正教文化基础"，56.1% 的人则选择"世界宗教史"。[②]

2007 年，列瓦达曾对此问题进行过社会调查，对"您认为，宗教知识是否应列入普通中小学的教育大纲"，20% 的受调查者选择完全否定，60% 的人认为应根据学生及家长的愿望学习宗教史及宗教道德基础知识，而只有 12% 的人认为应该将东正教的"神学"课纳入教学大纲。对"您是否赞成在中小学开设宗教基础课及'神学'课"的问题，2001 年支持者为 46%，2007 年为 45%。[③]同年，在叶卡捷琳娜堡进行的社会调查显示，76% 的受调查者反对"东正教文化基础"的开设。莫斯科的中小学教师中也仅有 12% 支持该课程的开设，41% 的教师认为，新课程应融合各宗教及其他形式世界观的内容，46% 的教师则完全反对该课程。[④]

2009 年全俄社会舆论研究中心将 2001 年和 2009 年人们对此问题的态度加以比较，结果表明，支持在普通中小学开设包括东正教"神学"在内的宗教课程的，由 2001 年的 48% 增至 2009 年的 53%。但是针对新一代国家教育标准中列入的"精神道德培养"人文课板块，在所提供的三门课程中，46% 选择了"世界宗教史及基础理论"或"世俗伦理基础"，21% 选择四种传统宗教中的一种作为单独课程学习，这意味着，选

---

① Сараксина, Л. *Дискуссия о школьном курсе "Основы православной культуры" как духовный портрет современного российского общества*, 03. 02. 2005, http：//www. religare. ru/article14209. htm.

② У участников белгородского интернет-опроса, посвящённого введению ОПК наибольшей популярностью пользуется вариант ответа 《Этого делать нельзя》, 28. 09. 2006, http：//www. portal - credo. ru/site/? act = news&id = 47634&cf = .

③ Религия и церковь — опрос//Левада-центр, http：//old. levada. ru/religion. html.

④ Пересадов И. *Общеобразовательная школа или церковно-прихсдская?* 03. 09. 2007, http：//www/religare. ru/2_ 45013/html.

择"东正教文化基础"模块的比例更少。数据还表明,在莫斯科及圣彼得堡具有较高知识水平的受调查者中,36%选择了"世界宗教",小城市的居民更倾向于学习某个具体的宗教模块(23%—24%)。在46%选择"世界宗教文化基础"或"世俗伦理基础"模块的受调查中,有子女在中小学读书的家长选择这两个模块的比例略高一些,为48%。[1] 2009年末尤里·列瓦达研究中心的数据更乐观一些,70%的受调查者支持在中小学开设"东正教文化基础"课程。[2]

笔者在2011年夏对近500名来自俄各州6—10年级学生也就此问题进行了问卷调查。从调查数据看,对在中小学开设宗教类课程持"完全赞同"和"比较赞同"的,占被调查总人数的51%左右,"比较反对"和"完全反对"的,约占被调查总人数的30%。而针对更具体的"宗教文化与世俗伦理基础"课程,只有约30%的被调查者选择了"赞同"。对于课程开设以"必修"还是"选修"的形式,绝大多数选择了后者。[3]

2010—2011学年度,"宗教文化与世俗伦理基础"综合课程开始在联邦层面试行以后,"世俗伦理基础"、"东正教文化基础"及"世界宗教文化基础"三个模块的选择比例最高,占到选课模块总比例的90%。其中42%的父母为子女选择了"世俗伦理基础"模块,30%选择了"东正教文化基础",18%选择的是"世界宗教文化基础"。[4] 2012年9月课程升为联邦级必修课之后,2012—2013、2013—2014、2014—2015三个学年以来,这三门课程依然所占比例最高,选课比例逐年上升,分别达到93.8%,93.84%和95.73%。其中选择"世俗伦理基础"的比例分别为44.2%,44.2%和44.6%,"东正教文化基础"的比例分别为31.2%,31.34%,32.93%,"世界宗教文化基础"的比例分别为:18.4%,18.3%,18.2%(详见图5—1)。

---

① ВЦИОМ,Пресс-выпуск № 1318,18.09.2009,http://old.wciom.ru/arkhiv/tematicheskii – arkhiv/item/single/12442.html.

② Опрос:70% процентов россиян-за преподавание основ православной культуры в школе,03.09.2009,http://www.levada.ru/press/2009090301.html.

③ 具体分析数据参见附录。

④ Общественный совет при Минобрнауки России обсудил итоги апробации учебного курса "Основы религиозных культур и светской этики"09.11.2011.

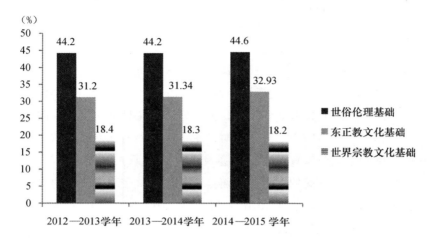

图5—1　2012—2015年"宗教文化与世俗伦理基础"课选择比例情况（%）

数据来源：Анохий Дмитрий, *Основы православной культуры всё более востребованы*// ЖМП：церковый вестник，2015（No3），http：//e‑vestnik.ru/interviews/predmet_ opk_ 9093/.

　　从2010—2015年的统计数据可以看出，"世俗伦理"及"世界宗教文化"模块的选课比例始终在60%以上。选择"东正教文化基础"模块的比例虽然在四个宗教文化模块中最高，但也只占到总比例的1/3左右。所以，如果说在接受社会调查时只是表达一下自己的倾向性这无关痛痒，但是在面临为自己的子女选择接受何种精神及道德伦理的培养时，这便是一个异常严肃的问题，需经过谨慎的衡量才能作出决定。另外值得注意的是，选择"东正教文化基础"的比例也呈逐年上升的趋势，其中在2014—2015学年选择人数比上一个年度增长了1.59个百分点，这意味着，实际学习人数比去年增加了将近2.27万人，相对于俄罗斯在读学生来说，这不是一个小数字。这和东正教会的宣传努力以及来自国家的支持是不无关系的。尽管如此，民族认同也好，文化渊源也好，道德伦理资源也好，东正教文化要想作为一门独立的课程被民众接纳、走进世俗学校的课堂看来依然任重道远。也许，正如一些学者们认为的，抛开东正教课程的政治色彩，将其真正置于宗教文化的视野，作为一种教育财富和资源带入世俗普通教育的体系才更为适中。

小　结

自 20 世纪 90 代初，以苏联最高苏维埃通过的《关于信仰自由和宗教组织》的法律为标志，当代俄罗斯政教关系进入了一个新的历史阶段。当代俄罗斯社会政教关系和谐发展，为宗教文化课程进一步进入世俗普通德育体系提供了有利前提。与此同时，东正教会利用其创办的两个舆论宣传机制：国际圣诞节教育系列报告会及世界俄罗斯人民大会，20 多年来做了大量舆论导向方面的宣传工作而且成效显著。在国家政权的支持和社会舆论导向的宣传之下，在 2010 年 11 月及 2011 年 2 月正式颁布的俄联邦《初等普通教育国家标准》及《基础普通教育国家标准》中，东正教会提出的"精神道德培养"课程板块均被列入必修课。在 2013 年开始实施的新的联邦《教育法》用整个一章对公民接受宗教教育和神学教育进行了专门规定，从国家立法上保障了宗教教育在国民教育体系的存在及实施。承认了宗教文化课程在普通教育阶段的开设，允许大学开设神学教育，允许将私立宗教学校纳入整个国民教育体系，允许宗教神职人员参与学校的宗教教育，允许宗教组织制定宗教教育大纲，承认了宗教文化对教育体系中精神道德文化方面的建设作用。从东正教会的努力、国家政权机制的配合及所达到的成效看，将东正教文化课程贯穿中小学教育始终，使之完全进入国家世俗普通德育领域的预期目标是极有可能实现的。

然而，当代俄罗斯是一个致力于建设民主公民社会的国家，无论从文明要素还是政治要素看，任何一种宗教都不能，也不应该追求在国家事务任何领域的统治或优先地位，包括在国家最重要的普通教育的德育领域。社会调查的结果显示，尽管东正教会的社会信任度近十多年来一直保持在第二的位置，但民众对其介入国家世俗事务呈一定的否定态度。与此同时，民众的苏维埃情节、苏维埃认同以及与此密切相连的无神论思想意识都不是短时间内能彻底消除的。近 20 年来的民意调查结果也表明，社会对该问题还远未达成广泛的一致。尤其从课程正式成为联邦级的必修课以来看，中小学生及其家长对此问题更是慎之又慎。相对于较为敏感的宗教文化课程，他们更多地倾向于为子女选择世俗性质的模块或者对宗教文化进行综合认知的模块。东正教文化课程模块尽管一直排在选择人数的第二位，课程学习人数也在逐年增加，但要使课程进入世俗普通教育领域并被国民普遍认可和接受还尚待时日。抛开课程的政治色彩，将其真正置于宗教文化的视野，作为一种宝贵的教育财富和资源参与德育改革与创新，这种路径的探讨将是更加有益的。

结　　语

　　苏联解体终结了共产主义国家意识形态，建立在原共产主义道德基础上的德育体系同时瓦解。教育为国家之根本，基础普通教育更是关乎国家的未来。探索以新的价值观为指导的道德伦理观念，建构新的道德教育体系，规范和净化公民的道德伦理行为，逐步建构国家主流意识形态，增强国家和民族的凝聚力及社会的稳定，这些任务摆在德育面前，从未如此的现实与迫切，改革与创新势在必行。在这条探索之路上，流淌在俄罗斯民族血液千年之久的传统东正教文化，作为重要的精神道德资源，为德育改革注入了新的元素和动力。东正教文化参与儿童及青少年精神道德培养以及整个俄罗斯德育改革的问题，虽然还无法呈现出最终的理论形态和实践框架，但探索本身的价值是不言而喻的。正是在探索中，俄罗斯逐渐走出宗教与世俗普通教育体系、传统宗教文化及道德培养之间的无序状态，正是在社会各界广泛的参与和讨论中，生成着建构机制的有效途径。在本书的历史回顾、课程梳理及前景展望中，我们可以对这一问题呈现一个大致的图景和结论：

　　首先，在翻阅苏联以前的俄国教育史时不难发现，东正教在俄国国民教育的整个发展进程中，始终扮演着特殊的角色，发挥着极其重要的作用。从知识的传授，到道德伦理的教化，从民族文化的传承，到民族心智的塑造，从国家政治学说的确立，到意识形态的传播，东正教课程始终在国民教育体系中占有一席之地，东正教会通过宗教课程开展宗教教育，与国家通力合作，承担着培养人、教化人、塑造人的重任。随着"十月革命"一声炮响，东正教从国民教育体系中被彻底清除出去，与学校教育的关系也完全割断。而当苏联解体，共产主义信仰遭到颠覆，近七十年的价值观受到冲击，人们失去精神支柱，社会、学校、家庭陷入迷茫无措的

"休克"状态，于是，人们开始回眸转视，从东正教寻求心灵寄托，渴望从中重新找到精神力量的源泉。随着国家政权对教会态度的转变，随着东正教在国家政治及社会文化生活中的作用不断增强，教育领域，尤其是德育领域，对东正教文化也产生了诉求。正是在这样的时代背景和前提下，东正教得以延续其在国民教育的传统。但是要注意，这是一个全新的时代，全新的社会，东正教只有不固步自封，与时俱进，主动适应新时代的新要求，才能将其曾经的有益作用发挥出来。

　　其次，世俗国家保障公民信仰上的平等与自由，它包含信教自由、信仰自由、观点自由、思想自由。世俗国家绝不意味着将宗教完全排除在社会生活之外，包括教育之外。教育的世俗性意味着教会与学校的分离，但绝不意味着宗教与教育的分离。教育的世俗性体现的是教育的公众性，包括教育的公开性，社会监督的透明度，以及普遍公民价值观，即为大多数公民普遍接受的价值观具有优先地位。教育中遵循世俗性原则意味着对各种基本的民主权利冲突之间细微的动态的平衡，这些基本的民主权利中也应包括宗教自我表达的权利，依据家庭和信仰、信教自由等自由接受教育的权利。

　　宗教提供天启和格言性质的世界观，从而为个体生存提供意义支撑。现代社会，宗教依然存在于人类的生活中，依然发挥着其独特的功能和作用，慰藉着高科技发展所带来的人们空虚的精神。宗教表达了人类最深层的愿望和恐惧，对信仰者的生活和心灵产生了巨大的作用，直接影响着信众的生活方式、行为准则、道德标准，决定着他们的人生观，价值观和世界观。除此之外，作为教育体系中的宗教教育，不仅仅只局限于对知识与教义的传授，将学习者带入宗教世界，是为他们打开了一个对世界的独特思考方式及诠释体验，这对学习者认知能力的发展是必需的。对宗教象征语言的熟知在这方面起到尤其重要的作用。作为表达及认知手段的象征，其多功能性及语义的多元性在宗教实践及宗教艺术中比任何其他形式都丰富。学习宗教可以扩大学习者的知识面，培养其人生品位，发展其智力，使其形成伦理道德观，获得一种新的灵感源泉和另一种教导、另一种心灵的成长和慰藉。宗教将不仅是一种观察研究的客体，更是一种个性发展的源泉。就像艺术和科学一样，它不仅能充实每个人的知识，更能发展人的才智和能力，形成对这个世界图景的完整认识，在精神问题上形成独立的辨别能力。可以说，宗教中的哲学话语体系、文化话语体系、道德伦理话语体系以及美学和艺术话语体系，都是整个国民教育体系中重要的资源和财富。因此，世俗教育绝不会，也不应该将宗教教育排斥在外。

再次，在世界多元化的今天，宗教和道德也呈现多元发展趋势。任何一个国家，多种信仰与宗教共存共生都是现实所在，每一种宗教都有其信仰经验和理论体系，其形成和发展代表不同群体在不同历史与文化的社会背景下，对自身生命关怀的终极问题寻求不一样的解答。宗教多元化是一种必然现象。然而，对于一个致力于建设民主公民社会的国家，无论从文明要素还是政治要素看，任何一种宗教都不能，也不应该追求在国家事务任何领域的统治或优先地位。宗教多元化应该是一种并存的发展，每种宗教保留自己对宗教关怀的独特理解，在宗教对话中保留同等的话语权，在交流中采取宽容的态度，所谓"和而不同"，是最好的多元共生方式。对于世俗教育中的宗教教育，各种宗教也应遵循同样的原则与方式。对任何一种宗教信仰的学生给予同样的尊重，对学习任何一种宗教文化给予同等的选择机会和权利，倾听来自不同宗教信仰学习者对教育需求的呼声，满足其对教育资源的不同诉求。

从次，宗教教育同世俗教育毕竟不是同一种教育体系。世俗教育首先要保证自然科学观的教育基础。世界许多国家在世俗教育中进行宗教教育的实践表明，宗教教育首先要处理好教育机构同宗教组织的关系。在保持政教分离原则的基础上，加强在组织上和法律法规上的保障，明确划分国家教育管理部门同宗教组织间的权限和功能，确保世俗普通教育机构独立于宗教组织实现教育培养活动。在教学组织和传授方式上，要依据社会发展的具体情况及水平进行选择：或者依宗教信仰，或者不分宗教信仰进行教育。前者属传统方式，后者也可称作世俗性的宗教教育，它要求社会达到一定的世俗化水平及较为成熟的宗教教学模式，此模式也是当今世界最为动态的一种教育方式。在具体的教育过程中，要针对授课对象的年龄、心理、行为等特点确定开设的形式、内容，制定培养标准及示范大纲；教科书的编写要客观适中，从编写内容、编写语言、习题设置等都要体现现代教育理念，符合教育对象的认知水平和接受能力；从教材编写过程、教材审定到出版的各环节，都应体现非教权化和布道等倾向。师资是实施宗教文化教育的重中之重，对承担宗教文化课程任务的教师，其文化与知识素养的培训与培养绝不是一朝一夕一蹴而就的事情，要从长远角度，系统设置培养体系，全面深入提升教师宗教文化知识体系、人文修养及道德伦理水准。总之，世俗教育中的宗教文化教育，只有选择了富有成效的教育方式，才能让宗教发挥其有益的影响力和作用力，达到两种教育的合作与共赢。

最后，一些观点认为，在构成民族的文化体系中，宗教处于核心和灵魂的地位，民族与宗教密不可分。有许多民族全民信仰某一宗教，对于他们来说，宗教与民族几乎就是一个概念。宗教作为一种文化体系，也为社会提供了一种政治资源。在政教合一的社会里，宗教活动就是国家的政治游戏，仪式就是国家的象征。即使在政教分离的社会，宗教也常常作为一种意识形态与政治修辞，用以维护现行的政体和权力运作，进行政治动员和强化人们的政治忠诚。

由于宗教在民族文化中的特殊地位，在当今世界全球化背景下，宗教被赋予了更多的时代角色和历史使命。伴随着全球一体化，尤其是文化帝国主义的全球文化扩张，民族国家的文化自觉意识愈加明显，本土化的呼声也愈加高涨。民族文化复兴的形式多种多样，在这多种形式中，复兴传统信仰文化及本土宗教是一种更为普遍的现象。据权威的《国际传教研究公报》统计，至1997年，全世界有宗教信仰的人口达40多亿，占世界总人口的81%。而据2008年中国宗教蓝皮书《中国宗教报告》显示，全世界信仰各种宗教的人数已达50亿，占世界人口比例的85%。正如亨廷顿所说："经济和社会现代化在全球展开，同时也发生了一场全球性的宗教复兴。……它遍及所有大陆，所有文明，实际上所有的国家。"① 因此，有理由认为，当前全世界宗教进入了一个新的高发期。宗教复兴运动实际上成了全球化体系中国际政治游戏与权力运作的文化资本，是一种推动爱国主义与民族主义的政治修辞，起到了维护民族国家主权尊严，增强民众和政府的信心，重塑民族国家在国际舞台上的形象的作用。民族的宗教意识和信仰体系是在全球化过程中保留自身文化根基、抵御异质文明影响、侵蚀和同化的最后一块领地，是民族的象征和精神家园。从这个背景和意

---

① ［美］塞缪尔·亨廷顿：《文明的冲突与世界秩序的重建》，周琪等译，新华出版社1999年版，第93页。

思上说，本书中俄罗斯东正教与国家世俗普通教育的互动，借力传统宗教文化构建本民族新时代道德精神，实际上也是全球宗教复兴的一个缩影，是俄罗斯民族面对世界全球化的一种自卫和自我伸张，一种争取民族话语权的反映和措施。

俄罗斯的实践表明，完善或建构新的、为民众所认同的教会与国家普通教育的有效机制，寻找宗教文化课程进入世俗普通中小学课堂的有效途径和形式，发挥其在精神及道德伦理教化、文化与艺术熏陶、人文情怀与素质培养等方面应有的作用，对于整个教育系统、国家宗教管理以及政教关系的发展，都是不可或缺的重要手段。

透过东正教课程走入国家世俗普通教育领域的过程，探讨东正教参与国民基础教育德育改革与创新问题，是考察俄罗斯道德教育现状的重要维度，可以在一定程度上揭示俄罗斯教育的特质，包括世俗普通教育中儿童及青少年精神道德培养的特点，世俗教育与宗教教育、国家与教会在教育领域的合作关系等。该问题也是梳理当代俄罗斯政教关系、社会文化转型以及意识形态变化上的重要脉络，它所呈现出来的动态发展景象已经成为研究当代俄罗斯社会不可或缺的因素。

俄罗斯的德育改革对我国是否有参考价值？我国自实行改革开放以来，在经济、政治、社会等方面实现了飞跃式的进步，伴随着科技的迅猛发展，信息的便捷也使中国文化呈现出前所未有的多元态势。文化的多元带来了价值的多元。在多元价值的嘈杂声中，人们左右为难，难以形成对一定文化的归属感，从而陷入道德价值选择的迷茫中。现代社会在破除迷信的同时，往往有一种庸俗唯利主义倾向，将许多反映人类尊严的价值还原为赤裸裸的现实利益关系和对感性生活的追求，其结果是，使道德生活和道德教育成为仅仅局限于日常生活的游戏规则的确立过程，使道德教育成为一种非精神的物理的运动，这是现代道德教育的最大病痛。如何在顺应社会多元化的同时，发挥核心价值观的引领作用，如何利用传统道德中的优秀成分和积极的时代精神引领民众，是时代为道德教育提出的重大课题。

我国是无神论国家，但同时又是一个宗教多元化发展的国家。宗教在中国的历史源远流长，公元前的千年，中国人建构了儒、道、法、墨等诸子百家和鸣的精神世界。公元后的第一个千年，中国文化全面吸收了源于印度的佛教文化，形成了以儒释道为核心的中国传统文化；第二个千年，伊斯兰、天主教、基督教又依次在中国扎根。中国是世界上唯一既保持了固有宗教文化传统，又学习、汲取了世界三大宗教并使其成功本土化的国家。各种宗教所承载的宗教文化恒古绵延，绚丽多彩，构成了中国传统文化和传统道德的核心内容。中国人的宗教信仰与中国人的文化精神、民族气质以及道德伦理水乳交融。

　　在这样一个全球化、宗教复兴、多元文化的背景下，面对新时代道德教育的新课题和新任务，如何挖掘传统文化中宗教文化的优秀成分，正确看待和处理宗教文化与道德教育的关系，关注宗教文化对学习者人生观价值观的确立、人文情怀的关照、美学与艺术的感染与熏陶、道德伦理的教化与规约等方面的积极作用，既是培养学习者健全人格、促进其身心发展的需要，也是把握未来一代人才方向、构建和谐社会主义的需要。因此，俄罗斯在学校道德教育改革创新方面的实践与探索，对我国的德育改革不无启示和借鉴意义。

参考文献

（一）中文书目

[1] 安方明主编：《社会转型与教育变革——俄罗斯历次重大教育改革研究》，社会科学文献出版社 2006 年版。

[2] 白建才：《俄罗斯帝国》，三秦出版社 2000 年版。

[3] 戴桂菊：《从俄罗斯世俗学校恢复宗教课的过程看东正教会的作用》，《俄罗斯中亚东欧研究》2011 年第 4 期。

[4] 戴桂菊：《俄国东正教会改革（1861—1917）》，社会科学文献出版社 2002 年版。

[5] 段德智：《宗教概论》，人民出版社 2005 年版。

[6] 国家宗教事务局宗教研究中心编写：《当代世界宗教问题》，宗教文化出版社 2007 年版。

[7] 金泽、邱永辉主编：《中国宗教报告（2008）》，社会科学文献出版社 2008 年版。

[8] 李英男、戴桂菊：《俄罗斯历史之路——千年回眸》，外语教学与研究出版社 2002 年版。

[9] 刘祖熙：《改革与革命——俄国现代化研究（1861—1917）》，北京大学出版社 2001 年版。

[10] 刘祖熙主编：《斯拉夫文化》，浙江人民出版社 1993 年版。

[11] 瞿葆奎主编，杜殿坤等选编：《教育学文集·苏联教育改革》上册，人民教育出版社 1993 年版。

[12] 任继愈主编：《宗教词典》，上海辞书出版社 2009 年修订版。

[13] 孙成木：《俄罗斯文化 1000 年》，东方出版社 1995 年版。

[14] 孙雄：《圣俗之间——宗教与社会发展互动关系研究》，黑龙江人民出版社 2006 年版。

[15] 汪宁：《普京的新俄罗斯思想》，上海外语教育出版社 2005 年版。

[16] 王钺：《往年纪事译注》，甘肃民族出版社 1994 年版。

[17] 吴式颖：《俄国教育史——从教育现代化视角所作的考察》，人民教育出版社 2005 年版。

[18] 吴于廑、齐世荣主编：《世界史·古代史编》，高等教育出版社 1994 年版。

[19] 肖甦、王义高：《俄罗斯转型时期重要教育法规文献汇编》，人民教育出版社 2009 年版。

[20] 姚海：《俄罗斯文化》，上海社会科学院出版社 2005 年版。

[21] 姚南强：《宗教社会学》，东华大学出版社 2004 年版。

[22] 乐峰主编：《俄国宗教史》（上、下卷），社会科学文献出版社 2008 年版。

[23] 乐峰：《东正教史》，中国社会科学出版社 2005 年修订版。

[24] 张岱年等：《中国文化概论》，北京师范大学出版社 2004 年修订版。

[25] 左凤荣：《重振俄罗斯——普京的对外战略与外交政策》，商务印书馆 2008 年版。

　　（二）外文译著

[26]《爱因斯坦文集》第 3 卷，许良英、赵中立、张宣三编译，商务印书馆 1977 年版。

[27] ［俄］别尔嘉耶夫·尼·亚：《俄罗斯思想》，雷永生、邱守娟译，生活·读书·新知三联书店 1995 年版。

[28] ［苏］波克罗夫斯基：《俄国历史概要》（上、下册），贝璋衡、叶林等译，生活·读书·新知三联书店 1978 年版。

[29] ［俄］T. C. 格奥尔吉耶娃：《俄罗斯文化史——历史与现代》，焦东建、董茉莉译，商务印书馆 2006 年版。

[30] ［美］塞缪尔·亨廷顿：《文明的冲突与世界秩序的重建》，周琪等译，新华出版社 1999 年版。

[31] ［苏］卡芬加乌兹 Б. Б. 等主编：《彼得一世的改革》上、下册，郭奇格、王忠等译，商务印书馆 1997 年版。

[32] ［苏］H. A. 康斯坦丁诺夫等编：《苏联教育史》，吴式颖等译，商务印书馆 1996 年版。

［33］［俄］克柳切夫斯基·瓦·奥：《俄国史教程》第 3 卷，左少兴等译，商务印书馆 1996 年版。

［34］［英］罗素：《宗教与科学》，徐奕春、林国夫译，商务印书馆 2010 年版。

［35］［俄］H. O. 洛斯基：《俄国哲学史》，贾泽林等译，浙江人民出版社 1999 年版。

［36］［苏］H. M. 尼科利斯基：《俄国教会史》，丁士超等译，商务印书馆 2000 年版。

［37］［美］斯维德勒·L.：《全球对话的时代》，刘利华译，中国社会科学出版社 2006 年版。

［38］［美］詹姆斯·H. 比灵顿：《俄罗斯寻找自己》，杨恕译，兰州大学出版社 2007 年版。

［39］苏联科学院历史所列宁格勒分所编：《俄国文化史纲（从远古至 1917 年)》，张开等译，商务印书馆 1994 年版。

［40］［波兰］瓦利舍夫斯基·卡：《叶卡捷琳娜（公元 1729—1796)》，苏跃编译，京华出版社 2010 年第 2 版。

（三）英文书目

［41］Hosking Geoffrey A. *The Russian constitutional experiment*：*government and Duma*，*1907 - 1914*. Cambridge University Press，1973.

［42］William H. Wwatos，Jr. *Politics and Religion in Central and Eastern Europe Traditions and Transitions*，Pracger，Westport，Connecticut，1994.

（四）俄文书目

［43］Ананичев А. "*Казанская икона Божией Матери*"，М.：ООО "Издательство" РОСМЭН-ПРЕСС"，2004.

［44］Андреев А. Л. *Российское образование*：*Социально-исторические контексты.* М.：Наука. 2008.

［45］Вардомская Е. Е. *Регулирование межконфессиональных отношений，деятельность религиозных организаций и иные вопросы религии в законодательстве субъектов Российской Федерации//*Право и безопасность，2008（№1）.（http：//www. dpr. ru/pravo/pravo_ 22_

13. htm)

[46] Вячеслав К. П. *Психологическое состояние российского общества-тревожное.* Политическое образование. 2014 (№1). (http://www. lawinrussia. ru/node/292480)

[47] Данилюк А. Я. Кондаков А. М. Тишков В. А. *Учебный предмет 《Основы духовно-нравственныой культуры народов России》* // Педагогика, 2009 (№9), С. 14 – 23.

[48] Джуринский А. Н. *История педагогики.* М. : ВЛАДОС, 2000.

[49] Днепров Э. Д. (Отв. ред.), *Очерки истории школы и педагогической мысли народов СССР с древнейших времен до конца XVIIв.* М. : Педагогика, 1989.

[50] Журавлев А. Л., Юревич А. В. *Нравственность современного российского общества-Психологический анализ.* М. : Издательство 《Институт психологии РАН》, 2012.

[51] Каариайнен Киммо, Фурман Дмитрий, *Старые церкви, новые верующие-Религия в массовом сознании постсоветской России.* Летний САД. М. ; СПБ. : 2000.

[52] Каптерев П. Ф. *История русской педагогики.* СПБ. : 2004.

[53] Козырев Ф. Н. *Религиозное образование в светкое школе: Теория и международный опыт в отечественной перспективе. Монография.* – СПб. : Апостольский город, 2005.

[54] Кошман Л. В. *История русской культуры IX ~ XX вв.* М. : ООО 《Дрофа》, 2003.

[55] Кураев А. В. *Основы религиозных культур и светской этики. Основы православной культурв. 4 – 5 классы:* учебное пособие для общеобразоват. учреждений. – М. : Просвещение, 2010.

[56] Метлик И. В. *Религия и образование в светской школе.* – М. : Планета, 2004.

[57] Миронов Б. Н. *Социальная история России периода империи (XVIII ~ началоXX в.),* 2-е изд., *Т. 1.* СПБ. : 2000.

[58] Мозговой С. А. *Под видом религиозной культуры внедряют*

идеолоигию // Здравый смысл, 2009 (№4), С. 15 – 26.

［59］ Мозговой С. А. 《Основы православной культуры》 в российской светской школе: социально-правовой анализ // Вопросы образования, 2006 (№4): С. 274 – 293.

［60］ (Под редакцией) Никандров Н. Д. История педагогики. М.: Гарда рики, 2007.

［61］Овсиенко Ф. Г. Политизация конфессий и клерикализация политики: тенденции развития и риски в российском обществе // Религиоведение, 2009 (№2): С. 189 – 196.

［62］Плеханов Е. А. Российская приходская школа 60—80 – х. гг. XIX в. // Педагогика. 2004, № 10. С. 69 – 80.

［63］Покин И. В. Правовые основы преподавания православной культуры в государственных и муниципальных образовательных учреждениях в вопросах и ответах. Ин-т государственно-конфессиональных отношений и права. – М:. 2003.

［64］ Покин И. В. Правовые основы светскости государства и образования. – М.: Про-Пресс, 2003.

［65］ Сахарных Д. М. Рецензия на учебник Кураева А. В. Основы религиозных культур и светской этики. Основы православной культуры. 4—5 классы. – М.: Просвещение, 2010. – 95с.: ил. // Педагогический родник, 2010 (№3), С. 35 – 38.

［66］Склярова Т. В. Православное воспитание в контексте социализации. М.: Православный Свято-Тихоновский гуманитарный университе т. 2006.

［67］Фурман Д. Е., Каарилайнен К. Религиозность в России в 90-е годы XX-начале XXI века / РАН. Ин-т Европы. М.: Издательство "ОГНИ ТД". 2006.

［68］ Яковлева Н. Эволюция отменяется // Учительская газета, 2010 (№4).

（五）所使用的网络资源

［69］俄罗斯东正教会网站：http://www. patriarchia. ru。

［70］ 俄罗斯东正教会宗教教育与教理问答部网站：http：//www. otdelro. ru/。

［71］ 俄罗斯报：http：//www. rg. ru。

［72］ 全俄国家电视广播公司（ВГТРК）新闻网站：http：//www. vesti. ru。

［73］ 俄罗斯教育与科学部网站：http：//mon. gov. ru/（自 2012 年 4 月起，该网站已更新为新的域名：http：//минобрнауки. рф/）。

［74］ 俄罗斯科学院新闻网站：http：//www. ria. ru；有关"宗教文化与世俗伦理基础"课程实验的跟踪报道网页：http：//ria. ru/trend/religion_ school_ 21072009/。

［75］ 世界俄罗斯人民大会官方网站：http：//vrns. ru/。

［76］《东正教与教育》杂志：http：//www. verav. ru。

［77］《东正教与世界》网络媒体杂志：http：// www. pravmir. ru。

［78］ 东正教杂志《Фома》：http：//www. foma. ru。

［79］《信仰与时代》——俄东正教神学教育网：http：//www. rondtb. msk. ru/info/ru。

［80］ 东正教神学网站：Богослов. ru：http：//www. bogoslov. ru。

［81］ 俄教科部—《教育通讯》杂志：http：//www. vestnik. edu. ru。

［82］"俄罗斯教育"联邦网络信息平台：http：//www. edu. ru/。

［83］ 社会学与教育学杂志《怀疑》：http：//scepsis. ru。

［84］《道德与法》杂志：http：//www. moral－law. ru。

［85］"列瓦达"研究中心官方网站：http：//www. levada. ru。

［86］ 全俄社会舆论研究中心官方网站：http：//wciom. ru/。

［87］ 社会舆论基金会官方网站：http：//fom. ru/。

［88］ 精神道德发展与培养构想——联邦国家教育标准（Концепция духовно-нравственного развития и воспитания. ФГОС）：http：//nsportal. ru/2014/02/kontseptsiya － dukhovno － nravstvennogo － razvitiya － i － vospitaniya － fgos。

［89］ 俄罗斯联邦《初等普通教育国家标准》（Федеральный государственный образовательный стандарт начального общего образования）：（教科部网站）http：//xn—80abucjiibhv9a. xn—p1ai/documents/922。

［90］俄罗斯联邦《基础普通教育国家标准》（Федеральны й государственный образовательный стандарт основного общего образования）：（教科部网站）http：//xn—80abucjiibhv9a. xn – p1a i/documents/938。

［91］《俄罗斯联邦教育法》（Федеральный закон《Об образовании в Рос сийской Федерации）：（教科部网站）http：//xn—80abucjiibhv9a. x n—p1ai/documents/2974。

附 录 1

俄罗斯联邦法律

《俄罗斯联邦教育法》
（节选）

第87条　学习俄罗斯联邦各民族精神道德文化基础的独特性。接受神学及宗教教育的独特性。

第1款　以形成和发展个性为目的，根据家庭及社会的精神道德与社会文化价值观，可以在教学大纲内包括以相应的联邦国家教育标准的要求为基础、旨在使学习者获得有关俄罗斯联邦各民族精神道德文化、道德标准及有关世界某一宗教（或世界各宗教）的历史与文化传统的学习课程、培训班及科目（模块），或与之对等的其他学习课程、培训班及科目（模块）。

第2款　基础普通教学大纲内的学习课程、培训班及科目（模块），由学习者的父母（或法定代理人）为其进行选择。

第3款　使学习者获得有关俄罗斯联邦各民族精神道德文化、道德标准及有关世界某一宗教（或世界各宗教）的历史与文化传统的学习课程、培训班及科目（模块），其基础教育示范大纲内容，按照本联邦法第12章第11款的规定，由中心宗教组织①依据其内部的规章，对相应的教义及历史文化传统进行审定。

第 4 款　高等教育机构中的神学专业，实现现有的、经国家批准的高等教育神学方向基础教育大纲，在制定本专业培养大纲时，要参照依据本联邦法第 12 章第 11 款规定进行审定的高等教育神学方向基础示范大纲。

第 5 款　神学方向的学习课程、培训班及科目（模块）由相应的中心宗教组织推荐的人选担任教学工作。

第 6 款　使学习者获得有关俄罗斯联邦各民族精神道德文化、道德标准及有关世界某一宗教（或世界各宗教）的历史与文化传统的学习课程、培训班及科目（模块），及神学方向的学习课程、培训班及科目（模块），其教学法保障可以吸收相应的中心宗教组织参与。

第 7 款　私立教育机构，在代表相应宗教组织或中心宗教组织的基础上，有权作为教育过程参加者，参与制定旨在保证宗教教育（及涉及宗教教育部分）的学习课程、培训班及科目（模块）的基础教育大纲的制定。

第 8 款　由宗教组织创办的私立教育机构，除神学教育机构外，在代表相应宗教组织或中心宗教组织的基础上，作为教育过程的参与者，参与制定旨在保证宗教教育（及涉及宗教教育部分）的学习课程、培训班及科目（模块）的基础教育大纲

---

　　①　中心宗教组织，指由属于某一宗教信仰的不少于三个地方宗教组织组成的机构或组织。宗教组织依据其活动的地域范围分为地方宗教组织和中心宗教组织。依照俄罗斯联邦《关于信仰自由和宗教组织》的法律第二章"宗教组织"中第八条第 3—6 项的规定，由不少于 10 名年满 18 岁、永久性居住在同一地区或同一城市或乡村居民点的成员组成的宗教团体被确认为地方宗教团体；依照自己的章程，由不少于 3 个地方宗教团体组成的宗教团体被确认为中心宗教组织。在俄罗斯联邦境内，中心宗教组织自向登记机关申请国家登记之日起，且合法活动不少于 50 年，则有权在自己的名称中使用"俄罗斯"、"俄罗斯的"及其派生词。由中心宗教组织依照自己的章程创办的，具有传授宗教或对自己的信徒进行宗教教育为目的和特征的机关或组织，其中包括领导的或者协调的机关或机构以及职业宗教教育机构。选自"莫斯科法律服务网"（Юридические услуги Москвы），综合整理，http：//некоммерческие.рф/_ tsentralizovannaya_ religioznaya_ organizatsiya/。

的制定。

第 9 款　神学教育机构实现旨在为宗教组织培养神职及宗教人员的教育大纲，同时有权依据联邦国家教育标准实现中等职业教育大纲及高等教育大纲。

第 10 款　为保证宗教教育（及涉及宗教教育部分）的学习课程、培训班及科目（模块）的示范教学大纲及旨在为宗教组织培养神职人员的示范教学大纲，由相应的宗教组织或中心宗教组织审定。上述学习课程、培训班及科目（模块）的教学法保障及教学示范大纲由相应的宗教组织或中心宗教组织实现。

第 11 款　由宗教组织创办并管理的私立教育机构及神学教育机构，有权在本联邦法规定之外，针对以下方面确立补充条件：招生、规定学习者权利与义务、因违反相应宗教组织或中心宗教组织的教规而开除学生。

第 12 款　教育机构及教育工作者在实现本章第 1 款及第 4 款规定的教学大纲时，可以在中心宗教组织取得社会资质，用以承认该教育机构及教学人员的活动符合中心宗教组织内部规定的标准及要求。教育机构及教育工作者办理社会资质的手续、社会资质内容及其权利，由中心宗教组织确定。社会资质不导致国家的额外财政拨款或其他义务。

Российская Федерация

Федеральный закон

Об образовании в Российской Федерации

（Отрывки）

Статья 87. Особенности изучения основ духовно-нравственной культуры народов Российской Федерации. Особенности получения теологического и религиозного образования

1. В целях формирования и развития личности в соответствии с семейными и общественными духовно-нравственными и социокультурными ценностями в основные образовательные программы могут быть включены, в том числе на основании требований соответствующих федеральных государственных образовательных стандартов, учебные предметы, курсы, дисциплины（модули）, направленные на получение обучающимися знаний об основах духовно-нравственной культуры народов Российской Федерации, о нравственных принципах, об исторических и культурных традициях мировой религии （мировых религий）, или альтернативные им учебные предметы, курсы, дисциплины（модули）.

2. Выбор одного из учебных предметов, курсов, дисциплин （модулей）, включенных в основные общеобразовательные программы, осуществляется родителями （законными представителями） обучающихся.

3. Примерные основные образовательные программы в части учебных предметов, курсов, дисциплин（модулей）, направленных на получение обучающимися знаний об основах духовно-нравственной культуры народов Российской Федерации, о нравственных принципах, об исторических и культурных традициях мировой религии （мировых религий）, проходят экспертизу в централизованной религиозной организации на предмет соответствия их содержания вероучению,

историческим и культурным традициям этой организации в соответствии с ее внутренними установлениями в порядке, предусмотренном частью11 статьи 12 настоящего Федерального закона.

4. Образовательные организации высшего образования, реализующие имеющие государственную аккредитацию основные образовательные программы высшего образования по направлениям подготовки в области теологии, при разработке этих образовательных программ учитывают примерные основные образовательные программы высшего образования по направлениям подготовки в области теологии, прошедшие экспертизу в соответствии с частью 11 статьи 12 настоящего Федерального закона.

5. Учебные предметы, курсы, дисциплины (модули) в области теологии преподаются педагогическими работниками из числа рекомендованных соответствующей централизованной религиозной организацией.

6. К учебно-методическому обеспечению учебных предметов, курсов, дисциплин (модулей), направленных на получение обучающимися знаний об основах духовно-нравственной культуры народов Российской Федерации, о нравственных принципах, об исторических и культурных традициях мировой религии (мировых религий), а также учебных предметов, курсов, дисциплин (модулей) в области теологии привлекаются соответствующие централизованные религиозные организации.

7. Частные образовательные организации на основании представления соответствующей религиозной организации или централизованной религиозной организации вправе включать в часть основных образовательных программ, формируемую участниками образовательного процесса, учебные предметы, курсы, дисциплины (модули), обеспечивающие религиозное образование (религиозный компонент).

8. Частные образовательные организации, учредителями которых

являются религиозные организации, за исключением духовных образовательных организаций, на основании представления соответствующей религиозной организации или централизованной религиозной организации включают в часть основных образовательных программ, формируемую участниками образовательного процесса, учебные предметы, курсы, дисциплины (модули), обеспечивающие религиозное образование (религиозный компонент).

9. Духовные образовательные организации реализуют образовательные программы, направленные на подготовку служителей и религиозного персонала религиозных организаций, и вправе реализовывать образовательные программы среднего профессионального образования и высшего образования в соответствии с федеральными государственными образовательными стандартами.

10. Примерные образовательные программы в части учебных предметов, курсов, дисциплин (модулей), обеспечивающих религиозное образование (религиозный компонент), а также примерные образовательные программы, направленные на подготовку служителей и религиозного персонала религиозных организаций, утверждаются соответствующей религиозной организацией или централизованной религиозной организацией. Учебно-методическое обеспечение указанных учебных предметов, курсов, дисциплин (модулей), а также примерных образовательных программ осуществляется соответствующей религиозной организацией или централизованной религиозной организацией.

11. Частные образовательные организации, учредителями которых являются религиозные организации, и духовные образовательные организации вправе устанавливать дополнительные к предусмотренным настоящим Федеральным законом условия приема на обучение, права и обязанности обучающихся, основания для их отчисления, вытекающие из внутренних установлений соответствующей религиозной организации или централизованной религиозной организации, в ведении которых

находятся эти образовательные организации.

12. Образовательные организации, а также педагогические работники в случае реализации, преподавания ими образовательных программ, предусмотренных частями 1 и 4 настоящей статьи, могут получать общественную аккредитацию в централизованных религиозных организациях в целях признания уровня деятельности образовательных организаций и педагогических работников отвечающим критериям и требованиям, утвержденным централизованными религиозными организациями в соответствии с их внутренними установлениями. Порядок общественной аккредитации и права, предоставляемые аккредитованной образовательной организации и педагогическому работнику, устанавливаются проводящей такую аккредитацию централизованной религиозной организацией. Общественная аккредитация не влечет за собой дополнительные финансовые или иные обязательства со стороны государства.

附 录 2

笔者对俄罗斯中小学生所作的问卷调查

调查缘由： 四川汶川地震发生后，俄罗斯总统梅德韦杰夫邀请地震灾区的
孩子去俄罗斯疗养。随后，在 2008 年和 2009 年夏天，总共有
近千名灾区儿童到俄罗斯接受疗养。胡锦涛主席为表示感谢，
在 2010 年和 2011 年夏天又回请俄罗斯的儿童来华度假。2011
年 7 月 30—8 月 10 日，笔者作为志愿者之一接待了 500 多名
来自俄罗斯近 10 个地区的儿童及辅导员来华度假，从而有机
会对这些儿童进行了一次问卷调查。

调查主题： 俄罗斯中小学生对在中小学开设宗教文化类课程的态度

调查对象： 2011 年 7 月 30 日至 8 月 10 日来华度假的俄罗斯青少年

总人数： 30 人/队 × 14 队 = 420 人

调查时间： 2011 年 8 月 8 日

调查形式： 问卷调查

调查问卷人数： 30 人/队 × 10 队 + 10 人 = 310 人

其中无效问卷 4 份（弃权），有效问卷共 306 份。

被调查者的基本情况： 本次接受问卷调查的中小学生来自俄罗斯 9 个地
区，包括 2 个边疆区和 7 个州，均位于乌拉尔山以
东，属俄罗斯的亚洲部分。其中托木斯克州、新
西伯利亚州属西伯利亚联邦区，库尔干州属乌拉
尔联邦区，这三个州是参加"宗教文化与世俗伦
理基础"课程实验的地区，占被调查总人
数 35.94%。

在被调查者中，男孩占 41.5%，女孩占 58.5%。
分别来自 6—10 年级，相当于初中至高中阶段，其

中 10 年级的人数约占被调查总人数的 1/3。

对于宗教信仰，选择东正教信仰的占绝大多数，为 72.2%；其次是认为宗教信仰属个人私密问题而拒绝回答的，占被调查者的 18%；第三位是持无神论立场的，占被调查者的 5.2%；选择天主教、新教、伊斯兰教、佛教及犹太教的，共占被调查总人数的 4.6%。

调查内容：本问卷调查共设计了 7 个问题，分为两大方面。第一，中小学生从总体上对在普通中小学中开设宗教文化类课程的接受程度；第二，以正在俄联邦试行的"宗教文化与世俗伦理基础"课程为切入点，分别从对开设此课程的态度、课程开设的形式、目的、教学人员、教材、开设后的效果等几方面了解中小学生的意见。

调查表：

С 1 апреля 2010 года, учебный предмет Основы религиозных культур и светской этики （ОРКСЭ） был включен Министерством образования и науки Российской Федерации в школьную программу в качестве федерального компонента. Такой эксперимент начался в 19 регионах России. Нам хочется узнать Ваше мнение на основе Вашего личного опыта.

ЗАРАНЕЕ ВАМ ПРИЗНАТЕЛЬНЫ！！！

Личная информация：

➤ Ваш пол： ☐ 👦　　　☐ 👧

Ваше место учёбы （Укажите субъект Российской Федерации

（республика, край, область, город, округ）и название школы）：

_____

_____

В каком классе Вы учитесь?

Ваше вероисповедание：○ Православие ○ Католицизм

○ Протестантизм ○ Ислам ○ Буддизм ○ Иудаизм

○ Атеизм Другое：_____

○ Предпочитаю не отвечать на этот вопрос

_____

Ваше мнение：

Как вы относитесь к изучению религиозных культур в рамках школьной программы

○　полностью положительно

○　скорее положительно

○　скорее отрицательно

○　полностью отрицательно

○　затрудняюсь ответить

Одобряете ли Вы введение в российских школах предмета "Основы православной культуры" или сходного курса？

○Да　　　　　　○Нет　　　　　○Затрудняюсь ответить

Если 《 да》, в какой форме, по Вашему мнению, этот курс должен проходить？

○　В рамках обязательной программы

○　Факультативно

Как вы считаете, кто должен преподавать 《Основы религиозных культур и светской этики》 в школе？

○　Служитель церкви, священник

○　Светский учитель, верующий человек

○　Ученый - атеист

○　Другое _____

Как вы считаете, для чего необходимо введение такого курса в школах（Вы можете выбрать более одного вариантта ответов）?

○ это полезно для всестороннего развития личности и кругозора ребенка, его культурного развития в целом

○ это полезно для воспитания нравственности

○ это позволит нам получить разносторонние знания о православной культуре

○ это будет способствовать повышению порядка и дисциплины

○ это дополнительная нагрузка на школьника

○ преподавание данного предмета считаю некорректным

○ это личное дело каждого, человек сам должен прийти к вере

○ это навязывание ребенку религии

○ религиозным воспитанием следует заниматься в семье

○ данный предмет может спровоцировать разногласия на религиозной почве

○ Вам понравилось содержание учебника?

○ Да　　　　　　　○ Нет　　　　　　　○ Затрудняюсь ответить

Если да, что Вам понравилось в нём больше всего?

_____

_____

Если нет, что Вам понравилось в нём меньше всего?

_____

_____

Как вы считаете, изучение курса разобщило ваших одноклассников, сделало вас более дружными или никак не повлияло на сплоченность класса?

　　○ Разобщило

　　○ Сделало более дружными

　　○ Никак не повлияло

　　○ Затрудняюсь ответить

С П А С И Б О!

地区分布（共 9 个地区）

地区名称	人数	比例	
Томская область 托木斯克州	40	13.07%	
Новосибирская область 新西伯利亚州	40	13.07%	35.94%
Курганская область 库尔干州	30	9.8%	
Приморский край 滨海边疆区	78	25.49%	
Алтайский край 阿尔泰边疆区	36	11.77%	
Амурская область 阿穆尔州	30	9.8%	
Магаданская область 马加丹州	20	6.54%	64.06%
Тюменская область 秋明州	18	5.88%	
Сахалинская область 萨哈林州	14	4.58%	
总计	306	100%	100%

　　注：斜体标注的地区为参加俄联邦"宗教文化与世俗伦理基础"课程实验的地区。从统计数据中可看出，占被调查总人数的 1/3 以上。

性别分布

地区名称	男	女	总计
Томская область 托木斯克州	18	22	40
Новосибирская область 新西伯利亚州	13	27	40
Курганская область 库尔干州	14	16	30
Приморский край 滨海边疆区	35	43	78
Алтайский край 阿尔泰边疆区	16	20	36
Амурская область 阿穆尔州	10	20	30
Магаданская область 马加丹州	8	12	20
Тюменская область 秋明州	7	11	18
Сахалинская область 萨哈林州	6	8	14
总计	127	179	306
所占比例	41.5%	58.5%	100%

年级分布

地区名称	6 年级	7 年级	8 年级	9 年级	10 年级	合计
Томская область 托木斯克州		10	8	6	16	40
Новосибирская область 新西伯利亚州	2	8	2	4	24	40
Курганская область 库尔干州	2	8	6	10	4	30
Приморский край 滨海边疆区	10	14	14	18	22	78

续表

地区名称	6 年级	7 年级	8 年级	9 年级	10 年级	合计
Алтайский край 阿尔泰边疆区	2	4	2	14	14	36
Амурская область 阿穆尔州	2	2	16	4	6	30
Магаданская область 马加丹州	2		4	10	4	20
Тюменская область 秋明州	2		2	8	6	18
Сахалинская область 萨哈林州	2	2	8		2	14
总计	24	48	62	74	98	306
所占比例	7.84%	15.69%	20.26%	24.18%	32.03%	100%

信徒分布

地区名称	东正教	天主教	新教	伊斯兰教	佛教	犹太教	无神论	拒绝回答	合计
Томская область 托木斯克州	22	1	1				1	15	40
Новосибирская область 新西伯利亚州	29					2	3	6	40
Курганская область 库尔干州	16				4		3	7	30
Приморский край 滨海边疆区	65							13	78
Алтайский край 阿尔泰边疆区	23	2	1				4	6	36
Амурская область 阿穆尔州	25							5	30
Магаданская область 马加丹州	19							1	20
Тюменская область 秋明州	13			2			2	1	18

续表

地区名称	东正教	天主教	新教	伊斯兰教	佛教	犹太教	无神论	拒绝回答	合计
Сахалинская область 萨哈林州	9		1					3	1	14
总计	221	3	3	2	4	2	16	55	306
所占比例（%）	72.2%	1%	1%	0.6%	1.3%	0.7%	5.2%	18%	100%

问题 1：Как Вы относитесь к иучению религиозных культур в рамках школьной программы（您对在中小学教学大纲中设置学习宗教文化类课程的态度）

地区名称	Полностью Положи-Тельно 完全赞同	Скорее Положи-Тельно 比较赞同	Скорее Отрица-Тельно 比较反对	Польностью Отрица-Тельно 完全反对	Затруд-няюсь ответить 难于回答	合计
Томская область 托木斯克州	4	21	10		5	40
Новосибирская область 新西伯利亚州	3	22	9		6	40
Курганская область 库尔干州	4	7	7		12	30
Приморский край 滨海边疆区	10	28	19	12	9	78
Алтайский край 阿尔泰边疆区	5	13	9	1	8	36
Амурская область 阿穆尔州	3	6	14	4	3	30
Магаданская область 马加丹州	5	9			6	20
Тюменскаяобласть 秋明州	4	8	4	1	1	18
Сахалинская область 萨哈林州		4	2	1	7	14
总计	38	118	74	19	57	306
所占比例（%）	12.42%	38.56%	24.18%	6.21%	18.63%	100%

问题 2：Одобряете ли Вы введение в российских школах предмета "Основы православной культуры" или сходного курса？（您赞成在俄罗斯的中小学开设 "东正教文化基础" 或类似性质的课程吗？）

地区名称	Да 赞成	Нет 不赞成	Затрудняюсь ответить 难于回答	合计
Томская область 托木斯克州	16	5	19	40
Новосибирская область 新西伯利亚州	21	11	8	40
Курганская область 库尔干州	9	10	11	30
Приморский край 滨海边疆区	18	31	29	78
Алтайский край 阿尔泰边疆区	8	22	6	36
Амурская область 阿穆尔州	1	27	2	30
Магаданская область 马加丹州	12		8	20
Тюменская область 秋明州	6	1	11	18
Сахалинская область 萨哈林州		4	10	14
总计	91	111	104	306
所占比例（％）	29.74%	36.27%	33.99%	100%

问题 3：Если《Да》, в какой форме, по Вашему мнению, этот курс должен проходить?（如果选择"赞成"，您认为该课程应以什么方式开设?）

地区名称	В рамках обязательной программы 必修课	Факультативно 选修课	合计
Томская область 托木斯克州		27	27
Новосибирская область 新西伯利亚州	6	25	31
Курганская область 库尔干州	1	16	17
Приморский край 滨海边疆区	5	37	42
Алтайский край 阿尔泰边疆区	2	12	14
Амурская область 阿穆尔州	2	6	8
Магаданская область 马加丹州	3	11	14
Тюменская область 秋明州	1	14	15
Сахалинская область 萨哈林州		8	8
总计	20	156	176

　　注：该选项中由于在上一个选项中选择"很难回答"的同学也作了选择，个别地区甚至选择"不赞同"的同学在该选项中也作了选择，所以该项的统计数据与上一项不完全一致。

问题 4：Как Вы считаете，кто должен преподавать《Основы религиозных культур и светской этики》в школе?

（您认为，"宗教文化与世俗伦理基础"应该由谁来授课？）

地区名称	Служитель церкви, священник 教会神职人员	Светский учитель, верующий человек 世俗教师， 信教人士	Ученый-Атеист 无神论学者	Другое 其他	合计
Томская область 托木斯克州	20	18	2		40
Новосибирская область 新西伯利亚州	14	24	2		40
Курганская область 库尔干州	6	16	2	6	30
Приморский край 滨海边疆区	36	26	2	14	78
Алтайский край 阿尔泰边疆区	15	14	6	1	36
Амурская область 阿穆尔州	11	16	3		30
Магаданская область 马加丹州	10	10			20
Тюменская область 秋明州	6	7	3	2	18
Сахалинская область 萨哈林州	4	6	2	2	14
总计	122	137	22	25	306
所占比例	39.87%	44.77%	7.19%	8.17%	100%

问题 5：Как Вы считаете，для чего необходимо введение

такого курса в школах（Вы можете выбрать более одного вариантов ответов）?

（您认为，开设此课是否必要？——您可选择一个以上的选项。）

地区名称	选项1	选项2	选项3	选项4	选项5	选项6	选项7	选项8	选项9	选项10	合计
Томская область 托木斯克州	28	8	1	3	4	9	23	6	1	10	93
Новосибирская область 新西伯利亚州	23	20	11	6	4	6	15	2	8	12	107
Курганская область 库尔干州	10	4	3		6	9	8	8	2	9	59
Приморский край 滨海边疆区	24	4	18	5	20	8	41	14	14	18	166
Алтайский край 阿尔泰边疆区	16	3	8	6	2		13	6	1	6	61
Амурская область 阿穆尔州	3		6	2	13		22		5	14	65
Магаданская область 马加丹州	10	4	10	1			9		1	4	39
Тюменская область 秋明州	4	8	2	1	5	1	10	1	12	6	50
Сахалинская область 萨哈林州	6		3		5	1	13	1	4	4	37
总计	124	51	62	24	59	34	154	38	48	83	677
所占比例	18.3%	7.5%	9.2%	3.5%	8.7%	5.1%	22.7%	5.6%	7.1%	12.3%	100%

注：此问题提供了十个选项，分别是：

1. Это полезно для всестороннего развития личности и кругозора ребенка，его культурного развития в целом（有益于儿童个性、视野以及整体上的文化素养的全面发展）

2. Это полезно для воспитания нравственности（有益于道德培养）

3. Это позволит нам получить разносторнние знания о православной культуре（使我们有可能获得关于东正教文化的全面知识）

4. Это будет способствовать повышению порядка и дисциплины（这会促进进一步遵守秩序和纪律）

5. Это дополнительная нагрузка на школьника（这是给中小学生添加的额外负担）

6. Преподавание данного предмета считаю некорректным（我认为开设这门课程是无根据的）

7. Это личное дело каждого，человек сам должен прийти к вере（这是个人私事，信仰之路应因人而异）

8. Это навязывание ребенку рилигии（这是向儿童强行灌输宗教）

9. Религиозным воспитанием следует заниматься в семье（宗教培养应在家庭进行）

10. Данный предмет может спровоцировать разногласия на религиозной почве（该课程将可能滋生因宗教信仰不同而导致的纷争）

问题6：Вам понравилось содержание учебника? Если да，что
Вам понравилось в нембольше всего? Если нет，что
Вам понравилось в нем меньше всего? 您喜欢教材的内容吗？
如果是，您最喜欢教材的哪一部分？如果否，您最不喜欢教材的哪一部分？

地区名称	Да 喜欢	Нет 不喜欢	Затрудняюсь ответить 难于回答	合计
Томская область 托木斯克州	4		36	40
Новосибирская область 新西伯利亚州	2	5	33	40
Курганская область 库尔干州	3		27	30
Приморский край 滨海边疆区	3		75	78
Алтайский край 阿尔泰边疆区	2		34	36
Амурская область 阿穆尔州			30	30
Магаданская область 马加丹州			20	20
Тюменская область 秋明州	1		17	18
Сахалинская область 萨哈林州			14	14
总计	15	5	286	306
所占比例	4.9%	1.6%	93.5%	100%

注：大部分被调查者选择了"难于回答"，但未说明原因。有些在下面作了注解，解释主要
为：没有课本，在上该类课时只用多媒体方式播放了一些有关教会、宗教方面的知识介绍。另
外，由于学生们接受问卷调查时身处国外，手头没有课本，所以即使填写了"喜欢"或"不喜
欢"，对于喜欢或不喜欢课本的什么内容也只是笼统地作了回答。

回答喜欢的，对于喜欢哪一部分的回答大致可归纳为：

1. 喜欢"诚实、善良"那一课

2. 全部（喜欢）

3. 喜欢课后有趣的问题讨论

回答不喜欢的，只有一位被调查者给出了说明为："全部（不喜欢）"。

问题 7：Как Вы считаете，изучение курса разобщило ваших одноклассников，сделало вас более дружным или никак не повлияло на сплоченность класса？（您认为学习该课程的效果是：使一个班级的同学产生隔阂，使一个班级同学之间更友善，抑或没有影响班级的团结？）

地区名称	Разобщило 使产生隔阂	Сделало более дружными 使更友善	Никак не повлияло 无影响	Затрудняюсь ответить 难于回答	合计
Томская область 托木斯克州		4	11	25	40
Новосибирскаяобласть 新西伯利亚州	1	5	15	19	40
Курганская область 库尔干州		2	5	23	30
Приморский край 滨海边疆区		7	10	61	78
Алтайский край 阿尔泰边疆区			13	23	36
Амурская область 阿穆尔州				30	30
Магаданская область 马加丹州		1	5	14	20
Тюменская область 秋明州		3		15	18
Сахалинская область 萨哈林州			5	9	14
总计	1	22	64	219	306
所占比例	0.3%	7.2%	20.9%	71.6%	100%

问卷调查结果分析：

对于中小学生在总体上对宗教文化类课程的接受程度，从调查数据看，持"完全赞同"和"比较赞同"的，占被调查总人数的51%左右，"比较反对"和"完全反对"的，约占被调查总人数的30%，其他19%选择"难于回答"。由此可见，有一半的中小学生并不排斥在普通中小学开设宗教文化类的课程，但这同时也意味着，能在普通中小学顺利开设此类课程尚待时日，因为毕竟还有近一半的学生未能完全接受，甚至完全反对宗教文化类课程的开设。这一点，从对开设"宗教文化与世俗伦理基础"课程的态度可以得到进一步的印证。从所收集的数据看，对是否同意开设此课程，只有约30%的被调查者选择了"赞同"。

针对"宗教文化与世俗伦理基础"课程具体层面的问题，对于课程开设以"必修"还是"选修"的形式，有176人进行了选择，其中156人选择了后者，占被调查者的绝大多数。

对于由谁来讲授宗教文化课，得到的数据很耐人寻味。选择由信教的世俗教师讲授的，占被调查总人数的44.8%，但另有约40%的被调查者选择的是教会神职人员。也就是说，中小学生们并不排斥在学校中有教会神职人员的出现。这间接说明，东正教会自苏联解体后由神职人员在中小学中进行的宗教宣传还是收到了一定的成效，大家对在普通教学场所有神职人员的出现已经习以为常，自然，宗教课程由神职人员承担也就可以接受了。

对于开设此课程的必要性，由于是多项选择，共得到了677个选项，平均每个人选择了2.2个选项。其中选择最多的是选项7，占总选项的22.7%，该选项认为，信仰是个人的事情，每个人都应按自己的方式信奉某种宗教，而不是在学校中被硬性灌输。占第二位的是选项1，占总选项的18.3%，该选项认为，开设此课程将有益于儿童个性发展、开拓其视野并能从整体上全面提高其文化素养。排在第三位的是选项3，占总选项的9.2%，该选项认为，学习该课程将使中小学生有可能获得关于东正教和其他宗教文化的较全面的知识。排在第四位的是选项5，占总选项的8.7%，该选项认为，开设此课程会增加中小学生的学习负担。从总体上看，选项1至选项4为开设该课程必要的方面，选择这四个选项的共占总选项的38.5%；选项5至10则侧重开设该课程的不必要方面，选择这五个选项的占 61.5%。由此可见，一方面，由于俄罗斯的《信仰自由与宗教组织法》中明确规定了公民信奉宗教属个人事情，任何人没有义务公开自己的宗教信仰，在俄罗斯文化中俄罗斯人也始终认为宗教信仰属个人私事，受法律和文化认同的影响，俄罗斯的中小学生们也认为宗教信仰完全是个人的私事，不应在课堂上进行有关宗教和信仰方面的灌输。同时，又担心开设此课程会增加他们的学习负担，使本来繁重的学习生活更加紧张。但另一方面，对知识的渴望又是中小学生们的最大特点，因此他们依旧希望通过此课程能获得一定的宗教文化方面的知识，籍此拓展知识面并提高个性文化素养。

对于教材问题，从所得到的调查数据看，与实际情况显然有些出入。因为约 93.5% 的被调查者选择了"难于回答"。由于调查问卷是在俄罗斯中小学生临行前一个小时左右才收集完毕，在整理调查数据时才发现了这个问题，无法具体向被调查者询问原因，只能从个别的说明中进行一些猜测。一些解释说明，在一些地区的中小学校中学生没有发给课本，只是以多媒体的方式播放了一些宗教方面的视频或音频材料；另外，很大一部分原因是，进行问卷调查时学生身处俄罗斯境外，手头没有课本，仅能凭记忆做一些笼统的描述。这些因素都影响了对该问题的顺利回答。基于以上情形，对这个问题笔者在这里不再进行分析。

最后一个问题是有关该课程开设效果的。在提供的使同班级同学"产生隔阂"、"更友善"、"无影响"和"难于回答"四个选项中，依然是最后一个选项占了绝大多数，占被调查者的 71.6%，另有 20.9% 选择了"无影响"，另外，只有 0.3% 的被调查者选择了选项 1。可以看出，由于问卷调查时课程尚处试行阶段，还没有在俄联邦境内的各普通中小学中普遍展开，它的开设效果真正如何还需实践的验证。

附录 3

Примерная программа учебного курса
《Основы православной культуры》（34часа） [①]

Блок 1. Введение. Духовные ценности и нравственные идеалы в жизни человека и общества （1 час）

板块 1. 导论. 人与社会在生活中的精神价值及道德理想（1 学时）

Урок 1. Россия- наша Родина. 第 1 课：俄罗斯——我们的祖国

Блок 2. Основы православной культуры. Часть 1. （16 часа）

板块 2. 东正教文化基础——第一部分（16 学时）

Урок 2. Введение в православную духовную традицию. Особенности восточного христианства. Культура и религия. 东正教精神传统导论；东方基督教的独特性；文化与宗教。

Урок 3. Священное Писание. 圣经

Урок 4. Священное Писание и Священное Предание. 圣经与圣传

Урок 5. Во что верят православные христиане 东正教徒的信仰

Урок 6. Что говорит о Богеи мире православная культура 东正教文化中关于上帝与世界

Урок 7. Что говорит о человеке православная культура 东正教文化中关于人的说法

Урок 8. Христианское учение о спасении. 基督教的拯救说（救赎说）

Урок 9. Добро и зло в православной традиции 东正教传统中的善与恶

Урок 10. Христианская этика. Заповеди блаженства 基督教伦理：神赐的戒律

Урок 11. Христианская этика. Золотое правило нравственности. Любовь к ближнему. 基督教伦理：道德的金科玉律；对近人的爱

Урок 12. Христианская этика. Добродетели и страсти. Отношение к труду. 基督教伦理：善良品德与苦难（行善与受苦）；对劳动的态度

[①] 摘译自 Данилюк А. Я. Программа для общеобразовательных учреждений 《Основы религиозных культур и светской этики》, М. : издательство 《Просвещение》, 2010.

Урок 13. Христианская этика. Долг и ответственность.

Милосердие и сострадание. 基督教伦理：义务与责任；善心与怜悯

Урок 14. Спаситель. Жертвенная любовь 救世主：自我牺牲式的爱

Урок 15. Спаситель. Победа над смертью 救世主：战胜死亡

Урок 16. Творческие работы учащихся. 学生习作

Урок 17. Подведение итогов 成绩考核

Блок 3. Основы православной культуры. Часть 2. （12 часов）

板块 3. 东正教文化基础——第二部分（12 学时）

Урок 18. Православие в России 东正教在俄罗斯

Урок 19. Православный храм 东正教教堂

Урок 20. Православный храм и другие святыни 东正教教堂与其他圣地

Урок 21. Православные Таинства. Символический язык православной культуры

东正教圣事：东正教文化的象征语言

Урок 22. Христианское искусство （иконы, фрески, церковное пение, прикладное
искусство）

基督教艺术：（圣像、壁画、教堂唱诗、实用艺术）

Урок 23. Христианское искусство （иконы, фрески, церковное пение, прикладное
искусство）

基督教艺术：同上

Урок 24. Православный календарь，его символическое значение. 东正教教历及其象征含义

Урок 25. Православный календарь. Почитание святых. 东正教教历：对圣者的缅怀

Урок 26. Православный календарь. Почитание святых. 同上

Урок 27. Православный календарь. Почитание святых. 同上

Урок 28. Православный календарь. Праздники. 东正教教历：节日

Урок 29. Христианская семья и ее ценности. 基督教家庭及其价值观

Блок 4. Духовные традиции многонационального народа России（5 часов）①
板块 4. 俄罗斯多民族的精神传统（5 学时）

Урок 30. Любовь и уважение к Отечеству. Патриотизм многонационального и многоконфессионального народа России 对祖国的爱戴与敬仰；俄罗斯多民族与多宗教信仰的爱国主义

Урок 31. Подготовка творческих проектов 准备习作

Урок 32. Выступление обучающихся со своими творческими работами：《Как я понимаю православие》，《Как я понимаю ислам》，《Как я понимаю буддизм》，《Как я понимаю иудаизм》，《Что такое этика?》，《Значение религии в жизни человека и общества》，《Памятники религиозной культуры（в моем городе, селе）》и т. д.
学生完成习作后参加讨论，讨论题目可围绕："我是如何理解东正教的"（"我是如何理解伊斯兰教的"、"我是如何理解佛教的"、"我是如何理解犹太教的"），"什么是伦理"，"在人与社会的生活中宗教的意义"，"我们城市（村）里的宗教文化古迹"

---

① Блок 4-итоговый, обобщающий и оценочный. Предусматривает подготовку и презентацию творческих проектов на основе изученного материала. Проекты могут быть как индивидуальными, так и коллективными. На презентацию проектов приглашаются родители. В ходе подготовки проекта учащиеся получают возможность обобщить ранее изученный материал, освоить его еще раз, но уже в активной, творческой, деятельностной форме. В ходе презентации проектов все учащиеся класса получают возможность ознакомиться с основным содержание всех 6 модулей, узнать о других духовных традициях России от своих одноклассников. Подготовка и презентация проекта позволяют оценить в целом работу учащегося и выставить ему итоговую оценку за весь курс. 板块 4 是期末总结与考核性质的。学生们在掌握学习材料的基础上进行习作并作陈述。形式上可以是个人发言，也可以是集体讨论。在该环节还可以邀请家长参与。通过习作与陈述，学生们以一种积极的、创造性的活动方式对已学的知识进行复习与总结。同时，在活动中，选择不同模块的同班同学之间还可相互交流，获得俄罗斯其他传统精神文化与世俗伦理方面的知识。习作与陈述可作为学生对该课程掌握情况的总评定并可作为期末考核成绩。

Урок 33. Выступление обучающихся со своими творческими работами: 《Мое отношение к миру》, 《Мое отношение к людям》, 《Мое отношение к России》, 《С чего начинается Родина》, 《Герои России》, 《Вклад моей семьи в благополучие и процветание Отечества (труд, ратный подвиг, творчество и т. п.)》, 《Мой дедушка-защитник Родины》, 《Мой друг》, и т. д.

学生依据习作陈述：题目可以是："我对世界的态度"、"我对人的态度"、"我对俄罗斯的态度"、"祖国的诞生"、"俄罗斯英雄"、"我的家（在劳动方面、在所立的军功上、在创造性活动上等等）对祖国的富强与繁荣所做的贡献"、"我的祖辈——祖国捍卫者"、"我的朋友"等等。

Урок 34. Презентация творческих проектов на тему 《Диалог культур во имя гражданского мира и согласия》 (народное творчество, стихи, песни, кухня народов России и т. д.)① 按以下题目作发言："为了国内的和平与和谐展开的文化对话"（形式上可以是：民间创作、诗歌、歌曲、俄罗斯民族菜肴等等）。

---

① Презентация будет проходить в конце первой четверти накануне Праздника народного единства 学生发言将在第一学期末、"民族统一日"节日前夕举行。（注：该节日在 11 月 4 日庆祝，始于 2005 年。）